동아시아
발전국가모델의
재구성

서울대학교 아시아연구소총서 기초연구시리즈 12

동아시아 발전국가모델의 재구성

초판 1쇄 인쇄 2018년 10월 25일
초판 1쇄 발행 2018년 10월 30일

지은이 임혜란
펴낸이 성낙인
펴낸곳 서울대학교출판문화원

출판등록 제15-3호

주소 08826 서울 관악구 관악로 1
대표전화 02-880-5252 | 팩스 02-888-4148
홍보마케팅팀(주문 상담) 02-889-4424, 02-880-7995
이메일 snubook@snu.ac.kr
홈페이지 www.snupress.com

ISBN 978-89-521-2012-0 94340
978-89-521-1475-4 (세트)

이 연구는 2014년 서울대학교 아시아연구소 저술지원사업의 지원을 받아 수행되었음.

서울대학교 아시아연구소총서
기초연구시리즈 12

동아시아 발전국가모델의 재구성

임혜란 지음

서울대학교출판문화원

Revisiting East Asian Developmental State Model

Haeran Lim

Seoul National University Press

머리말

저자가 박사과정 공부를 시작한 이후 끊임없이 머릿속을 지배하면서 떠나지 않고 있는 질문이 있다. 최빈국이었던 우리나라가 어떻게 지금과 같은 발전을 이루게 됐는가? 이에 대해 미국의 원조, 냉전의 혜택이라는 지극히 정치적인 설명부터 안정된 경제환경, 수출주도 정책 등과 같은 경제적인 설명, 그리고 교육제도 및 유교자본주의와 같은 사회적인 설명에 이르기까지 다양한 견해가 제시되고 있다. 심지어 시대적·지리적 행운 때문이었다거나 일본의 식민지 유산 덕분이라는 주장까지 있다. 이와 같은 백가쟁명식 논의에서 그래도 널리 받아들여지고 있는 것은 동아시아 발전국가모델에 기초한 설명이다. 국가의 역할을 강조하면서도 시장과 적절한 조화를 이루어 가는 정책을 도입해 동태적인 비교우위를 창출해 감으로써 고성장이 장기간 지속 가능하도록 만들었다는 것이다.

그런데 1997년 동아시아 외환위기 이후 동아시아 발전국가모델은 심각한 도전에 직면하게 된다. 동아시아 발전국가모델의 성공요인으로 받아들여졌던 핵심요소들이 동아시아 위기의 원인으로 지적되면서 이 모델은 폐기되어야 한다는 주장이 강하게 부각되었다. 동아시아 원죄론을 주창하는 서구 학자들뿐만 아니라 동아시아 국가 및 국내에서도 많은 학자들이 이러한 주장들을 반복적으로 제기했다. 글로벌 정치경제 환경이 변화됨으로써 이전의 통념적인 동아시아 발전국가모델이 새로운 환경에서 더 이상 잘 기능하지 못할 수도 있다. 그러나 발전국가모델은 제도와 이념으로 구체화되기 때문에 때로는 위기를 맞이하기도 하지만, 또 다른 위기에서는 오히려 위기 극복의 대안을 제시해 주기도 한다.

2008년 미국발 금융위기는 이를 잘 보여 주고 있다. 글로벌 금융위기 이후 제기된 중요한 이슈 중 하나는 영미식 자본주의가 더 이상 세계가 지향해야 하는 글로벌 스탠더드가 아니라는 점이다. 대신 중국의 국가자본주의를 비롯한 동아시아 발전국가모델이 영미식 자본주의 문제점을 극복하기 위한 또 다른 대안으로 떠올랐다. 2008년 미국발 금융위기가 터지자 중국은 'Our teacher has some problems'라는 말로 당시의 상황을 비꼬면서 미국의 패권에 본격적인 도전을 시작한다. 미국과 중국 간의 패권경쟁이 무역전쟁으로 표면화되고 있지만, 중국은 이를 넘어 영미식 자본주의에 대항하기 위한 이념으로서 국가의 역할을 강조하는 국가자본주의를 내세우고 있다.

지금도 국제정치경제 환경은 모든 분야에서 급변하고 있다. 각각의 분야에서 생존경쟁, 무역전쟁, 환율전쟁, 금융위기라는 과격한 용어로 표현될 만큼 국제사회의 갈등과 불확실성이 증폭되고 있다. 이러한 변화들은 발전을 추구하고 있는 많은 국가들에 비우호적인 환경으로 작용해 동아시아 발전국가모델의 유용성에 대해 또다시 논란을 불러일으킬 것이다. 그러나 저자는 기본적으로 동아시아 발전국가모델의 유용성에 대해 깊은 믿음을 가지고 있다. 따라서 이 모델의 유용성을 제고하기 위해, 기존의 모델이 어떤 한계를 가지고 있는지 그리고 새로운 환경에 대응해 어떤 점이 수정·보완되어야 하는지를 분석함으로써 동아시아 발전국가모델을 재구성하는 것이 이 책의 주요 목적이다. 이 책을 통해 혼란을 가져왔던 기존 동아시아 발전국가모델의 개념적 정의를 보다 명확히 하고 신생 개도국에 대한 적용가능성을 확대함으로써 학문적 유용성과 현실적 실용성을 제고하는 데 기여할 수 있기를 바란다.

이 책에서는 동아시아 발전국가모델의 재구성과 관련해 저자의 다양한 의견이 피력되고 있지만, 특히 두 가지를 강조하고자 한다. 첫째, 동아시아 발전국가모델의 생명력은 환경변화에 대한 적절한 대응역량에 있다는 것이다. 흔히들 동아시아 발전국가모델을 정형화된 프레임으로 해석하는데, 이 모델의 핵심요소 중 하나는 끊임없이 변화하는 대내외적 환경에 유연하게 적응해 왔다는 점이다. 그런 점에서 동아시아 발전국가모델은 과거 냉전시기의 역사적 특수성의 맥락에서만 이해되기보다 현재 발전을 추구하고 있는 개도국의 발전과정에도 유용한 함의를 제시해 줄 수 있는 개념으로 이해할 수 있다. 이러한 도전에 대해 적절히 적응하고 기회로 승화시키기 위해서는 내부적 역량강화가 중요하다. 동아시아 국가들은 냉전시기 국가, 민간, 관료가 효율적으로 상호작용하면서 내부역량을 마련해 왔다. 과거에 비해 각 부문의 독립성, 자율성이 증대되었지만, 여전히 상호 협조를 통해 새로운 충격에 유연히 대응할 수 있도록 조정역량을 강화할 필요가 있다.

둘째, 어떤 환경에서도 국가의 역할은 여전히 중요하다는 것이다. 혹자가 미국을 '숨겨진 발전국가(hidden developmental state)'라고 강조했던 것처럼, 시장근본주의의 이념을 지향해 온 미국에서도 국가는 산업전환과정에서 연구개발 지원을 포함한 주도적 역할을 해 왔다. 이는 후발개도국이 어느 정도의 발전단계에 오른 이후에도 미국을 비롯한 선진국들의 경우처럼 국가는 구체적 역할을 재규정하여 지속적인 역할을 할 필요가 있다는 것을 의미한다. 그동안 정치경제학자들은 정부와 시장의 관계를 정부가 우위에 있느냐 아니면 시장이 우위에 있느냐 하는 이분법적 사고로 논의하기를 좋아했다. 국가가 여전히 중요한 역할을 한다는 점이 강조된다고 하더라도 이것이 국가우위를 의미해서는 안 되고 시장과의 조화가 부각되어야 한다. 따라서 이 책에서는 변화된 국제정치경제 환경의 도전과 기회 속에서 국가역할이 어떻게 재규정되어야 하는지 분석하면서 발전국가모델을 재구성해 보고자 했다.

이 책은 저자가 그동안 생각해 온 것들을 정리하면서 집필한 것이지만, 일부는 저자의 과거 연구를 책의 형식에 맞게 수정해 포함시켰다. 이 책을 출판하는 데 재정적인 지원을 해 준 서울대학교 아시아연구소에 감사한다. 또한 이 책이 보다 체계적으로 구성될 수 있도록 도와준 서울대학교출판문화원에도 감사한다. 책이 나오기까지 너무 오랜 시간이 걸렸다는 자책감, 그리고 늘 수반되는 가족의 희생에 대한 미안함과 감사함이 교차할 따름이다.

2018년 9월

임혜란

차례

제1장

서론

1. 문제 제기

21세기 세계질서는 급격히 변화하고 있다. 2008년 미국에서 시작된 금융위기는 세계경제위기로 확산되었고, 2010년 유럽발 재정위기는 유럽연합(EU)이라는 지역협력모델 자체에 의구심을 불러일으켰다. 이에 따라 미국과 유럽 선진국 발전모델에 대한 회의가 가속화되었다. 위기와 더불어 미국의 패권질서는 빠르게 부상하고 있는 중국으로부터 근본적인 도전을 받고 있다. 세계경제를 이끌어 가는 중심축은 서구에서 비서구, 특히 아시아로 이동하고 있다. 오랜 장기침체를 경험한 일본 경제 대신 중국을 필두로 한 신흥국 경제가 아시아를, 더 나아가 세계경제를 이끌어 가고 있다.

2016년 6월 23일 영국은 국민투표에 따라 브렉시트(Brexit: 영국의 EU 탈퇴)를 결정했다. 『뉴욕타임스』는 브렉시트는 단순히 영국의 EU 탈퇴를 의미하는 것이 아니라 전후 정치경제질서 전반을 흔드는 신호탄이 되었다고 분석한다. 미국의 패권질서는 극단주의 무장단체 이슬람국가(IS)나 중국 같은 '외부의 적'에 의해서뿐 아니라 서구가치의 한 축이었던 영국이 민족주의와 같은 구질서의 가치에 끌려 EU를 탈퇴한 것에 충격을 받고 있다. 미국 중심의 국제정치경제 질서는 북대서양조

약기구(NATO)로 대표되는 양자, 다자간 안보동맹은 물론 세계무역기구(WTO) 체제로 대표되는 경제동맹을 통해 그 영역을 넓혀 왔다. 그러나 영국의 브렉시트 결정은 전후 70년 동안 자유주의와 민주주의를 바탕으로 한 경제안보 블록이 내부적으로 파열음을 낸 것으로 인식되기도 한다. 서구의 신자유주의적 가치는 빈부격차, 종교갈등, 다원주의와 민족주의 등의 위험요소들을 간과한 결과 자유주의 내부질서의 붕괴가능성을 가져왔다. 기존 질서에서 소외되어 있던 중국과 러시아가 부상하고 폴란드, 헝가리 등 유럽 지역에서 민족주의가 부상하는 현상은 기존 질서의 변화가능성을 잘 반영하고 있다.

세계화가 진행됨에 따라 국가가 쇠퇴할 것이라는 주장은 이론적 망상에 지나지 않았다. 중국을 중심으로 여전히 강한 국가의 역할이 부각되고 있다. 2008년 미국발 금융위기가 터지자 영미식 자본주의와 신자유주의는 더 이상 전 세계가 지향해야 하는 글로벌 스탠더드로 인식되지 않게 되었으며, 유럽이 위기를 맞이함에 따라 복지자본주의 역시 구조적 문제가 있음이 드러났다. 이와 달리 중국을 비롯한 아시아 경제의 발전은 국가자본주의 또는 동아시아 발전국가모델이 또 다른 대안일 수 있음을 보여 주었다. 국가자본주의, 발전국가모델이 이론적·실천적으로 재조명받게 된 것이다.

동아시아 지역은 냉전시기 미국 패권이 제공한 전략적 경제원조 및 우호적 통상환경을 기회 삼아 빠른 성장을 지속했다. 동아시아 지역은 일본과 미국을 중심으로 한 무역과 투자를 통한 경제적 상호관계를 통해 성장해 왔다. 무엇보다 동아시아 국가는 권위주의 정권과 관료적 자율성하에 추진된 전략적 산업정책을 통해 발전을 지속했다. 이러한 동아시아의 빠른 성장을 설명하기 위해 동아시아 발전국가모델이라는 개념이 형성되었다. 국가주도 경제발전, 관료적 자율성, 민관협력이 동아시아 발전국가모델의 핵심적 키워드이다. 그러나 1997년 동아시아 외환위기 이후 동아시아 발전국가모델은 다시 비판의 대상이 되었다. 동아시아 발전국가모델은 동아시아 위기의 원인으로 지목되었고 위기 이후 이 모델의 폐기를 놓고 논쟁이 지속되었다. 그러나 그러한 논쟁을 자세히 살펴보면, 동아시아 발전국가모델이 위기의 원인이었다는 논의뿐 아니라 이 모델의 장점이 상실된 데에 위기의 원인이 있었다는 논의도 병행된 바 있다. 그런 점에서 동아시아 발전국가모델은 폐기의 대상이라기보다는 과거 경제성장의 한 모델로서 이론적·경험적 유용성을 제공해 줄 수 있다.

동아시아 발전국가모델의 재구성을 위해서는 적어도 다음과 같은 세 가지 관점에서 이론적·경험적으로 논의를 새롭게 전개해야 한다. 첫째, 동아시아 발전국가모델의 본질에 대한 이론적 재고찰이 필요하다. 동아시아 발전국가모델은 후발개도국의 성장을 위한 성공적 추격(catch-up)을 설명해 줄 수 있는 개념이다. 동아시아 발전국가모델의 개념을 통해 후발개도국의 빠른 경제성장을 가능하게 하는 요인들을 이끌어 낼 수 있다. 다양한 성장요인들 중 어느 것이 동아시아 국가들에 한정된 것이고 어느 것이 보편적인 것인지 고찰해 볼 필요가 있다. 이와 같은 이론적 논의는 후-후발개도국(late-late developing countries)의 발전과정에 일반적 함의를 제시해 주기 위해 필요하다.

둘째, 최근 동아시아를 둘러싼 새로운 변화 및 도전이 무엇인지 명확히 파악하고 발전국가모델과의 연계성을 고찰해야 한다. 1997년과 2008년 위기를 거치면서 동아시아 국가들은 발전모델을 폐기해야 하는지와 관련된 이념적 논쟁에 치우쳐 있었다. 1997년 위기 이후 신자유주의모델의 유용성이 부각되면서 많은 학자들은 국가들이 영미식 자본주의로 수렴할 것이라는 논의를 제기했다. 그러나 선진국의 경로를 후발개도국이 그대로 따라갈 것이라는 주장의 문제점은 이미 근대화 이론의 허구성에서 잘 드러난 바 있다. 후발개도국은 선진국이 걸어간 길을 따라가고 싶어도 그렇게 할 수 없다. 서로 다른 역사적 유산을 보유하고, 서로 다른 제도적 경로를 밟아 왔기 때문이다. 유사한 환경과 유사한 속성의 국가인 경우에도 서로 다른 대내외적 상호작용 및 정치적 동학에 의해 다른 길을 가게 된다. 역사제도주의적 관점에서 본다면, 동아시아 발전국가는 위기 이후 개혁과정을 통해 어느날 갑자기 영미식 신자유주의적 국가로 변화되는 것이 아니다. 동아시아 발전국가는 제도와 문화라는 역사적 유산과 정치적 동학에 의해 경로의존적 궤적을 걸어온 것이다. 따라서 위기과정과 그 이후의 변화에 대한 이해를 바탕으로 새로운 국제정치경제 구조가 부여하는 도전의 본질은 무엇인지, 그에 따른 적절한 대응방식은 무엇인지의 관점에서 동아시아 발전국가모델을 재구성해 볼 필요가 있다.

셋째, 동아시아 발전국가모델에서 강조된 국가의 역할에 대해 새로운 관점에서 재고찰이 필요하다. 최근 중국식 자본주의 성장을 두고 동아시아 발전국가모델 또는 국가자본주의의 부흥과 연관시키기도 한다(*The Economist* 2008). 국가자본주의로도 인식되고 있는 동아시아 발전국가모델은 과연 개념적으로 어떻게 정의될 수 있는지, 이 둘은 어떻게 유사하고 다른지, 어느 국가에까지 적용 가능한지 고민해 볼 필요가 있다. 국가자본주의의 대표적 예로 중국과 러시아를 들 수 있다. 그러나 중국과 달리 러시아는 경제적 위기가능성을 안고 있다. 최근 유가하락과 더불어 미국의 셰일가스 발전을 통한 힘겨루기로 인해 러시아 경제는 다시 후퇴하고 있다. 셰일가스 혁명은 제조업과 연관된 산업의 고용창출 등 미국 경제의 회복세를 가져오고 있다. 미국은 패권유지를 위한 힘겨루기 경쟁과 관련하여 산업발전을 위해 국가가 보다 적극적인 역할을 수행해 왔다. 그런 점에서 동아시아 발전국가모델, 국가자본주의는 특정지역의 제도와 이념의 기반이 된 것뿐만 아니라 다른 지역의 발전과정을 이해하는 데에도 일반적 함의를 제시해 준다.

동아시아 발전국가모델은 기본적으로는 후발개도국의 발전과정을 위한 이론적 개념으로 출발했지만, 궁극적으로는 선진국의 경우에도 함의를 제시해 줄 수 있는, 세계화시대 국가의 역할에 대한 일반적 논의를 위한 기반으로 기능할 수 있다.

2. 이 책의 범위 및 구성

이 책은 21세기 국제정치경제 질서가 새롭게 뒤바뀜에 따라 과연 동아시아 발전국가모델이 어떻게 재구성될 필요가 있는지 살펴보는 데 그 목적이 있다. 냉전시기에 작동했던 발전국가모델은 사실상 현재의 변화된 환경에서 그대로 반복될 수 없으며 달라진 환경에 맞는 새로운 형태의 발전모델의 특성을 제시할 필요가 있다. 이는 새로운 환경에 처한 후-후발개도국에게도 유용한 이론적·실천적 함의를 제공할 것이다. 새로운 국제정치경제 질서의 변화는 다음의 두 가지 차원에서 살펴본다. 하나는 패권질서의 변화, 냉전과 탈냉전의 국제정치의 변화이다. 다른 하나는 경제적 세계화의 관점인데, 이는 네 가지 영역, 즉 생산, 무역, 통화, 금융체제의 변화 중심으로 살펴본다.

우선 정치적 측면인 패권질서의 변화를 살펴보자. 국제정치는 주권국가가 독립성과 자율성을 갖고 있는 평등한 질서이다. 그러나 현실주의적 관점에서 보면 국제정치는 불균등한 힘(power)과 영향력(capability)을 보유하고 있는 국가들 간의 불평등한 질서로 특징지어진다. 물리적 힘이 권력으로 작용하는 무정부상태(anarchical order)가 국제질서의 기본적 특징이다. 경제적·군사적·정치적·문화적으로 다양한 영역에서 우세한 힘의 역량을 보유하고 있는 국가가 국제정치질서를 이끌어 갈 수 있는 패권(hegemony)을 쥐게 된다. 패권질서의 변화에 따라 국제정치경제는 많은 영향을 받는다. 어느 국가가 패권국이냐에 따라 시장 중심의 자유주의질서를 고수하거나 또는 국가 중심의 발전주의질서를 고수하는 등, 국제정치경제의 기본제도인 무역질서, 통화질서 및 금융질서가 바뀐다. 동아시아 발전국가모델이 잘 작동했을 당시 패권국인 미국은 소련과 냉전을 치르고 있었다. 따라서 미국이 전 세계를 상대로 경제원조 및 통상정책을 펼 때에는 경제적 이해관계보다는 다분히 정치적 고려가 중요하게 작용했다. 동아시아 지역에 대한 미국의 대외경제정책은 냉전적 환경으로 인해 일방적인 우호적 통상환경과 경제원조 정책을 폈으며, 이러한 정책은 동아시아 지역의 경제성장에 긍정적 영향을 미쳤다. 그러나 미소 간의 냉전이 끝나고 탈냉전이라는 국제적 환경이 조성되면서, 미국의 대외경제정책에서 경제적 이해관계가 중요한 고려사항이 된다. 특히 미국은 일본, 중국을 비롯한 동아시아 신흥국들과의 무역적자 폭이 커지자 보다 공격적인 상호주의 원칙에 기반한 통상정책으로 선회한다. 이러한 환경변화야말로 대외의존도가 높은 소국에는 커다란 도전으로 작용한다. 미국 패권이 중국이라는 거대 신흥국의 도전을 받게 되면서 패권경쟁이 시작되었으며 패권질서의 다양한 영역에서의 변화를 가져왔다.

또한 경제적인 측면에서 패권질서와 긴밀하게 연계되어 있는 생산, 무역, 통화, 금융 영역에서의 변화를 논의할 필요가 있다. 국제정치경제는 국제정치와 국제경제가 상호작용하는 영역이다. 세계정부가 없는 무정부상태의 국제정치와 개별 국가의 국경선을 넘어서는 국제경제는 네 영역, 즉 생산, 무역, 통화, 금융부문에서 상호작용한다. 세계정부가 없기 때문에 결국 영향력이 큰 패권국이 이 네 영역에서의 기본질서를 계획하고 질서유지를 위해 적극적 역할을 수행한다. 우선 자유무역이 수행되기 위해서는 세계경제의 통화질서가 수립되어야 하나, 세계통화가 없기 때문에 결국 패권국의 통화가 기축통화로서의 역할을 한다. 자본거래가 자유화됨에 따라 금융세계화가 진행된다. 네 영역에서의 변화과정을 간단히 살펴보면 다음과 같다.

첫째, 세계화와 더불어 경제성장과 발전을 추동하는 데 있어 가장 핵심적 영역인 '생산' 부문이 급격히 변화하고 있다. 국민국가의 국경선 안에서 이루어지던 기존의 생산과정은 생산세계화를 통해 대부분의 생산과정을 세계적으로 분산시켜 진행하고 있다. 선진 자본주의국가들은 과거 일국 내 생산을 조직하고 수출을 통해 연결되던 세계화와 달리 생산자체를 국제적으로 재조직하였다. 이는 자유무역의 증대와 더불어 격화된 무한경쟁으로 인해 기술, 임금, 시장 근접성 등 투입요소 등을 전 세계적 차원에서 새로이 조합하기 위해서다. 대량생산체제에 적합했던 기존의 수직적 통합체제는 저임금, 신기술, 신정보 등 다양한 투입요소를 결합하기에는 경직된 구조를 가지고 있어 새로운 조직화의 필요성이 제기되었다. 생산세계화는 생산과정의 분절화와 수직적 생산구조의 해체를 가져왔다(권형기 2010). 냉전시기 미국 패권과 일본이 동아시아 국가들과 지속해 온 지역생산분업 시스템은 더 이상 가능하지 않게 되었다. 미국 패권에 도전하고 있는 중국이 세계의 생산공장으로 변화되었으며 새로운 생산분업체제가 이루어지고 있다. 생산의 세계화에도 불구하고 개별 국가는 기업의 생산활동을 지원하기 위한 다양한 노력을 게을리하지 않고 있다. 이는 미국과 유럽 국가들의 산업발전을 위한 지원책을 보더라도 잘 알 수 있다. 생산세계화와 동시에 병행되고 있는 개별 국가의 생산지원책을 고려해 보면서 이러한 환경변화가 동아시아 발전국가의 생산적 구조변화에 어떤 영향을 주었는지, 동아시아 발전국가모델은 어떻게 재구성될 수 있는지 살펴볼 필요가 있다.

둘째, 패권은 무역질서와 긴밀히 연계되어 있다. 패권안정이론의 주창자인 킨들버거(Charles P. Kindleberger)는 19세기 중반, 20세기 중반

안정적인 자유무역질서가 유지될 수 있었던 요인으로 영국과 미국이라는 공공재 공급자로서의 패권국의 존재를 지적했다. 20세기의 세계무역질서는 자유무역과 보호무역을 반복했지만 그럼에도 전체적으로는 보다 확대된 자유무역체제로 발전되어 왔다. 1980년대 이후엔 탈규제와 자유시장원리를 확대하는 신자유주의질서가 본격화되었다. 현재의 세계무역질서는 WTO를 중심으로 한 다자주의, 지리적 인접성에 기초하여 경제, 정치, 사회, 안보공동체로 표현되는 지역주의, 그리고 지역을 초월한 두 국가 이상의 자유무역협정으로 표현되는 양자주의 방식에 의해 이루어져 있다. 다자주의 방식의 자유무역체제가 1990년대 이후 보다 본격화되었으나, 도하라운드가 제대로 진전을 이루지 못하자 이후 지역적·양자적 무역협정이 폭발적으로 증가해 왔다. 1958년부터 2000년까지 96건이 체결됐던 지역무역협정(RTA)은 2001년 이후에만 205건이 이루어졌다. 이전 40년간의 성과보다 지난 10년간의 성과가 두 배를 넘는 셈이다. 그러나 동시에 글로벌 금융위기 이후부터 2014년까지 4,521건의 보호무역 조치가 도입되었다. 주요 국가들이 내수 진작을 위한 재정, 통화정책 수단이 마땅치 않은 상황에서 수입을 억제하고 수출산업을 지원하는 방식으로 타개책을 찾으려는 소위 '은밀한 보호주의(murky protectionism)'가 증가한 것이다.[1] 냉전시기 미국 패권에 의한 우호적 통상환경의 이점을 누릴 수 있었던 동아시아 발전국가모델은 탈냉전시기 새롭게 변화된 무한경쟁의 무역환경에서 더 이상 생존이 어렵게 되었다. 중국의 2001년 WTO 가입 이후 국제무역질서도 변화되었다. 최근 미국 패권이 중국에 의해 도전받게 되면서 미국과 중국은 환태평양 경제동반자협정(TPP) 추진과 역내 포괄

1 「미국-중국, 아시아서 경제블럭 각축」, 『매일경제』 2011. 12. 6; 이승주(2010); 문돈(2011).

적 경제동반자협정(RCEP) 등 국제무역질서를 새롭게 끌고 나가기 위한 힘겨루기에 돌입한 바 있다(임혜란 2012). 그러나 2017년 미국의 트럼프 대통령은 TPP를 철회함으로써 보호무역주의의 환경을 만들고 있다. 무역의존도가 높은 동아시아 발전국가들이 무역환경 변화 이후 이에 어떻게 대응해야 하는지, 발전모델은 어떻게 재구성될 수 있는지 고찰해 볼 필요가 있다.

셋째, 패권과 국제통화질서는 서로 뗄 수 없는 관계에 있다. 19세기 영국이 패권국일 때 영국 스털링화를 중심으로 고정환율제인 금본위제가 시행되었다. 그러나 제1차 세계대전 이후 힘이 쇠락한 영국은 전간기 동안 다시 금본위제로 복귀하고자 노력했으나 역량이 부족하여 실패한다. 1945년 이후 미국이 패권국으로서의 의지와 역량을 갖추게 되자 미국 달러와 금을 연계하고 다시 각국의 통화와 연계시키는 고정환율제인 금환본위제로 복귀한다. 그러나 미국 달러화의 가치에 대한 신뢰저하로 1970년대 초 브레턴우즈 체제는 붕괴된다. 현재의 세계통화질서는 과거 브레턴우즈 체제와 비교해 볼 때, 환율제도와 자본이동의 관점에서 본다면 변동환율제이며 자본이동규제가 완화되었다는 점에서 다르다고 볼 수 있다. 그러나 달러를 기축통화로 한 체제에 기반하고 있으며 국제통화기금(IMF)이 작동하고 있다는 점에서 브레턴우즈 체제와 유사한 질서의 연속성을 반영하고 있어 이를 신브레턴우즈 체제라고 할 수도 있다. 달러본위제의 결함은 달러화를 무한하게 찍어 낼 수 있다는 데 있다. 2008년 미국발 금융위기는 미 달러화를 기반으로 한 국제통화질서의 특징, 즉 미국이 무분별하게 신용정책을 사용할 수 있었던 것과 무관하지 않다(문우식 2009, 7). 아시아 국가들은 미국 달러화를 다시 미국 시장의 안전자산에 투자하게 되었으며, 따라서 미국 국채의 반 이상을 아시아 국가가 보유하게 되었다. 달러를 많이 갖고 있는 나라일수록 달러체제를 옹호하게 되는 상황이 벌어진 것이다. 미국 달러를 기축통화로 한 달러본위제는 미국의 팽창적 신용정책에 따른 위기를 가져왔으며, 국제수지 적자와 같은 글로벌 불균형의 정도가 도를 넘음에 따라 환율전쟁과 같은 갈등을 가져왔다. 최근 중국은 위안화의 세계화를 위한 다양한 노력을 지속하고 있다. 2015년 중국 위안화는 세계 2위의 무역결제화폐로 올라섰다. IMF가 위안화를 특별인출권(SDR) 기반통화(바스켓)로의 편입을 결정하게 됨에 따라 위안화는 2016년 10월부터 SDR 구성통화가 되었다. 위안화는 세계금융거래에서 4위 결제통화의 지위를 유지하고 있다.[2] 중국은 통화 스와프의 협정을 확대하고 역외 위안화 청산 결제은행을 확대하는 등 '위안화 굴기' 노력을 지속하고 있다.

미국 패권의 달러본위제는 달러 가치가 안정되어 있을 때는 투자와 무역이 상승작용하면서 긍정적 영향을 주지만, 달러 가치가 불안정할 때는 경제위기 등의 문제를 가져올 수도 있다. 1995년 이후 미국 달러의 강세와 더불어 당시 위기를 맞은 동아시아 국가들의 통화강세 현상은 1997년 위기와 무관하지 않았다. 미국 경제가 취약함에도 불구하고 고금리정책으로 달러의 강세가 억지로 유지되면서, 달러에 연동되어 있던 동아시아 국가의 통화 가치도 강세가 되어 수출경쟁력 약화와 경상수지 적자가 확대되는 등 그 비용이 컸다. 과거 동아시아 발전국가모델에서는 자본통제가 이루어졌고 국가가 국내금융체제를 독점할 수 있었기 때문에 국가의 정책금융(policy loan)이 가능했다. 그러나 브레턴우즈 체제가 붕괴되고 자본이동규제가 완화되면서 금융세계화가

2 위안화의 편입 비율 10.92%는 달러화(41.73%), 유로화(30.93%)에 이어 세 번째로 높은 것으로, 이번 IMF의 결정에 따라 위안화는 이제 명실상부한 세계 3대 주요 통화로 부상하게 됐다. 엔화는 8.33%, 파운드는 8.09%다. 「IMF, 중국 위안화 국제기축통화 편입 결정」, 〈뉴시스〉 2015. 12. 1.

진행되었다. 한국을 비롯한 동아시아 발전국가들은 금융자유화의 압력에 노출되어 자본자유화를 할 수밖에 없었으나 동시에 달러에 연계된 경직된 통화제도를 유지함으로써 위기에 취약해졌다. 따라서 더 이상 발전국가모델이 향유한 조건들을 유지할 수 없게 된 것이다. 또한 미국 달러화와 중국 위안화의 세계화 노력 등이 환율전쟁 및 갈등으로 전화될 가능성이 있어, 1997년 위기 이후 동아시아 발전국가모델이 이 영역에서 어떻게 재구성되고 있는지 살펴볼 필요가 있다.

넷째, 동아시아 발전국가모델이 1997년 동아시아 위기를 맞이했을 때 외인론으로 지적된 것 가운데 하나는 국제금융체제의 불안정성이었다. 국제금융체제가 불안정한 상태에 이르게 된 데에는 금융세계화 현상이 주요한 요인으로 작용했다. 금융세계화로 인하여 각국의 통화제도 및 금융시장은 상호 밀접한 연계를 맺게 되었다. 그동안 세계시장은 국제무역을 통해 상호연계를 심화해 왔으나 오늘날의 세계는 무역에 의한 상호의존의 시대에서 자본이동에 의한 상호의존의 시대로 변화하고 있다고 할 수 있다. 예를 들어 세계외환시장의 2016년 연간 거래량은 약 1,267조 달러에 이르는 데 반해 전 세계 교역량은 연간 약 24조 달러에 불과했다(BIS 2016). 세계 외환거래에서 실물경상거래가 차지하는 비중은 2%에 불과하며 98%의 외환거래는 순수히 금융차익을 쫓아 국제자본이 이동하는 데 따른 금융거래이다. 금융세계화가 본격화된 것은 1970년대 초 미국 달러 가치의 하락 및 브레턴우즈 체제의 붕괴에 따른 변동환율제의 채택, 그리고 자본이동에 대한 각종 규제완화 및 기술발전에 기인한 것으로 볼 수 있다. 특히 1970년대 초 변동환율제의 도입 이후 각국의 환율이 변동하게 됨에 따라 환율이 새로운 투기 및 투자 대상으로 변하게 되면서 외환시장이 급속도로 확대되었다. 이와 더불어 자본시장도 급속도로 발전하기 시작하였다. 1970년대 두 차례의 석유파동으로 경제가 침체에 빠짐에 따라 국내투자 기회를 찾지 못하던 선진국의 금융자본이 제3세계로 흘러들어가게 되었다. 이로 인해 재성적사 문제를 해결하려 했던 미국 정부와 미국 민간자본들의 금융자유화 이해관계가 맞아떨어지게 되면서 국제적으로 상호연계된 채권시장들이 발전되었다(서익진 2002; Kim and Rhee 2013). 또한 이와 같은 자본의 국제이동을 촉진시키기 위한 각종 규제완화는 반인플레이션 국내통화정책과 연계되어 진행되었다. 석유파동으로 인플레이션이 급등함에 따라 실질금리가 마이너스로 되면서 투자자의 이익이 침해받자 미국과 영국은 인플레이션 저지를 위해 고금리정책을 취하게 되는데, 이는 금융자산의 높은 수익성을 보장해 주었다.[3] 1980년대 이후 자본이동의 규제완화와 더불어 신흥시장(emerging market)으로의 국제자본이동이 보다 가속화되었다.

동아시아 국가가 외환위기를 맞이한 것도 금융세계화로 인한 아시아 국가들의 금융부문 취약성과 연관된다. 외국자본이 다량으로 유입될 때 경제의 충격을 줄이면서 생산적인 투자로 연결시킬 수 있는 시스템이 당시 잘 발달되어 있지 못했다. 유입된 자본은 대신 기존 자산가격을 부풀려 거품을 형성하는 역할을 수행했다. 또한 이들 국가의 비은행 금융기관을 비롯한 금융기관의 부실화와 금융기관을 감독하는 감독시스템의 취약성이 문제였다. 유입된 자본이 제조업 등 생산부문으로 투자되었더라도 금융기관의 여신심사기능이 취약하여 투자의 많은 부분이 부실화됨으로써 결과적으로 금융기관의 부실을 초래한 것이다(최두열 1998, 166-167). 금융세계화가 본격화되기 이전 동아시아 발전국가모델은 이러한 자본자유화의 압력으로부터 자유로울 수 있었으며 그러한 위기가능성으로부터 안전한 보루를 유지할 수 있었다. 그러

3 금융세계화와 고금리정책은 저개발국의 외채위기 및 외환위기를 낳은 원인 중 하나로 인식되고 있다(Gilpin 2000).

나 새로운 금융환경의 변화와 더불어 발전국가의 고유속성은 더 이상 지속할 수 없어 위기에 취약하게 될 수밖에 없었다. 그런 점에서 새로운 금융세계화 환경 속에서 동아시아 발전국가모델을 어떻게 재구성해 볼 수 있는지 고민할 필요가 있다.

이 책의 구성은 다음과 같다. 제1장은 서론과 문제제기이며 제2장은 동아시아 발전국가모델에 대한 이론적 논의에 집중한다. 제3장은 동아시아 발전국가들의 성장, 위기 및 개혁과정을 살펴보면서 발전국가모델에 대한 인식의 변화를 고찰해 본다. 제4장은 새로운 질서변화에 대한 논의로, 먼저 국제정치의 패권질서변화를 분석한다. 제5장은 국제경제질서의 환경변화를 생산, 무역, 통화, 그리고 금융부문으로 나누어 분석해 본다. 제6장은 동아시아 발전국가모델을 변화된 환경에서 재구성한다. 제7장은 동아시아 발전국가모델의 적용가능성에 대한 논의로, 후-후발개도국인 아프리카 모잠비크의 사례에 적용해 본다. 제8장은 결론으로, 요약과 후발개도국의 발전모델에 대해, 그리고 세계화시대 발전국가의 역할에 대해 논의한다.

제2장

동아시아 발전국가모델에 대한 이론적 논의

동아시아 발전국가모델은 냉전시기 동아시아 신흥공업국의 빠른 경제성장 이후 형성된 개념이라는 점에서 '역사적 특수성'의 특성을 반영한다. 그렇다고 하여 이 모델이 다른 국가에 그대로 적용될 수 없다는 논지는 문제가 있다. 동아시아 발전국가모델의 핵심적 특성은 후발개도국의 국가주도적 추격역량(catch-up capacity)에 있다. 동아시아 신흥공업국 이전의 후발개도국(late-developer)은 독일과 일본이다. 거센크론(Alexander Gerschenkron)은 이미 영국과 미국과 같은 선진국(carly-developer)과 달리 독일과 일본이 어떻게 국가주도적 경제성장을 경험하였는지 이론적·경험적으로 분석한 바 있다. 후발개도국 가운데 빠른 성장을 위한 추격이 가능했던 국가들은, 외부환경과 내부조건이 잘 조응할 수 있도록 정부가 주도적인 산업전환과정을 성공적으로 이루어냈다는 공통적 특성이 있다. 이 책에서는 동아시아 발전국가모델 역시 후발개도국의 발전모델의 이론적 구축을 위해 함의할 수 있는 바가 많다고 강조한다. 후발개도국이 후진성의 이점을 잘 살리면서 빠른 추격을 가능하게 하기 위해서는 어떤 내·외부적 상호작용을 유도하며 이를 위해 어떤 대응을 했는지 살펴보아야 한다. 이 장에서는 우선 동아시아 발전국가모델의 개념적 정의와 관련된 논쟁, 위기 이후 동아시아 발전국가모델에 대한 비판과 관련된 논쟁 등을 정리해 본 후, 후발개도국의 발전모델의 이론화를 위해 어떤 핵심적 요인들을 이끌어 낼 수 있는지 살펴볼 것이다.

1. 후발개도국의 발전모델

동아시아 발전국가는 NICs(newly industrializing countries: 신흥공업국)로 알려져 있는 한국, 대만, 싱가포르, 그리고 홍콩 4개의 국가를 포함한다. 이들은 제2차 세계대전의 종전과 더불어 신생독립국가가 된 이후 제3세계 지역 가운데 가장 빠른 경제발전과 민주주의를 이루어 냈다. 특히 1965년에서 1990년 사이 1인당 소득증가율(average growth rate of GNP per capita)은 동아시아가 5.5%, 남미는 1.8%, 아프리카는 0.2%로 상당한 차이를 보인다(World Bank 1993). 특히 아시아의 빠른 성장국가를 가리키는 HPAEs(high performing Asian economies)의 경우는 다른 아시아 국가들보다 더욱 높은 평균 5.8%의 성장률을 보여 준다.[1] 한국과 대만은 1960년대 중반부터 수출주도 경제성장을 시작한 이래 연평균 10%의 경제성장률을 기록했다. 종속이론은 제3세계 저발전국가들의 발전은 불가능하다고 주장한 바 있다. 그러나 동아시아 국가의 빠른 경제성장은 종속이론이 문제가 있다는 것을 증명해 보였다. 그 이후 국가역할의 중요성을 강조한 국가이론이 비교정치경제 영역에서 재부상하게 되었다. 이러한 맥락에서 동아시아 발전국가모델의 개념이 등장했다.

다양한 정의가 있지만 발전국가모델의 핵심적 특징은 다음과 같이 정리해 볼 수 있다. 국가의 성장을 지향하기 위한 변혁적 이념 여

1 HPAEs는 일본, 한국, 대만, 홍콩, 싱가포르, 말레이시아, 인도네시아, 중국 8개 국가를 지칭한다(Thompson 1998, 1-2).

부, 상대적 자율성을 반영하는 엘리트 관료집단의 제도 존재 여부, 그리고 정책을 수행하기 위해 필요한 사회 내 경제집단과의 제도적 연계 존재 여부가 그것이다(Weiss and Hobson 2000). 동아시아 발전국가모델의 핵심은 발전적 정향, 제도, 국가-사회 간 네트워크의 중요성으로 압축할 수 있다.

동아시아 발전국가는 산업화의 시기(timing), 발전경로, 권위주의 경험, 유교자본주의의 영향 등 많은 특성들을 공유하고 있다. 특히 경제발전과정에서의 적극적인 정부의 역할이 중요했다. 동아시아 발전국가모델의 기원(origin)에 대한 설명은 찰머스 존슨(Chalmers Johnson)의 연구에서 찾아볼 수 있다. 존슨은 동아시아 발전국가의 성장을 설명하기 위해 '자본주의 발전국가모델(model of capitalist developmental state)' 개념을 제시했다(Johnson 1987, 140). 한국과 대만은 발전국가의 원형인 일본의 발전패턴을 따랐지만, 이들 세 국가를 구체적으로 다시 비교해 보면 국가-기업-금융기관의 관계와 산업구조에 있어 상당한 차이를 보이고 있음을 알 수 있다(임혜란 2013b). 일본, 한국, 대만의 빠른 성장과정은 자본주의 정치경제체제의 특징인 '선 경제성장, 후 민주화'라는, 서구와는 다른 조합의 정치경제질서에 의해 진행되었다는 특징을 공유한다. 그렇다고 해서 권위주의국가가 경제성장을 위한 필요조건이라 할 수는 없다(Maravall 1995). 권위주의 또는 민주주의라는 정치레짐의 조건 자체가 경제성장을 설명하는 요인은 아니다. 정치레짐의 어떤 조건이 발전을 가능하게 했느냐가 중요하다.[2]

2 권위주의 정권이 필연적으로 성장을 가져오지는 않는다. 이는 라틴아메리카, 아프리카 지역의 군사쿠데타에 의한 권위주의 정권 자체가 저발전과 연계되어 있는 경우를 보더라도 잘 알 수 있다. 그러나 민주주의 정권 자체가 경제발전을 가져오는 것도 아니다. 레짐의 유형과 경제발전 간의 관계는 그런 점에서 혼합된(mixed) 결과를 보여 주며, 발전은 보다 복합적 과정의 결과라는

동아시아 발전국가모델에 대한 기존연구는 국가 내부의 제도, 이념, 이해관계의 측면에 초점을 두는 경향이 있다. 그러나 개별 국가의 발전은 외부환경과의 상호작용을 통해 진행된다. 이런 관점에서 발전국가와 외부환경 사이의 유기적 상호작용에 초점을 둔 연구에 주목해 볼 필요가 있다. 윤상우(2006)는 발전국가의 형성, 공고화, 그리고 쇠퇴과정을 세계체제적 조건과의 상호작용을 통해 설명했다. 한국의 성장과 위기과정은 한국의 내적 특수성과 외부의 체제적 구조와의 관계에서 진행되었다. 세계체제론에 의하면 동아시아의 산업화는 '초청에 의한 상승(promotion by invitation)' 전략에 해당한다. 동아시아의 성장이 가능했던 세계체제적 조건은 첫째, 미국 패권과 냉전체제의 특수이익, 둘째, 일본과의 국제분업구도, 셋째, 세계경제의 호황이다. 중요한 것은 동아시아 발전국가가 이러한 세계체제적 구조 내에서 발전국가의 제도적 공고화를 가능하게 할 정도의 정책적 자율성을 유지했다는 점이다. 요컨대 발전과정은 단순히 외부의 구조에 의해 결정되는 것이 아니라, 구조가 부과하는 제약 속에서 각국의 자율적 정책의 선택에 의해 진행된 것이다.

국가 내부와 외부환경의 상호작용에서 정책적 자율성의 중요성을 인식한 대표적인 학자로 거센크론이 있다(Gerschenkron 1962). 거센크론은 후발주자(late-developers)의 이점(advantage)을 이론적으로 제시했다. 거센크론은 영국과 미국처럼 먼저 산업화를 시작한 국가들과 독일과 일본처럼 뒤늦게 산업화에 뛰어든 국가를 비교분석했다. 영국의 자본가는 축적된 자본을 통해 농업, 면직물, 중화학 분야로 점진적으로 전환할 수 있었으며 따라서 은행과 국가의 주도적 역할이 필요하지 않았

점을 유의해야 한다.

다. 이와 달리 독일은 뒤늦게 산업화에 뛰어들었다. 당시 국제적으로 경쟁력 있는 산업은 중화학공업이었는데, 이는 거대자본의 투자가 필요한 산업이었다. 당시 독일은 투자를 위해 필요한 축적된 자본이 부족한 상황이었다. 따라서 독일의 기업들은 은행과의 합병을 통해 필요한 자본을 얻어야 했으며, 독일의 산업화과정은 영국과 달리 보다 적극적인 국가역할을 필요로 했다.[3]

독일과 일본은 영미와 달리 국가주도적 발전패턴을 보였다. 일본이 발전하고 그 뒤를 네 마리 용이 좇는 후발개도국의 사례 역시 국가주도적 발전패턴을 따랐다. 역사적 맥락과 시기는 다를지 모르나 후발개도국은 선진국이 오랜 시간에 걸쳐 발전한 기술을 빠른 시간에 기술이전을 통해 따라잡을 수 있는 후발주자의 이점을 향유할 수 있었다. 빠른 시간 내에 성장하기 위해서는 자본동원의 권한을 가진 국가의 역할이 필요하다. 후발국가들은 적극적인 국가개입을 통해 특정 산업을 육성하며 선발국가로부터 기술이전을 유도함으로써 경제성장의 속도를 낼 수 있었다(Gerschenkron 1962). 선발주자와 후발주자의 차이에 있어 가장 중요한 것은 산업화를 시작하는 시기의 문제일 것이다. 왜냐하면 산업화를 시작할 당시 세계시장에서 경쟁력 있는 산업이 무엇인지에 따라 어떤 산업을 육성할 것인지 결정할 수 있으며, 그와 관련된 기술의 도입은 어떻게 가능한지 등을 고려함으로써 산업화과정이 결

3 독일의 자본은 분산되어 있었기 때문에 '대규모화(bigness)'의 통합 압력이 증대했다. 독일의 기업은 은행과의 합병과 융합의 형태로 발전되어 갔으며 철강, 중화학공업을 집중적으로 선택·육성하였다. 독일의 은행은 유니버설 은행(universal bank)의 형태로 중장기 투자 목적의 개발은행과 단기자금 공급의 상업은행 형태를 결합함으로써 발전하였다(Gerschenkron 1962). 가장 먼저 산업화에 성공한 영국은 상업은행으로 족했으나, 후발국가인 프랑스는 개입주의적 국가와 투자은행, 그보다 더 늦은 독일은 개입주의적 국가와 투자은행 그리고 강력한 민족주의를 필요로 했다.

정될 수 있기 때문이다. 동시에 유망산업을 육성하기 위해서는 국내 산업구조 및 사본축적 정도, 기업가의 역량 등 내생적 조건들이 중요하다. 후발주자의 이점은 선발주자의 길을 따라감으로써 실패할 가능성을 줄인다는 데 있다. 그러나 구체적인 발전의 궤적은 국가 내부의 내생적 요인인 산업구조, 발전정향, 기업가 역할, 이데올로기 등에 따라 달라질 가능성이 높다.[4]

후발개도국은 선진국으로부터의 기술이전이 가능하여 오랜 시간 동안 선진국이 밟은 성장의 단계를 단축할 수 있다. 또한 뒤늦게 산업화에 뛰어들었기 때문에 경쟁력 있는 산업의 육성정책을 시행하기 위해서는 적극적인 국가개입(big push)이 요구된다.[5] 후발개도국은 독일, 일본, 아시아의 네 마리 용처럼 후발주자의 이점을 이용할 수 있으며 성장시간을 단축할 수도 있다. 그러나 모든 후발개도국이 이러한 이점을 십분 활용하여 발전하는 데 성공하는 것은 아니다. 또한 성공한 후발개도국이 모두 같은 요인 덕분에 같은 경로를 걸어가는 것도 아닐 것이다. 거센크론의 논의로부터 이끌어 낼 수 있는 점은 개별 국가의 경제발전은 외부적 환경만으로 또는 내부적 여건만으로는 가능하지

4 거센크론은 'ideologies of delayed industrialization'에 대해 논의한다. 그는 후발개도국의 발전을 위해서는 강력한 이념(idea), 믿음, 신념이 필요하다고 강조한다. 1890년 러시아의 산업화를 위해서 정통 마르크스주의가 그러한 역할을 수행했다. 러시아의 절대적 후진적 조건하에서보다 강력한 이데올로기가 필요했는데, 이는 산업화의 지적·감정적 바퀴에 기름을 칠하기 위한 것이었다(Gerschenkron 1962).

5 산업발전과정에서 중요한 것은 산업발전을 수행하면서 사용하는 제도적 수단과 이념이다. 따라서 거센크론은 경제발전에 있어 옳고 그른 것에 대한 판단보다 더 중요한 것은 더욱 유연하고 상대주의적인 접근(more flexible and relativistic approach in economic development)이라고 강조한다(Gerschenkron 1962).

않다는 것이다. 외부환경에 대한 적절한 인식을 바탕으로 한 국가 내부의 대응과 자율적 전략이 중요하다. 그런 점에서 동아시아 발전국가의 성장은 산업화에 뛰어든 시기 즉 'timing'과 당시의 환경적 특성에 따른 국가 내부의 정책적 자율성이 유효했다는 점에서 그 성공의 원인을 찾아볼 수 있다.

후발개도국의 발전모델로서 동아시아 발전국가모델은 추격역량(catch-up capacity)의 요인으로 다음과 같은 세 가지 이론적 요소를 제시한다. 첫째, 후발개도국의 성공적 추격을 위해서는 정책을 담당하는 정부가 외부환경의 구조적 도전과 기회의 측면을 잘 포착할 수 있어야 한다. '산업화의 시기는 언제인가' 역시 잘 인식해야 한다. 세계정치와 세계경제의 구조적 특성은 개별 국가의 선택지를 제한하기 때문이다. 특히 그 시기의 '경쟁적 산업'은 무엇이며 후발개도국은 어떤 부가가치 영역에서의 생산분업이 가능한지 파악해야 한다. 국제정치적 관점에서 어떤 패권적 국가와의 협력이 국가이익을 위해 필요한지의 총제적 문제도 고심해야 한다. 결론적으로 외부환경의 도전과 기회의 측면을 잘 인지해야 한다. 둘째, 정책을 담당할 정부는 안정적이며 효율적인 관료체제를 건설함으로써 국가 '자율성'을 유지할 수 있도록 해야 한다. 정부와 사회행위자와의 협력 네트워크는 성공적인 산업전환을 위해 필수적이다. 그러나 정부가 사회기득권 세력의 이익에 포획됨으로써 지대추구국가가 등장하는 일은 방지해야 한다. 셋째, 후발개도국의 추격이 어느 정도 성공한 이후에도 산업발전을 위한 국가의 주도적 역할은 지속되어야 한다. 신자유주의나 워싱턴 컨센서스(Washington consensus)와 같은 글로벌 스탠더드는 국가역할의 제한, 규제완화, 그리고 개방의 필요성을 강조할 것이다. 그러나 무조건적인 개방과 규제완화는 자칫 잘못하면 국가이익에 반하는 결과를 가져올 수도 있다. 선진국가의 경우에도 발전국가적 정책을 사용해 온 경우가 다반사이기 때문에 어떤 조건하에 정부개입이 효율적일 수 있는지에 대한 보다 실질적 연구와 노력이 필요하다.

2. 동아시아 발전국가모델의 개념과 유용성을 둘러싼 논쟁

새로운 변화를 고려해 동아시아 발전국가모델을 재구성하기 위해서는 동아시아 발전국가모델의 개념과 유용성에 대한 논의를 먼저 짚고 넘어갈 필요가 있다. 동아시아 발전국가모델에 대한 정의(definition)에 대해 학자들의 이견이 있으며, 동아시아 발전국가모델의 유용성에 대해서도 논란이 존재해 왔다. 일각에서는 동아시아 발전국가모델은 역사적 특수성의 맥락에서 형성된 개념이므로 다른 국가에 적용하기 어렵다고 보았다. 그러나 이 책에서는 동아시아 발전국가모델의 개념이 후-후발개도국의 발전과정에 중요한 함의를 제공할 수 있다고 본다.

동아시아 발전국가모델에 대한 논쟁은 다음의 네 가지 차원에서 진행된다. 첫째, 동아시아 발전국가모델 개념이 얼마나 이론적·정책적 유용성을 담고 있는가에 대한 것이다. 발전국가모델에 부합하는 국가들은 사실상 서로 많은 부분에서 차이를 보이는데, 이들 사이의 공통된 요인만을 강조하다 보면 지나친 일반화의 가능성을 가져오므로 개념적 유용성이 감소할 위험이 있다. 동아시아 발전국가모델이 어떤 점에서 이론적 유용성이 있는지 재평가해 볼 필요가 있다. 둘째, 동아시아 발전국가모델의 개념정의와 관련된 것으로, 동아시아 발전국가모델의 핵심적 요소는 무엇인지에 대한 것이다. 학자들마다 다양한 정의를 내리고 있는데 최소한의 합의 가능한 요인에 대한 정리가 필요하다. 셋째, 동아시아 발전국가모델에 대해, 1997년 외환위기를 맞이한 이후 외환위기의 원인과 관련해 다양한 논쟁이 벌어졌다. 발전국가모델이 위기의 원인이었다는 견해와 발전국가모델이 퇴보한 것이 위기의 원인이었다는 견해가 팽팽히 맞서기도 했으므로 어떤 견해가 옳은지 고찰해 볼 필요가 있다. 넷째, 동아시아 발전국가모델이 위기 이후 어떻게 변화되었느냐도 중요한 논쟁거리이다. 신자유주의국가로 변화되었다거나, 혹은 규제적 발전국가로 변화되었거나 또는 복지적 발전국가로 변화되었다는 등 다양한 논쟁이 제기되었으나, 아직까지 명확한 학계의 합의가 이루어지지 않았다. 이후의 장에서 이러한 논쟁들을 동아시아 발전국가모델의 개념과 유용성을 둘러싼 논쟁 그리고 외환위기의 원인 및 처방을 둘러싼 논쟁을 중심으로 살펴보고 발전국가모델의 핵심적 요인을 제시해 보기로 한다.

동아시아 발전국가모델의 개념은 학문적·정책적으로 어느 정도 유용한가? 동아시아 발전국가모델은 후발개도국인 동아시아 국가의 빠른 성장을 설명하기 위해 제시된 개념이다. 이 개념이 유용성을 갖기 위해서는 다른 후발개도국의 발전과정을 이해하는 데 적용될 수 있어야 한다. 이 개념의 유용성에 대한 반대 견해는 다음의 두 가지 관점에서 제기된다. 첫 번째 반대 견해는 이 모델이 갖는 일반화의 오류와 관련된다. 동아시아 발전국가모델은 동아시아 발전국가의 대표적 사례인 네 마리 용, 즉 신흥공업국인 한국, 대만, 홍콩, 싱가포르의 발전과정으로부터 형성된 개념이다. 그런데 발전국가모델에 속한다는 국가들은 많은 점에서 상당한 차이를 보인다. 따라서 개념이 갖는 지나친 일반화의 가능성을 발견할 수 있으며, 개념이 갖는 유용성의 문제까지 제기할 수 있다. 가령 동아시아 발전국가모델을 동남아 국가의 발전에 적용하는 데 문제가 있을 수 있다. 왜냐하면 동남아 국가는 동북아 국가보다 국가의 자율성 정도가 낮으며, 해외직접투자의 역할이 보다 컸다는 점에서 차이를 보이기 때문이다. 이러한 지적으로 인해

이 개념이 이론적·실천적으로 비교분석적 유용성을 갖지 못한다는 회의적 시각이 팽배하기도 했다.

그러나 이러한 일반화의 오류 논리는 상당한 문제점이 있다. 동아시아 발전국가모델의 대표적 국가군은 동아시아 발전국가의 원형인 일본과 네 마리 용인 한국, 대만, 홍콩, 싱가포르이다. 그럼에도 일본과 네 마리 용은 산업화의 시기와 정치적 민주주의 발전궤적이 서로 다른, 선진국과 후발개도국이라는 근본적 차이를 보여 준다. 유사한 시기에 산업화를 시작한 아시아의 네 마리 용은 빠른 성장이라는 유사한 결과를 가져왔지만, 개별 국가의 성장과정이 그린 궤적은 서로 같지 않았다. 홍콩은 국가가 발전국가의 전형적인 행태인 산업정책을 시행하지 않았으며 자유시장모델에 근접한 경우라 발전국가모델의 예외로 인식된다. 싱가포르는 국가가 산업정책의 시행과 같은 역할을 수행했으나 제조업에 대한 직접적인 금융지원은 하지 않았으며 싱가포르 경제발전에 있어 다국적기업의 비중이 매우 컸다. 따라서 홍콩과 싱가포르가 아닌 한국과 대만이 동아시아 발전국가모델의 대표적 사례라고 볼 수도 있다(Chiu and Lui 1998).

한국과 대만은 많은 점에서 유사하다. 우선 냉전의 직접적 대결구도라는 환경을 지니고 있었기에 미국으로부터 원조 및 우호적 통상환경을 제공받을 수 있었다. 강한 권위주의 정부의 지배, 약한 시민사회, 국가와 기업 간 협력관계, 일본 식민지지배 경험, 제3세계의 저발전 상태에서 유사한 시기에 산업화에 돌입하는 등 공통점이 많다. 그러나 한국과 대만을 보다 면밀히 비교해 보면, 한국이 대기업 중심의 산업조직을 키워낸 반면 대만은 중소기업 중심의 산업조직이 그 특징이라는 점에서 서로 달랐고, 이에 따라 수출경쟁력의 품목에서도 큰 차이가 있음을 알 수 있다(Feenstra and Hamilton 2014). 특히 정부와 기업 간의 관계에 있어 대만은 '적당한 거리두기(arm's length)' 관계였으나 한국은 보다 밀접한 관계를 보여 준다.

동아시아의 신흥공업국은 이처럼 많은 점에서 유사점과 차이점을 보여 준다. 차이점이 많다고 하여 이들 국가가 공통적으로 보여 준 역사적 궤적을 간과함으로써 사회과학의 일반적 함의가능성을 무시해서는 안 된다. 커밍스(Bruce Cumings)가 지적했듯이 동아시아 지역의 발전국가들을 남미와 아프리카 국가의 경우와 비교할 경우 지역 간 차이가 부각되면서 지역 내 국가들은 서로 유사한 것처럼 보인다. 하지만 동아시아 국가들에만 비교의 초점을 두고 관찰해 보면 그들 간의 서로 다른 특성들이 부각되어 동아시아 국가들 간의 차이점이 강조되는 결과를 가져온다(Cumings 1987). 비교의 대상을 무엇으로 하느냐, 어떤 문제의식을 갖느냐에 따라 차이점을 볼 것인지, 유사점에 주목할 것인지의 문제가 결정될 수 있다. 동아시아 국가들은 제3세계 가운데 남미와 아프리카 국가와 비교해 보면 빠른 성장과 민주화를 동시에 성취해 낸 경우라 할 수 있다.[6] 왜 그러한 성공을 이끌어 낼 수 있었는가의 질문에 답하기 위해서는 다른 지역과는 다른 동아시아 국가만의 공통된 특성에 논의의 초점을 두어야 한다. 동아시아 국가들은 다양성에도 불구

6 동아시아 국가인 한국과 대만이 경제성장과 민주화를 동시에 이루어 냈다는 주장은 논쟁의 여지가 없지 않다. 사실 두 나라에서 빠른 경제경장은 권위주의 정권에 의해 이루어졌기 때문이다. 1970년대 이후 민주화 요구가 시민사회의 성장과 함께 증폭되면서 한국과 대만은 1980년대 말 민주화를 이루어 냈다. 민주화 이후 한국과 대만은 지속적인 경제발전을 이루어 내야 하는 어려운 도전을 맞이했다. 1997년 동아시아 외환위기로 인한 동아시아 국가의 민주화 후퇴가능성이 우려되었으나 역사의 후퇴는 일어나지 않았으며 현재까지 경제발전과 민주화라는 두 가지 도전의 파고를 넘기 위해 노력하고 있는 중이다. 이러한 관점에서 경제위기와 정치적 후퇴를 경험하고 있는 다른 국가와 비교해 볼 때 동북아시아 국가들은 경제성장과 민주화를 동시에 이루어 내고 있다는 주장이 가능함을 알 수 있다.

하고 동아시아라는 지역적 환경, 지역적 생산분업 네트워크를 통한 상호작용, 식민지 경험, 냉전, 산업화의 시기, 강한 권위주의 정권, 민주화과정, 수출주도형 산업화, 그리고 유교자본주의 등의 요인들을 공유한다. '동아시아 발전국가모델'은 남미나 아프리카 지역과는 달리 왜 동아시아가 제3세계 후발개도국 가운데 빠른 성장과 민주화를 이룩했는지 잘 설명해 주고 있으며 그런 점에서 이 개념의 유용성을 찾아볼 수 있다(임혜란 2013b).

두 번째 반대 견해는 이 모델이 갖는 역사적 특수성과 관련된다. 동아시아 발전국가모델은 '특수한 역사적 상황'의 결과이기 때문에 다른 환경과 다른 지역의 국가에는 적용할 수 없다는 것이다. 오니스(Ziya Öniş)는 발전국가모델의 주요 요소들이 특수한 역사적 상황(unique historical circumstances)으로부터 나온 것이므로 일반적 적용이 가능하지 않다고 강조한다(Öniş 1991). 동아시아 발전국가의 역사적 특수성은 다음과 같다. 동아시아는 냉전시기의 안보위협이라는 특수성 때문에 평등과 분배문제보다는 성장이라는 중장기적 목표가 더 중시되었다. 국제경제구조에 편입되기 이전에 이미 권위주의 정권이 형성되었었다는 순서(sequence) 및 시기(timing) 또한 중요했다. 이는 동아시아 국가들이 외국자본에 우위를 점할 수 있었던 조건이 되었다. 동아시아 국가들은 산업화를 시작하기 전에 농지개혁을 시행함으로써 상당 부분 평등한 사회관계를 이루어 냈다. 라틴아메리카의 경우 민중주의적 레짐(populist regimes)에 노동을 포함했다가, 관료적 권위주의 정권(bureaucratic authoritarian regime)이 들어서자 노동을 배제함으로써 정당성의 문제가 야기되었다. 동아시아 국가들은 애초부터 노동을 배제했기 때문에 민주화가 시작되기 전까지는 큰 문제에 부딪히지 않았다. 또한 이미 농지개혁을 통해 지주계급 등이 없어지면서 상당한 평등관계를 기반으로 하여 산업화를 추진할 수 있었다는 점을 강조할 수 있다.

펨펠(T. J. Pempel) 역시 동아시아 발전국가모델의 일반적 적용가능성에 대해 회의적 입장을 견지한다. 펨펠의 기본적 주장은 이 모델은 역사성 속에서 이해해야 한다는 것, 그리고 발전국가의 성공은 국제정치라는 외부환경에 기인한 점이 많다는 것을 강조한다. 그런 점에서 펨펠은 동아시아 모델이 다른 국가에 반복적으로 적용되기는 매우 어렵다고 보았다. 펨펠은 동아시아 국가의 발전은 제3세계의 발전이 불가능하지 않음을 경험적으로 알려 준 '사실'이었다고 강조한다. 발전국가모델의 특징인 국가주도 자본축적과정, 국가의 투자조정역량, 산업정책, 노동규제, 외국자본에 대한 규제, 생산성 향상, 기술개발 등과 같은 정책 패키지는 일본을 시작으로 한국과 대만에 광범위하게 적용되었다. 펨펠은 동아시아 발전국가모델의 주요 특징으로 평등과 병행된 성장, 개방정책, 산업정책, 그리고 사적 기업의 역할 등을 제시하고 있다. 그는 동아시아 발전국가모델이 다른 후발개도국에 발전에의 '추격'이 가능하다는 사실을 보여 주었다는 의의를 갖지만, 그럼에도 다른 나라에 그대로 적용될 수 있다고 보지는 않았던 것이다(Pempel 2002).[7]

7 아시아의 발전은 '평등'과 병행하여 이루어졌다. GINI 계수가 라틴아메리카의 경우는 0.60이었던 반면 대만은 0.30, 한국은 0.33이었다. 동아시아는 건강보험, 교육, 장수 등의 면에서 평등의 기회를 강조했다. 한국 정부는 의도적으로 가격을 왜곡하는 역할을 잘 수행했다. 산업정책은 경쟁력 있는 산업에 대한 집중적 투자를 가능하게 했으며, 산업구조조정, 산업전환과정을 성공적으로 이행했다. 또한 개방정책이 중요했다. 사적인 국내투자와 인적자본의 증가야말로 성장의 엔진이었다는 점이 동아시아 발전국가모델의 특징이었다. 이러한 요인은 동아시아 성장에 대한 끊임없는 논쟁을 그대로 반영하는 것이다. 즉 정부정책에 대한 이해 없이는 성공을 설명할 수 없으며, 동시에 사적영역의 활동에 대한 이해 없이는 성공의 이해가 불가능하다(Amsden 1989; Pempel 2002).

오니스와 펨펠의 논의는 동아시아 발전국가모델을 특수한 역사적 상황의 맥락에서 이해해야 하므로 이러한 모델을 다른 시기의 다른 환경에 있는 국가에 그대로 적용할 수는 없다는 것이며, 그런 점에서 설득력이 없지 않다. 그러나 동아시아 발전국가모델의 원형적(origin) 논의인 존슨이나 거센크론의 주장을 고려해 본다면 '후발국'의 이점과 후발개도국의 발전패턴 및 국가의 역할 등은 역사적 시기와 지역을 뛰어넘어 일반적 적용이 가능한 교훈을 제시해 준다고 볼 수 있다. 특히 거센크론은 과거 독일과 일본이 영국을 비롯한 선진국가의 발전을 따라잡을 수 있었던 것은 독일과 일본 국가의 보다 적극적 역할에 의해 가능했음을 강조한다. 그런 점에서 동아시아 발전국가모델의 비교분석적 유용성을 찾아볼 수 있다. 후발개도국들이 '후진성의 이점'을 십분 활용하기 위해서는 여러 가지 국내외적 요인이 기반되어야 한다. 무엇보다도 외부환경의 도전에 대한 국가의 정확한 판단을 통해 개별 국가의 내부적 요인과 외부환경이 전략적으로 상호작용하도록 해야 한다. 따라서 동아시아 발전국가모델은 거센크론이 제시한 것처럼 후발개도국의 발전궤적의 유사점을 강조한 후진성의 이점이 기본적인 질적 특성이라고 할 수 있다. 후발개도국의 개별적 내부특성은 서로 많은 점에서 다를 것이므로 발전국가모델의 공통점을 이끌어 내는 것은 용이하지 않지만, 그럼에도 몇 가지 핵심적인 요인들을 찾아볼 수 있을 것이다.

동아시아 발전국가모델을 둘러싼 또 다른 커다란 논쟁은 동아시아 위기 이후 발전국가모델이 폐기되어야 한다는 입장과 오히려 재강화되어야 한다는 입장 사이에 벌어졌다. 신자유주의자들은 위기 이후 동아시아 발전국가모델이 위기의 원인이었기 때문에 폐기 대상이라고 보았다. 왜냐하면 발전국가모델은 정부, 재벌, 금융기관의 유착관계에 따른 경제적 비효율의 문제를 야기하기 때문이다. 그와 달리 발전국가모델이 재강화되어야 한다는 입장은 이 모델이 공동체적 자본주의의 요소를 반영하고 있다고 봤다. 전체 공동체에 대한 유기체적 관점, 국민주력기업의 육성, 시장기능의 선택적 사용, 그리고 수출대체산업화의 추구가 기본적 요소였다(백종국 1998a). 이는 민족의 이익을 극대화하려는 실용주의적 부국강병책이었으며 권위주의는 이러한 성격을 구체화하는 데 사용된 정치적 틀이었다. 이 관점에 의하면 외환위기는 동아시아 모델의 위기가 아니라, 동아시아 모델에 무리하게 주입된 시장만능주의 이데올로기에 기인한 위기였다. 세계화를 빙자한 무분별한 규제완화와 시장의 자유만을 부르짖은 신자유주의적 이데올로기가 당시 위기의 주된 원인이었다는 것이다.

상반되는 이 두 입장은 위기를 설명하고 이해하는 데 유용한 시각을 제공할 수도 있다. 그러나 이 두 입장은 동아시아 발전국가모델에 대한 극단적 이해에 기반하고 있어 보다 균형적 이해를 저해하고 있다. 발전국가모델은 경제적 효율성의 기반이기도 했으며 동시에 위기가능성의 구조적 기반이기도 하다. 동아시아 발전국가모델이 실용주의적 부국강병책이었다면 불리한 방향으로의 환경변화에도 탄력적으로 적응함으로써 위기를 피할 수 있어야 했다. 그러나 발전국가모델 자체에 그러한 탄력적 대응력이 내재하지 않았다면 이를 실용주의적 부국강병책으로 이해하는 데 문제가 있다. 반면 동아시아 발전국가모델을 위기의 원인으로만 본다면, 그 이전의 이례적인 성장속도를 설명할 수 없다는 문제가 발생한다. 이러한 논쟁과 관련된 두 극단적 입장 중 하나를 선택하는 대신, 이 책에서는 동아시아 발전국가모델의 핵심적 요인에 근거해 동아시아 발전국가모델이 왜 성장과 위기과정을 경험하게 되었는지 분석해 보는 입장을 취할 것이다.

3. 동아시아 발전국가모델의 핵심요인

발전국가모델의 개념과 정의는 학자마다 서로 다양하지만 한편으로는 많은 공통점이 있다.[8]

우선 발전주의국가 개념은 개발경제학이라고 소개된 경제학 분야를 통해 수입되었다. 개발경제학이란 신고전주의 경제학과 함께 미국 주류 경제학의 쌍벽을 이루는 학문적 흐름으로서, 시대를 풍미한 케인스주의의 영향을 받아 정부의 역할 자체가 시장의 기능보다 더 중시되어야 한다는 점을 강조한다. 동아시아 발전국가모델은 국가의 높은 자율성과 시장개입능력으로 경제발전을 이끄는 강력한 국가모델로서 일본을 위시한 동북아 국가들이 여기에 포함되며, 존슨에 의해 그 개념이 처음 제시되었다. 이 두 개념이 서로 다르더라도 시장에서의 국가주도적 역할에 대한 강조는 공통적인 특성이라 할 수 있다(임혜란 2013b).

동아시아 발전국가모델은 지리적·공간적 명칭으로 동아시아에만 적용 가능하다고 보기도 한다. 동아시아 발전국가모델은 국가의 강력한 경제개입, 수출주도형 발전전략, 권위주의적 정치체제, 금융시장의 저발전, 정실자본주의 등의 특징을 보인다고 하여 1997년 외환위기의 원인으로 지목되기도 했다. 동아시아 발전국가모델이 외환위기의 원인이었는지 여부에 대해서는 학자들 간의 논쟁의 여지가 많다.[9]

또한 동아시아 발전국가모델의 특징으로 시장순응적·공동체

8 이에 대해서는 임혜란(2013b)의 논의를 참조하였다.

9 예컨대 외환위기 초기에는 내인론이 득세하면서 동아시아 발전국가모델의 도덕적 해이, 정실자본주의가 위기를 가져왔다고 보았다. 위기가 어느 정도 극복된 후 외인론이 득세하면서 국제금융시장의 불안정성, 투기자본가들의 투기행위가 원인이라고 지목하는 등 학자들 간의 논쟁이 지속되었다.

적·수출지향적 발전정향, 유교문화, 개발독재, 국가주도 수출지향 공업화, 선경제 후정치발전 등의 특징을 지목하기도 한다(백종국 2011). 한국 발전모델은 지역적으로는 동아시아 발전국가모델이며, 패러다임은 민족주의, 산업화의 시기로 보면 후발산업화, 발전전략으로 보면 외부지향적, 산업화의 성격으로 보면 수출대체산업화, 제도의 관점에서 보면 조정시장경제, 그리고 국가와 시장의 역할을 기준으로 볼 때에는 국가주도형 발전전략으로 평가된다. 그러나 동아시아 발전국가모델이 지역적 명칭이기 때문에 동아시아에서만 기능한다는 논의는 문제가 있다. 발전모델의 태생은 지역적 차원에 기반하고 있지만 핵심적 틀은 일반적 함의를 통해 다른 지역에도 적용될 수도 있다.

구종서(1996)는 동아시아 발전국가모델의 네 가지 요소로 유교주의, 개발독재체제, 국가주도형 수출주도 산업화, '선경제, 후정치' 발전순위를 제시했다. 그러나 이러한 네 가지 요소 자체를 후-후발개도국에 그대로 적용할 수는 없다. 왜냐하면 수출주도 산업화는 당시 국제정치경제의 냉전에 따른 우호적 환경 없이는 성공하기 어려웠을 수 있으며, '선경제, 후정치' 발전순위 역시 개발독재가 가져올 수 있는 정경유착과 부정부패라는 사회구조적 문제의 비용을 간과할 수 있기 때문이다(김진영 2003). 혹자는 권위주의가 경제성장을 위한 필요조건일 수도 있다고 볼 것이다. 그러나 경제성장은 다양한 요인들에 의해 진행되는 '과정'으로 이해해야 한다. 정치레짐과 경제성장의 관계에 대한 경험적 증거는 아직도 결정적이지 않다(mixed and inconclusive).[10] 무

10 권위주의체제와 성장 간의 관계에 긍정적 측면이 있다는 논증과 함께 최근 신근대화이론을 강조한 쉐브로스키는 민주정치와 경제성장 간에 긍정적 영향이 있다고 본다. 쉐브로스키 외(Przeworski et al. 2000)는 경제발전이 민주주의를 가져오는 것은 아니나 민주주의는 어느 정도 발전된 사회에서 보다 잘 생존하는 경향이 있다고 주장했다.

엇보다도, 경제성장을 위해 권위주의체제를 정당화할 수는 없다는 점이 시적되어야 할 것이나.

발전국가의 특성으로 행정부의 우위가 보장되는 제도, 사회로부터의 높은 자율성을 부여받은 권위주의 정권, 그리고 정책적 수단, 즉 신용, 임금, 조세를 통해 기업을 통제하고 규제할 수 있는 역량을 들 수 있다(Moon and Rhyu 2002). 정부는 금융통제를 통해 정책금융과 산업정책을 효율적으로 수행할 수 있었다. 강력한 발전국가는 높은 자율성과 개입능력을 갖춘 국가로서, 경제발전을 국가 목표로 설정하고 이를 위해 자본과 노동을 동원하여 효과적인 발전을 수행할 가능성이 큰 국가이다. 와이스(Linda Weiss)는 발전국가를 정의하는 요인들로 국가의 성장을 지향하기 위한 변혁적 이념 여부, 상대적 자율성을 반영하는 엘리트 관료집단의 제도 존재 여부, 그리고 정책을 수행하기 위해 필요한 사회 내 경제집단과의 제도적 연계 존재 여부를 제시하고 있다(Weiss 2003). 레프트위치(Debbe Leftwich)는 다음의 다섯 가지 요소를 제시한다. 발전적 정향을 지닌 엘리트집단, 상대적으로 자율적인 관료집단, 복종적인 약한 시민사회, 사회경제집단의 효율적 관리, 성과에 기반을 둔 정당성이 그것이다(Stubbs 2009에서 재인용).

발전국가모델의 가장 핵심적 요소로 강조되는 것은 '전략적 산업정책'이다(Amsden 1989; Wade 1990). 웨이드(Robert Wade)는 동아시아의 빠른 경제성장이 특정 전략산업에 대한 투자의 결과와 이들 산업의 국제경쟁에의 노출에 기인한다고 강조했다. 전략적 산업정책은 다양한 인센티브, 규제수단 등을 제공함으로써 성공적 산업전환을 가능하게 했다. 암스덴(Alice Amsden)은 발전국가의 중요한 목표는 빠른 산업화였으며 전략적 산업정책이 이를 가능하게 했다고 보았다. 국가가 기업들에게 선별적으로 보조금을 부여하면서도 동시에 수출성과를 강조하는 이중적 압박을 가하였는데, 이러한 동아시아적 경쟁정책(East Asian style competition policy)이 남미나 아프리카와 달리 경제적 효율의 원천이 되었다고 보고 있다.

스텁스(Richard Stubbs)는 학자들이 발전국가를 다양하게 정의함에도 불구하고 다음의 공통된 특성을 공유한다고 본다. 첫째, 발전국가는 자본주의 경제성장을 위해 전략을 계획하고 이를 성공적으로 수행할 수 있는 자율적 역량이 있는 제도적 측면으로 정의된다. 둘째, 발전국가는 정치, 관료, 재계와의 관계적 측면으로 정의된다. 셋째, 발전국가는 발전정향, 민족주의 또는 중상주의라는 이념적 측면으로 정의된다(Stubbs 2009, 5-6).

존슨은 발전국가의 주요 특징으로 첫째, 효율적 역량을 보유한 국가엘리트, 둘째, 관료의 자율성과 효율성이 특징인 정치제도, 셋째, 시장순응적인 국가개입, 넷째, MITI와 같은 선도기구(pilot agency) 조직의 존재 여부를 제시하고 있다(Johnson 1982).[11] 이 중에서도 주목해야 할 점은 정부의 선도기구의 존재 여부이다. 존슨은 동아시아 경제성장의 핵심요인으로 일본의 통산성(Ministry of International Trade and Industry: MITI), 한국의 경제기획원(Economic Planning Board: EPB), 대만의 경제부 공업국(Industrial Development Bureau: IDB)이나 경제자문기구인 건설위원회(Council for Economic Planning and Development: CEPD) 등의 역할에 주목한다. 이러한 기구들은 전략적 산업정책을 입안하고 집행하는 발전국가 내의 '경제참모본부'로서 관료의 자율성이라는 요소와 직접적으로 연관된다. 그는 일본의 통산성이 산업정책을 원활하게 추진할 수 있었

11 존슨은 국가의 시장개입을 시장원리에 따르는 것으로 논의한 반면, 암스덴과 웨이드 같은 학자는 동아시아 국가가 시장순응적이었다기보다는 시장가격을 의도적으로 왜곡하는 보다 국가주도적(governing the market) 방식에 속한다고 보았다. 같은 국가개입이라 해도 주장하는 바가 다르다는 점에서 국가와 시장의 논쟁은 계속되어 왔다(Stubbs 2009, 3-4).

던 원인으로 정부-기업 간 정책네트워크의 작동을 꼽았다.

존슨은 일본, 한국, 대만 세 국가가 국내제도의 관점에서 서로 다른 관계적 특징을 보여 준다고 강조했다.[12] 정부의 금융통제는 발전국가의 가장 중요한 정책적 수단 가운데 하나였다. 일본에서는 간접금융이 핵심적 특징이었으며, 한국에서는 간접금융과 더불어 정책금융이 산업정책의 실행을 위해 중요한 수단으로 기능했다. 그러나 대만에서는 특정기업 및 산업에 대한 지원방식보다는 간접적 조세정책이 보다 중요했으며, 대기업보다는 공기업에 대한 지원을 우선했다.[13] 또한 대만의 대기업은 대부분 공기업이었으며, 일반 중소기업의 자금은 사적영역으로부터 충당했다. 다른 제도적 특징인 노사관계를 보면, 일본이 연성권위주의였던 것과 달리 한국과 대만은 노동탄압의 정도가 심했다. 일본은 노동의 정치적 역할과 힘의 정도를 줄이면서 생산성과 연계된 임금상승, 분배정책을 유도한 측면이 많다. 산업정책을 수행하기 위해서는 비정치적인 관료의 역할이 중요하다. 이때 통치하는 정치가는 실제로 지배하는 관료를 위해 안전밸브(safety valve)의 역할을 하게 된다. 한국의 군부는 영향력이 컸지만, 정부는 관료자율성을 유지하기 위해 경제기획원을 창설했다. 그러나 관료가 청와대로부터의 독립성을 얻은 것은 아니었다. 관료의 자율성, 노동탄압, 금융정책, 외국자본 등은 동아시아 발전국가의 성장을 위해 사용한 수단이다. 그러나 그 정도와 구체적 실행의 내용에 있어 각국의 구체적 모습은 상이했다. 동아시아 발전국가모델은 서로 다른 국가-사회관계 및 산업구조,

12 존슨은 금융통제, 노동관계, 관료적 자율성, 국가 자율성, 행정지도, 재벌, 외국자본의 일곱 가지 요인 중심으로 이들 발전국가가 어떤 내부적 상이성을 보여 주는지 예리하게 분석한 바 있다(Johnson 1987).

13 1976년 양국 공기업의 규모는 각각 대만 GDP의 26%, 한국 GDP의 9%였다(Johnson 1987).

그리고 역사적 유산이라는 차이점에도 불구하고 공통적인 특징을 반영하는 개념이라고 볼 수 있다.

관료의 자율성과 정부와 기업 간 정책네트워크의 중요성은 동아시아 발전국가의 핵심제도인 '연계된 자율성(embedded autonomy)'의 개념으로 발전했다. 오니스 역시 동아시아 발전국가의 제도적·정치적 특성은 관료적 자율성(bureaucratic autonomy)과 민관협력(public-private cooperation)이었음을 지적한다. 관료적 자율성은 국가시험을 통해 관료의 역량을 유지하며 권력분립을 통해 관료의 특정영역에 대한 독자적 역할분담을 허용함으로써 가능했다. 민관협력은 동아시아의 경우 국가에 의해 그 주도권이 유지되었으며 인센티브 정책을 통해 그러한 협력관계를 유도했다. 이는 다른 제3세계 국가인 남미나 아프리카 국가들의 경우와 비교된다.[14]

〈표 1〉과 같이 후발개도국의 정치경제모델 유형을 민관협력과 관료적 자율성의 두 가지 요인으로 나누어 유형화해 볼 수 있다. 민관협력 비율이 높고 관료적 자율성이 높은 경우는 동아시아 발전국가에 해당한다. 이 두 가지 요인 가운데 하나라도 부재할 경우 경제발전과정에서 어려움을 겪을 가능성이 높다(Evans 1995). 남미의 경우는 동아시아에 비해 관료적 자율성이 낮고 국가사회의 연계성이 매우 높기 때문에 지대추구행위가 나타날 가능성이 높다. 사회주의국가의 경우는 국가의 자율성이 비교적 높으나 사회영역에서의 시장 자율성 및 혁신의 가능성이 매우 낮고 민관협력의 가능성도 낮다. 최근 들어 아프리카

14 에번스(Peter Evans)는 합리적으로 발전목표를 설정하고 이를 효과적으로 수행하기 위해서는 국가 자율성을 견지하면서도 경제발전의 파트너와 유대·협력관계를 맺어야 하는데 이것이 바로 연계된 자율성이라고 주장한다(Öniş 1991; Evans 1995).

〈표 1〉 후발개도국 정치경제모델의 유형화

구분		민관협력(embeddedness)	
		높음	낮음
관료적 자율성 (bureaucratic autonomy)	높음	(I) 연계된 자율성 (embedded autonomy) - 강한 국가(strong state), 강한 사회(strong society) - 동아시아 발전국가	(III) 국가통제 (state control) - 강한 국가(strong state), 약한 사회(weak society) - 사회주의 또는 구사회주의 국가(북한, 러시아)
	낮음	(II) 지대추구국가 (rent-seeking society) - 약한 국가(weak state), 강한 사회(strong society) - 남미 국가	(IV) 약탈국가 (predatory state) - 약한 국가(weak state), 약한 사회(weak society) - 저개발국가(아프리카)

출처: Evans(1995).

지역은 다른 지역에 비해 발전가능성이 비교적 높지만 아직까지 많은 경우 저개발의 늪에서 빠져나오지 못하고 있다. 아프리카의 많은 지역은 국가제도의 발전 수준과 자율성이 매우 낮고 사회영역의 발전이 지체되어 있어 민관협력 가능성도 낮다. 선진국을 제외한 채, 뒤늦게 발전에 뛰어든 후발개도국을 유형화하자면 이와 같은 다양한 관점에서 이해해 볼 수 있다. 최근 중국과 아프리카 지역의 발전은 국가역할의 중요성과 연관되어 있다는 점에서 발전국가모델의 일반적 적용가능성을 찾아볼 수 있다.

요컨대 발전국가모델의 특징은 전략적 산업정책, 상대적 자율성을 반영하는 관료집단의 존재, 그리고 국가사회의 협력을 반영하는 '연계된 자율성'의 제도적 배열 등으로 압축할 수 있다. 즉 제도, 관계, 그리고 발전정향적 이념을 핵심적 요인으로 볼 수 있다. 이러한 내부적 요인은 외부환경의 도전에 대한 국가의 정확한 판단을 통해 전략적으로 대응하는 역량으로 발전되어야 할 것이다.

제3장

동아시아 발전국가의 성장과 위기

동아시아의 성장이 가능했던 당시 국제정치경제 환경의 조건 중 미소의 냉전체제가 부여한 우호적인 통상환경, 즉 미국이라는 거대 수출시장의 일방적 제공이 동아시아 국가의 수출주도 산업화의 성공을 가능하게 했다는 점이 중요하다. 또한 한국과 대만은 일본과 미국으로부터의 기술원조와 핵심 중간재의 수입을 통해 수출주도 산업화전략을 지속할 수 있었다. 산업화과정에 필요한 자본의 동원은 국가가 국내의 금융시장을 통제함으로써 가능한 정책금융(credit policy)을 통해 해결했다. 이 역시 브레턴우즈 체제라는 고정환율제에서 자본이동 거래가 통제됨에 따라 가능했다. 동아시아 발전국가모델은 당시 국제정치경제 환경에 맞는 동아시아 국가의 산업정책이 적절한 대응으로 이루어졌다는 점에서 그 성공의 원인을 찾아볼 수 있다.

찰머스 존슨과 커밍스도 지적했듯이, 일본의 궤적을 한국과 대만이 따라갔고, 그 뒤를 동남아와 중국이 따라가는 '기러기형 모형'이 동아시아 성장과정의 기반으로 자리했음에도 불구하고, 이들 개별 국가의 궤적은 다시 국내의 정치경제적 동학에 의해 서로 다른 특성을 보인다. 국가와 사회관계의 네트워크 차이, 제도적 유산, 정치연합의 동학 등은 개별 국가의 상이한 발전패턴과 상이한 궤적을 가져왔다. 동아시아 국가는 냉전시기로 인한 우호적인 외부의 통상환경과 국가 내부의 수출주도 산업화전략이 잘 맞아 떨어지면서 후발개도국의 성공 가능성을 보여 주었다. 그러나 이와 같은 조합은 외부환경이 변화하면서 또 다른 위기가능성을 가져왔다. 동아시아 발전국가모델은 실용성과 유연성이 그 특징이었으나 외부환경의 변화로 인해 발전모델의 유연성이 제약되는 결과를 가져왔다. 이 장에서는 1970년 이후부터 국제정치경제 환경이 어떤 변화를 겪었으며 동아시아 발전국가 역시 어떻게 성장, 위기 및 개혁과정을 경험하였는지 살펴보기로 한다.

1. 동아시아 발전국가의 성장: 환경과 내부의 상호작용

1) 냉전과 우호적 통상환경

제2차 세계대전 이후 신생독립국의 저개발 상황은 외부로부터의 원조와 기술이전 등을 필수적인 것으로 만들었다. 동아시아 국가들은 당시 냉전질서의 한 축이자 패권국이었던 미국과 전략적으로 긴밀한 관계에 있었다. 즉, 동아시아는 미국 주도의 세계질서에 편입되었다 (Cumings 1987). 미국과 소련 간의 냉전질서는 자본주의와 공산주의 영향권(sphere of influence)의 확대를 가져왔다. 미국은 공산주의 영향권의 확대를 저지하기 위해 자본주의와 자유주의질서를 진영 내부에 수출했다. 구체적으로, 미국은 신생독립국인 제3세계와 저개발국을 위해 경제원조, 수출시장 개방, 그리고 발전을 위한 모델을 제시했다.

미소 양국은 동아시아 지역에서 각자의 영향력을 공고화하기 위하여 막대한 군사 및 경제원조를 수행하였다. 가령 미국은 1945년에서 1984년 사이에 150억 달러를 남한 지역에 공급하였다. 이는 1948년에서 1952년까지 유럽 전역에 마셜플랜의 총액으로 170억 달러를 공급했다는 점을 고려하면 매우 큰 금액이다. 대만은 63억 6천만 달러의 원조를 받았는데 같은 기간 미국이 영국에 공여한 원조 총액인 62억 달러보다 많은 금액이다. 또한 동아시아 국가들은 일반특혜관세(GSP)와 같은 특혜적 무역조치들을 누릴 수 있었다(백종국 1998a).

미국의 대외원조정책은 1950년대 말 변화를 보인다. 경제원조 전체에서 동아시아가 차지하는 비율이 1950년대의 33.8%에서 21.8%로 감소한 반면 중남미는 7.3%에서 26.6%로 증가했다. 미국의 한국 경제원조는 1957년을 기점으로 점차 감소하기 시작했으며, 1965년부터는 차관액이 경제원조를 상회하기 시작했다(윤상우 2006). 미국은 한국에 대한 경제원조를 줄이고 한국이 보다 장기적인 경제개발전략을 통해 경제적 자생력을 갖추기를 원했다. 미국의 대외정책이 무상원조에서 유상차관으로 변화한 이유는 미국이 단기적인 군사원조를 지양하고 자조할 능력이 있는 나라에게만 장기 유상차관을 제공하기를 원했기 때문이다. 또한 1960년 쿠바혁명 이후 미국 대외정책의 관심이 중남미와 중동으로도 이행했기 때문이다(류상영 1996). 한국 고도성장의 기반이 된 수출주도 산업화전략 역시 미국의 직간접적 개입과 압력에 의한 것이다(윤상우 2006, 75). 본래 한국은 '내포적 공업화' 전략을 계획했으나 미국의 압력을 받아 개방경제전략으로 이행하게 된다. 1964년 수정계획을 통해 박정희 정부는 수출주도적 산업화전략을 추진하였다.[1]

수출주도 산업화전략이 성공할 수 있었던 것은 우호적 무역환경과 무관하지 않다. 발전국가의 성장은 세계경제의 고도성장이 지속되

1 이에 대해서는 논란이 존재한다. 한국의 수출주도 산업화전략 추진은 미국의 적극적 계획에 의한 것이었다기보다는 당시 한국이 직면하고 있던 국제수지문제를 해결하기 위한 소극적 발상에서 기인했다는 것이다(이병천 1999).

었던 1960-1973년에 이루어졌다. 이 시기는 다자주의에 기반을 둔 안정적인 세계경제질서가 유지된 시기이다. 미국 패권질서하에서의 국제무역구조는 선진국과 후진국 간의 비대칭적 무역관계를 허용했기 때문에 미국은 후발개도국으로 하여금 자국 시장은 보호하면서 노동집약적인 상품들은 선진국 시장에 수출할 수 있도록 수출시장을 개방하였다. 즉 덤핑과 수출보조금을 문제삼지 않았다. 이러한 시장개방은 자발적으로 이루어졌다기보다는 개도국들의 요청에 의한 것이었다. 또한 대부분의 개도국은 수출주도 산업화전략이 기본적으로 가능하지 않다고 생각했다. 왜냐하면 1930년대의 대공황과 제2차 세계대전 이후 국제시장에 대한 신뢰가 상실되었기 때문이다. 따라서 수출산업전략을 추진했던 몇몇 개도국만이 국제무역질서에 편승해서 이익을 취할 수 있었다(윤상우 2006, 80-81).

그런 점에서 동아시아 발전국가는 냉전시기의 우호적인 통상환경이라는 외부적 요인에 의해 성장이 가능했다고 본다(Pempel 2002). 나아가 혹자는 동아시아의 성장기에 미국의 헤게모니 아래에서 누렸던 우호적 조건이 없었더라면 동아시아 발전국가모델이 형성될 수 있었을까라는 의문을 제기하기도 한다(김진영 2003, 103). 또한 동아시아가 수출주도전략을 성공시킬 수 있었던 것도 동아시아 국가가 자국산업에 대한 보호정책을 실시하고 금융시장을 통제할 수 있었기 때문이었다. 여기서, 수출주도 산업화전략이 외부의 우호적 환경 때문에 성공했을 뿐만 아니라 수출주도 산업화전략의 성공을 위해 국가와 기업, 그리고 금융기관과의 협력관계, 또한 수출주도 성공을 위한 당근과 채찍의 수단제시 등 국가 내부의 정책과 노력이 매우 중요했다는 점이 간과되어서는 안 된다. 우호적 통상환경 자체가 동아시아 국가의 성장을 결정적으로 가져왔다고 볼 수는 없다. 우호적 통상환경하에서 동아시아 국가의 수출주도 산업화전략의 추진이 성공적으로 이루어질 수 있었던 점은 국가의 정책적 자율성의 존재와 무관하지 않다. 그러나 무역과 금융시장이 개방된 이후에는 신중상주의적 동아시아 발전국가모델의 유효성이 심각하게 위협받게 된다.

2) 지역생산네트워크의 증진

국가의 경제적 성장과정은 특정산업 섹터의 형성, 성숙, 쇠퇴의 주기와 밀접하게 연관되어 있다. 커밍스는 동아시아 국가의 성장과정을 이해하기 위해 개별 국가에 초점을 둘 것이 아니라, 이들 국가 간의 상호작용, 무역과 투자, 기술이전, 생산과정의 상호의존 관계를 살펴봐야 한다고 주장했다(Cumings 1987). 즉, 동아시아 지역의 성장을 동아시아 지역 내 생산네트워크에 의한 상호의존 관계를 통해 바라볼 수도 있다. 이론적으로는 생산주기이론과 안행형 모델[2]에 의해 설명될 수 있다. 안행형 모델의 기본적 전제는 국가 간 산업의 이전(transfer)이다. 안행형 모델은 흔히 일본이 앞서가고 그 뒤를 신흥공업국이, 그리고 동남아와 중국이 그 뒤를 따라가는 기러기형 모형으로 이해된다. 안행형 모델은 동아시아 국가 간 수직적 분업구조를 설명하기 위해 사용되었다. 안행형 모델은 한국의 산업전환과정을 설명하는 데 유용한 분석틀을 제시해 주기도 하였으나 환경변화에 의해 나름의 한계와 문제점을 보여 주었다.[3]

생산주기이론(product cycle theory)은 상품의 생산주기에 따라 변화하는 개별기업들의 행태를 분석한다. 버논(Vernon 1971)은 개별 상품주기(life cycle)가 어떻게 기업의 경쟁력과 생산지(production location)의 결

2 안행형 모델은 생산주기이론을 기반으로 발전되었다.

3 이와 관련된 논의는 임혜란(2013a)의 논의에서 상당 부분 인용하였다.

정에 영향을 주는지 살펴보았다. 생산주기이론에 따르면, 특정 상품의 혁신은 선진국에서 이루어지며 저개발국의 수요는 선진국의 수출에 의해 충족되어 선진국의 독과점적 지위가 지속된다. 상품의 생산주기가 성숙되면서 기술이 표준화되면, 선진국 기업의 기존 수출은 해외생산에 의해 대체된다. 마지막 단계에 이르면 국내수요는 노동비용이 싼 국가로부터 수입을 통해 충족된다. 최초로 상품을 개발했던 기업은 독과점적 지위가 상실됨에 따라 생산을 포기하게 된다(Vernon 1971; 류상영·이은주 외 2003). 아카마츠 가나메(赤松要)는 개별기업의 행태에 초점을 맞춘 생산주기이론의 영역을 확장하여 국가 간 분업관계를 설명하는 안행형 모델을 도출하였다. 일국의 특정 산업의 무역은 초기 수입에서 국내생산 그리고 수출의 형태로 발전하며, 국민경제를 형성하는 산업이 예컨대 면직물산업에서 중화학공업으로 다시 전자산업으로 흥망을 거듭해 가면서 국가별 분업구조가 정착된다는 것이다(Yamazawa 1990; Bernard and Ravenhill 1995). 아카마츠와 버논의 논의를 통해 일본 학자들은 동아시아 지역발전을 '추격형 생산주기이론(catching-up product cycle theory)'으로 설명하였다(Yamazawa 1990).[4] 안행형 모델은 동아시아 내 후발국들이 선발국들의 발전경험을 반복할 것으로 예측했다.

안행형 모델은 선발주자인 일본이 앞서가면 그 뒤를 신흥공업국이 따라가며, 신흥공업국의 길을 동남아 국가와 중국이 따라가는 모습을 보인다고 했다. 페트리(Petri 1988)는 이러한 주장을 재차 강조하면서 특히 한국의 발전경로는 선두주자였던 일본의 경로를 그대로 따라갔다고 경험적으로 밝히기도 했다. 예컨대 한국의 산업정책 결정자들은 일본의 경험에 근거하여 구체적인 유망산업의 선정 및 지원방식 등을

4 일본이 채택한 발전모델은 다른 아시아 후발개도국에 유효한 발전전략으로 인식되었다.

결정했다. 한국과 대만은 일본과의 식민지 과거의 연계 그리고 독립 이후 산업화과정에서 일본으로부터의 기술이전, 투자 및 무역관계를 통해 발전을 지속해 왔다(Cumings 1987). 실제 한국의 면직물산업, 중화학공업, 기타 기술산업의 발전은 일본 다국적기업의 기술이전과 합작을 통해 진행되었다.

생산주기이론과 안행형 모델의 이점은 개별 국가의 경제발전과정을 해외직접투자 및 기술이전과정을 통해 이해할 수 있게 한다는 점이다. 안행형 발전모델은 한국의 발전경로 선택을 설명하는 데 있어 유용한 시각을 제시한다. 예를 들면 한국의 경제발전과정은 일본의 쇠퇴산업이 한국으로 이전된 후 시작된 것으로 이해 가능하다(Lim 1998). 한국은 사양화된 일본의 섬유산업이 이전되면서 하청생산과 가공무역을 통해 섬유산업을 발전시켰다. 더 나아가 철강, 자동차, 전자산업 등이 기술이전, 합작, 직접투자 등 다양한 형태로 한국에 이전되었고 한국은 일본의 기술을 모방·학습함으로써 발전을 지속했다. 비교우위에 의해 일본은 선두 기러기가 되고 한국은 제2선의 기러기가 되었다. 안행형 모델은 동아시아 국가의 수직적 분업구조를 비교우위 개념을 통해 설명했다.

동아시아 국가의 성장은 일본이 중간재와 부품을 생산하고, 한국과 대만이 이를 수입하여 조립한 후 미국에 수출하는 삼각무역관계에 의해 진행되었다. 미국의 일방적인 수출시장 제공은 냉전체제에서 이루어진 우호적 통상환경의 결과였다. 일본 중심의 지역생산네트워크는 냉전시기에만 가능했던 패턴이었으며, 대내외 환경변화에 따라 이러한 패턴은 변화하게 되었다. 미국의 대아시아 무역수지 적자가 점차 증가함에 따라 미국은 통상정책의 기조를 변화시켰다. 1980년대 이후 공정무역과 공격적 상호주의가 기본적 특징으로 자리하게 된 것이다. 안행형 모델과 지역생산네트워크의 외부적 환경은 한국과 대만이 일본을 중심으로 다양한 방식의 기술이전과 투자 도움을 받을 수 있게 했으며, 이러한 환경적 조건 없이 한국과 대만의 고속성장을 이해할 수는 없을 것이다. 그러나 지역생산네트워크라는 외부구조 자체가 개별 국가의 발전과정을 결정할 수는 없으며, 구체적인 산업전환과정은 개별 국가의 정책적 선택이라는 정치과정에 의해 이루어졌다.

냉전시기에 작동했던 안행형 모델과 지역생산네트워크의 패턴은 탈냉전과 세계화라는 환경변화에 따라 해체 또는 변화하기 시작했다. 생산세계화현상이 가속화됨으로써 기존의 생산영역에 근본적 변화가 일어났다. 안행형 모델에서 논의하듯이 산업 간 이전이 일어나기보다는, 생산세계화가 가속화됨에 따라 생산과정의 노동분업이 보다 증대되었다. 1980년대 생산세계화 이후 생산과정이 분절화됨에 따라 산업 간 구분이 아니라 가치사슬의 구분이 중요해진 것이다. 기존연구에서는 사양산업은 저임금 저숙련 기술이라는 특성을 갖고 있으며, 유망산업은 고임금 고숙련 기술이 그 특성이라 간주했다. 그러나 하이테크산업의 경우에도 저임금 저숙련 기술의 가치사슬이 있을 수 있으며, 면직물과 같은 전통산업에서도 부분적으로 고임금 고숙련 기술의 특성이 있을 수 있다(Ernst 2002, 506).

교통과 통신기술의 발전으로 인해 생산분업비용이 하락하게 되어, 산업 간 이전이 아닌 생산과정 간 분업이 증가하게 되었다. 또한 동아시아 지역에서는 1985년 플라자 합의 이후 미국과 일본 간의 환율조정이 이루어짐으로써 일본 기업들은 생산기지를 동남아시아로 이전하게 되었고, 그로 인해 이전과는 다른 지역생산네트워크가 형성되었다. 1990년대 초에 진입하면서 일본이 해외투자와 무역의 주요 시장을 한국 등 신흥공업국에서 동남아로 전환함으로써 한일 간의 무역량도 감소하게 되었다. 이로 인하여 한국은 일본 상품과의 경합재 혹은 대체재를 많이 생산하여 동남아를 비롯한 세계시장에 수출하게 되었고, 이에 따라 안행형 모델이 해체되고 있다(류상영·이승주 2003, 183-184).

생산은 국가 간 유사한 패턴으로 이동하는 것은 아니다. 생산과정은 서로 다른 역사적 시기에 서로 다른 맥락에서 다른 방식으로 진행된다(Bernard and Ravenhill 1995). 안행형 모델의 한계는 국가 간 기술이전과 생산분업과정이 국내의 제도와 정치적 요인에 의해 서로 다른 길을 갈 수 있음을 인지하지 못했다는 점에 있다. 냉전시기 동아시아 국가 간 생산과 투자관계의 패턴이 안행형 모델에 의해 상당 부분 설명되지만, 동시에 기술이전과정과 생산분업의 패턴은 국가 내부의 정책선택과 정치적 요인에 의해 달라질 수 있음을 인지해야 한다.

한때 국가혁신체제(national innovation system) 개념은 경제성장과 발전과정을 이해하기 위한 중요한 틀로 인식되었다. 국가혁신체제는 혁신, 지식창출의 제도적 결정요인을 분석하기 위해 제시된 개념이다. 국가혁신체제는 국민경제라는 분석수준에 기반을 둔 개념으로, 혁신과 지식창출을 위해서는 경제구조 및 제도의 특성이 중요함을 강조한다. 그러나 이 개념 틀은 국가 외부적 요인을 간과하고 있다. 후발국의 발전은 일반적으로 해외로부터의 기술이전에 의존하게 마련이다. 한국은 국제적·국내적 지식연계의 상호진화를 통해 성공한 대표적 사례이다(Ernst 2002, 501). 한국은 냉전시기 미국의 수출시장과 일본 중심의 생산네트워크 체제에 성공적으로 편입됨으로써 경쟁력 있는 산업발전을 지속할 수 있었다. 이는 외부환경뿐만 아니라 국가 내부의 정책적 자율성과 성공적 산업정책이 공존했기 때문에 가능한 일이었다.

3) 미국 패권의 브레턴우즈 체제와 자본이동 통제

전후 국제통화질서는 미국 패권 중심의 브레턴우즈 체제에 의해 유지되었다. 브레턴우즈 체제는 달러 중심 금환본위제의 고정환율제이다.

국제경제의 삼위 불일치(trilemma, irreconcilable trinity) 정리에 따르면 자본이동, 국가의 통화정책 자율성, 고정환율(환율안정)이라는 세 가지 목표는 동시에 달성할 수 없다. 브레턴우즈 체제는 고정환율제를 통한 환율안정과 국가 자율성을 보장하기 위해 자본이동을 규제했다. 자유로운 자본이동은 고정환율 및 거시경제정책의 자율성을 무너뜨리기 때문이다. 브레턴우즈 체제는 환율의 안정이라는 환경하에서 무역자유화를 추구하였다.

그러나 자본이동의 통제는 쉽지 않았고, 설사 엄격하고 체계적인 금융통제가 가능했더라도 그것이 무역에 미치는 악영향은 만만치 않았다. 신용에 대한 초과수요는 이를 공급할 수 있는 시장의 형성으로 이어졌다. 미국은 유럽보다 금융규제의 범위와 정도가 심했기 때문에 미국의 많은 자본이 유럽으로 탈출하게 되었다. 그 결과 유로 시장이 런던을 중심으로 형성되었다. 석유수출국들이 수입의 상당 부분을 선진국 은행에 저축하게 됨에 따라 유로 통화시장은 그 규모가 한층 확대되었고, 그중 많은 액수가 투자처를 찾아 개도국으로 흘러들어 가게 되었다. 1950년대와 1960년대에 나타난 지속적인 자본의 유동성과 투기성은 미국의 브레턴우즈 체제의 붕괴에 일조하게 된다.

브레턴우즈 체제가 붕괴된 이후 국가들은 자본이동규제에 대해 서로 다른 선택을 지속했다. 개별 국가 금융정책의 자율성 여부는 국제통화제도보다는 자본이동의 규제 여부와 보다 직접적으로 연관된다. 미국이 브레턴우즈 체제를 포기하기 전까지 동아시아 국가들은 자본이동이 규제되는 환경하에서 국가의 정책적 자율성을 유지할 수 있었고 그런 점에서 국내의 금융통제가 가능했다. 브레턴우즈 체제의 고정환율제와 자본이동제한으로 동아시아 국가는 정책금융을 산업정책의 중요한 수단으로 사용할 수 있었으며, 그럼으로써 빠른 산업전환과 경제성장을 지속할 수 있었다. 정책금융은 산업정책을 수행하기 위한 중요한 수단 중 하나이다. 즉 산업정책을 추진하고 시장경제지향적인 정책을 실시하는 과정에서 시장실패가 존재하는 한 정책금융의 필요성은 여전히 강조된다.[5] 정책금융은 동아시아 발전국가가 특정유망산업을 집중적으로 육성하기 위해 사용한 유용한 수단이었다. 실제 1970년대 한국 정부가 중화학공업을 육성하는 시점에 중화학공업의 금융비용은 다른 산업섹터에 비해 상대적으로 낮았음을 알 수 있다(Lim 1998).

그러나 브레턴우즈 체제가 무너지면서 국제통화제도가 변동환율제로 이행하였으며 자본이동 자유화, 그리고 정부의 거시경제정책 자율성은 국가의 선호에 따라 선택되었다. 예를 들면 중국이 자국의 통화 가치를 달러에 고정했을 때 이는 환율안정을 선호한 것이며, 동시에 거시경제정책의 자율성도 유지하기 위해 자본이동을 통제했다. 한국은 자본이동 자유화와 정책적 자율성을 유지하기 위해 변동환율제를 선택했다. 유럽은 단일통화라는 환율안정을 선택했으며 자본이동 자유화를 위해 통화정책의 자율성을 포기했다. 금융자유화가 심화됨에 따라 자본이동 자유화가 진행되었으며, 산업정책의 수단이었던 정책금융은 그 사용에 있어 제한을 받게 되었다.

국제통화제도의 변화와 금융세계화라는 대외환경의 변화는 동아시아 국가들의 금융정책의 변화에 영향을 미치게 된다. 예를 들어 한국 금융정책의 변화를 시기별로 살펴보면 다음과 같다. 1960년대는 제

5 시장실패로 인해 첫째, 외부경제효과는 크나 위험도 동시에 크므로 금융기관이 기피하는 기술개발에 대한 대출, 둘째, 수익성이 불확실한 기간산업과 대규모 장치산업에 대한 대출, 셋째, 불확실성은 크나 기대수익이 높은 중소기업과 첨단산업에 대한 대출, 넷째, 산업합리화 대상업종에 대한 대출, 다섯째, 대기업과 중소기업 간 비대칭적인 금융기관 접근가능성으로 인한 자금의 편중배분 등이 발생할 수 있다(김인수·박동철 2005).

〈표 2〉 한국 정책금융 추이(1975-1979)

(단위: 10억 원, %)

연도	규모	국내신용 대비 비율
1975	2,027	51.0
1976	2,601	53.8
1977	3,616	60.5
1978	5,578	64.0
1979	8,183	69.2

출처: 한국은행(www.bok.or.kr). 이영섭(2015)에서 재인용.

1차 경제개발계획이 시작되면서 수출 및 전략산업 지원을 위해 정부가 전체 금융기관을 통제하면서 한 나라의 금융이 정책금융시스템으로 전환되는 시기에 해당한다(손상호 2013). 1960년대 후반 이후 주요 선진국들의 경기후퇴에 따른 국내경기불황과 금리현실화 조치 이후 높은 금융비용으로 인해 국내 기업들은 심각한 어려움에 처하게 되었다. 이에 재계는 정부에 대해 강력한 대책을 요구했고, 정부는 재계의 요구에 부응해 1972년 8월 '8·3 긴급경제조치'를 단행했다.[6]

이 조치는 한국의 금융행태에 중요한 파급효과를 남겼는데, 가장 중요한 것은 정책금융이 만연하게 되었다는 점이다. 1970년대는 중화학공업 육성을 목표로 이들 산업에 대한 장기설비금융을 대폭 확대하고, 선별금융제도를 확립하는 등 정책금융의 비약적인 공급시기에 해당한다. 〈표 2〉에서 볼 수 있듯, 중공업 육성책이 본격적으로 진행되는

6 이 조치의 주요 내용은 기업의 사채부담을 경감하며 특별금융지원 및 금리 인하를 통해 기업의 취약한 재무구조를 개선하고 금융질서를 시정하는 것이었다. 그러나 정책금융의 증대는 이 조치의 효력을 일시적으로 그치게 만들고 이후 오히려 사채시장이 더 확대되도록 하는 후유증을 낳았다(이영섭 2015).

1970년대 후반에 정책금융은 급격하게 증대되었다(이영섭 2015).

1973년에 도입된 변동환율제는 환율이 시장거래에 의해 결정되도록 하였고, 외국 화폐는 투자 대상이나 위험분산의 수단이 되었다. 이로 인해 신용의 증권화 현상이 두드러지고, 국제적 거래규모도 증가하게 되었다. 국내 금융규제로 인해 이러한 영업활동에 제약을 받는 금융기관들은 규제완화를 요구하게 된다(최영종 2008).

1980년대는 기존에 공급된 정책금융의 문제점을 해소하고, 경제의 균형발전을 위해 정책금융을 기능별 체제로 전환하는 조정시기에 해당한다. 1990년대는 금융자율화의 흐름 속에서 정책금융 및 각종 여신규제가 축소·폐지되고, 정책금융의 주된 경로가 기존의 일반은행에서 정책금융기관으로 전화되기 시작하는 등 전환기에 해당한다(손상호 2013). 국제적 금융거래의 증가는 1990년대에 이르러 더욱 가속화된다. 정보통신망과 컴퓨터의 개발은 금융거래비용을 감소시켜 국제적 금융자본이동에 크게 기여하였다.

동아시아 발전국가모델의 성장은 이와 같이 금융체제를 독점화하여 정책금융이라는 수단을 통해 시기에 따라 경쟁력 있는 산업을 육성·지원할 수 있다는 조건을 필요로 했으며, 이는 금융세계화가 본격화되지 않았던 시기까지만 가능했다. 금융정책의 전환점은 1990년대를 기점으로 인식할 수 있다. 왜냐하면 한국이 금융자율화 및 금융시장 개방을 본격화한 것이 1990년대 이후였기 때문이다.

2. 동아시아 발전국가의 위기

1997년 동아시아 외환위기는 국제정치경제 질서와 위기를 맞은 개별국가 내부에 큰 충격을 가했다. 동아시아 신흥공업국 네 마리 용은 기존의 고전적 경제학의 틀과는 다른 방식으로 성장이 가능함을 증명했었는데, 이들 국가들이 위기를 맞이함에 따라 다시 영미식 신자유주의 모델이 재조명받게 된 것이다. 이렇게 동아시아 위기는 미국 주도의 신자유주의 패권질서에 힘을 보탰다. 한국은 외환위기를 맞이하여 한국전쟁 이후 가장 큰 경제적 국난을 경험했다. 위기 초반 한국 내에서는 이 기회를 통해 한국 경제의 구조적 문제를 해결해야 한다는 공감대가 형성되었고 그러한 공감대는 위기의 원인이 내부에 있다는 견해에 힘을 실어 주었다. 더 나아가 개혁의 방향을 신자유주의 경제모델로의 전환으로 잡아야 한다는 견해가 지배적이었다.

크루그먼(Paul Krugman)의 「아시아 기적의 신화(The Myth of Asia's Miracle)」(1994)는 외환위기를 예측한 논문으로 간주되었다. 크루그먼은 아시아의 고속성장은 요소 생산성의 향상(기술 진보)이 아니라 요소 투입량(노동과 자본 등)의 증가에 힘입은 것이었는데, 요소 투입량은 무한정 늘릴 수 없기 때문에 성장이 곧 한계에 이르게 될 것이라고 주장했다. 그는 아시아의 성장방식이 구소련의 경험과 유사하다고 봤다. 1970년대 구소련의 빠른 경제성장이 가능했던 이유는 권위주의 정부에 의한 투입주도 성장(input-driven growth)에 있다. 생산요소의 투입 증대는 성장 증대를 가져오지만, 기술진보에 의한 성장이 아니기 때문에 위기를 가져온다(Krugman 1994). 그러나 동아시아 국가들은 구소련의 경우처럼 경제위기로 무너지지 않았으며 지속적으로 성장을 유지했다. 그런 점에서 크루그먼의 주장은 논리적·경험적으로 설득력이 떨어진다. 1997년 외환위기를 맞이한 동아시아 국가들은 몇 년 후 다시 경기가 회복되는 양상을 보였다. 위기의 원인이 내부에 있었기보다는 외부의 불안정한 국제금융환경에 있었다는 주장이 설득력 있게 된 것이다. 크루그먼은 기본적으로 위기의 원인이 내부에 있었다는 입장이다.[7] 그러나 그 역시 금융세계화와 같은 국제금융환경이 위기가능성과 연관이 있다는 주장으로 자신의 논조를 바꾸기도 했다(Krugman 2000).

1997년 동아시아 외환위기의 원인에 대한 논의로 외인론, 내인론, 그리고 상호작용론이 있다.[8] 외인론에 따르면, 외환위기는 국제금융시장의 불안정성, 투기자본의 무분별한 투기행태에 기인한다. 민스키(Hyman Minsky)는 외환위기는 자본주의체제의 불가피한 구조적 속성이라고 주장한다. 전형적인 금융위기(typical financial crisis)는 '외부적 충격, 새로운 이윤영역의 창출, 새로운 이윤추구 및 투자, 투자열풍, 은행신용의 팽창, 총통화공급의 급증, 금융자산의 가격상승, 금융시장의 과열, 투자가의 탈출, 가격하락, 금융기관들의 파산, 거품붕괴, 가격폭락'이라는 인과 사슬을 거쳐 위기에 도달한다.[9] 삭스(Sachs 1998) 역시 동아시아 위기는 전통적 외환위기의 한 예이며 IMF의 정책권고가 오히려 위기를 악화시켰다고 본다. 당시 세계은행 부총재인 스티글리츠(Stiglitz 1998)는 세계화시대 개방경제를 추구하는 작은 국가는 아무리 내부적으로 경제운영을 잘 한다 해도 망망대해에서 풍랑을 만난 작은 배와 같은 신세라고 비유했다.[10] 라드렛과 삭스(Radelet and Sachs 1998)는 동아시아 위기가 단기간의 집단적 외국자본 탈출로 인한 금융공황

7 크루그먼의 다음과 같은 표현은 그가 내인론 입장임을 알 수 있다. "The crisis, in short, was a punishment for Asian sins"(Krugman 1998).

8 위기의 원인과 관련해서는 임혜란(2000)의 논의를 상당 부분 참조하였다.

9 국내금융기관이 외환표기 단기외채를 증가시켜 이를 다시 국내투자자에게 장기로 대여해 준 위험한 투자행태에 문제가 있다는 것이다. 단기와 장기의 불일치로 인해 국내금융기관의 취약성 및 통화의 유동성 위기가능성이 증대되었다.

10 스티글리츠(Stiglitz 1998)는 다음과 같은 표현에서 알 수 있듯이 크루그먼과 달리 외인론을 주장하였다. "Even with the best economic management, small open economies remain vulnerable. They are like small rowboats on a wild and open sea." 이영섭·이종욱(1998)도 외인론을 강조한다.

〈표 3〉 한국 주요 거시경제지표(1990-1997)

(단위: %, 억 달러)

연도	실질경제 성장률	소비자물가 상승률	회사채 수익률	재정수지/ GDP	경상수지/ GDP	외환보유액
1990	9.2	8.6	16.5	0.3	-0.9	148
1991	9.4	9.3	18.9	-0.8	-3.0	137
1992	5.9	6.2	16.2	-0.7	-1.5	171
1993	6.1	4.8	12.6	0.3	0.1	203
1994	8.5	6.3	12.9	0.5	-1.2	257
1995	9.2	4.5	13.8	0.4	-2.0	327
1996	7.0	4.9	11.9	0.3	-4.9	332
1997	4.7	4.4	13.4	-0.1	-1.9	204

출처: 한국은행 경제통계시스템(http://ecos.bok.or.kr).

으로 촉발되었고, 이것이 전염되었다고 설명한다. 또한 웨이드와 베네로소는 1990년대 고속성장과 환율안정이 지속되리라는 가정하에 이 지역 국가들의 기업이나 금융기관에 과도한 대출을 했다가 갑자기 회수해 간 미국과 일본의 투자자들에게 많은 책임이 있다고 비판했다(Radelet and Sachs 1998).[11] 동아시아 위기의 원인이 내부에 있었다면 동아시아 위기가 그렇게 빠른 시일 내에 회복될 수 없었을 것이라며 위기의 원인이 보다 외부에 있었음을 강조하기도 한다(임혜란 2000). 외인론을 강조한 학자들은 공통적으로 당시 한국 경제의 주요 경제지표가 위기를 불러올 정도는 아니었다고 보았다(이영섭 외 1998)(표 3 참조).

외인론 중 음모론적 관점을 갖고 있는 웨이드와 베네로소(Wade

11 웨이드와 베네로소(Wade and Veneroso 1998)는 투자위험도를 제대로 고려하지 않고 동아시아의 민간기업이나 은행에 돈을 대출해 준 외국 금융기관들에게도 부실대출의 책임이 있다고 강조한다.

and Veneroso 1998)는 더 나아가 월스트리트-재무성 복합체(Wall Street-Treasury Complex)가 동아시아 위기에 대한 주된 책임을 져야 한다고 비판했다. 국제금융기관 및 헤지펀드의 무책임한 투기행위와 동아시아 지역의 금융시장 개방을 위해 압력을 가한 재무성도 책임이 있다는 것이다.[12] 한국은 경제협력개발기구(OECD) 회원국 가입 대신 금융시장의 개방을 약속했다. 중국과 인도는 금융시장을 개방하지 않았고 그로 인해 내부의 취약성이 덜 노출될 수 있어 위기를 모면한 것과 대조적이다.

이제민(2016)은 외환위기의 원인은 국내 경제구조의 문제가 아니라 자본시장 개방과정에서의 실책으로 빚어진 유동성 문제였다고 강조한다. 〈그림 1〉은 한국 경제의 단기외채와 장기외채의 불일치가 1997년 외환위기의 원인임을 잘 보여 주고 있다. 한국의 금융기관들은 단기로 자금을 빌려와 장기로 대출을 하는 자금조달-운영 간의 불일치 문제를 갖고 있었다. 김영삼 정부는 경제력 집중을 억제한다는 목적으로 재벌기업의 출자총액 제한 비율을 줄이고 상호지급보증 한도도 제한하였다. 재벌은 규제가 적은 제2금융권으로부터 자금을 대거 차입하기 시작하였고, 나아가 1980년 이후부터 제2금융권의 금융기관들을 소유하기 시작했다. 또한 단기적 상업어음 발행으로 장기투자 자금을 조달했다. 재벌에게 대출해 준 금융기관들이 부실화되면서 연쇄도산의 가능성이 커지기 시작했다.

국내금융위기가 1997년 외환위기의 원인일 수도 있으나 사실 국내의 금융위기는 정부의 공적자금투입을 통해 해결될 수도 있다. 1997년 위기는 외화로 표시된 부채를 갚지 못해서 일어난 위기이다. 개도

12 동남아 지역에 대한 자본유입은 1996년 93억 달러였으며, 1997년에는 12억 달러의 자본유출이 일어났다(Gilpin 2000).

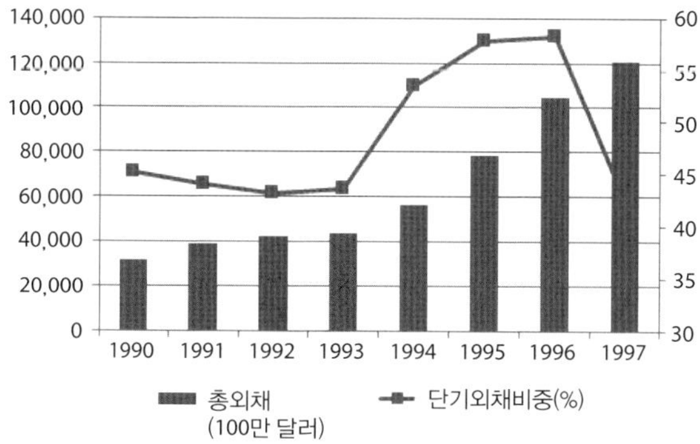

〈그림 1〉 한국 총외채와 단기외채의 변화(1990-1997)

출처: 한국은행 경제통계시스템(http://ecos.bok.or.kr).

국의 외환위기는 대체로 대규모 단기외채 때문에 일어난다. 1990년 중국의 경우 기업과 금융기관의 부실이 한국보다 심했지만 단기외채가 적었기 때문에 외환위기로부터 벗어날 수 있었다(이제민 2016, 88-89). 기업과 금융기관의 부실은 동아시아와 다른 개도국의 공통적 현상일 수 있었으나 모든 개도국에서 다 외환위기가 일어나는 것은 아니다. 한국은 단기외채의 문제점을 오래전부터 인식하고 있었으나, 1993년 단기차입을 허용하면서 금리가 낮은 일본으로부터 대규모 차입을 하였다. 유입된 자본을 통해 경상수지 적자를 메울 수 있었고, 남은 자본은 동남아로 유출되었다. 1997년 일본은행이 자금을 회수하기 시작함으로써 문제가 악화되기 시작했다. 이제민에 의하면, 가장 큰 문제는 정부가 보유하고 있는 외환보유액이 부족했다는 점이다. 또한 당시 외환보유액이 부족한 상황에서 일본과의 양자 간 유동성 제공 또는 일본의 아시아통화기금(AMF) 건설이 가능했다면 외환위기는 일어나지 않았을 것이다. 미국은 IMF가 있기 때문에 굳이 AMF를 설립할 필요가 없다고 반대했고, 일본에 의한 유동성 제공, 특히 엄격한 조건을 요하지 않는 유동성 제공은 도덕적 해이를 불러올 가능성이 있다고 봤다. 당시 IMF의 요구사항은 단기적 해결책으로서 고금리정책과 함께 광범위한 구조개혁과 자본시장 완전개방이었다. 이제민은 "미국 재무부가 개입하지 않았으면 동아시아 내에서 해결될 유동성 부족 사태를 IMF로 가게 해서 사실상 외환위기를 일으킨 뒤, 자신의 요구사항을 관철시키고 해결해 준 셈"이라고 주장한다. 외인론은 동아시아 위기가 내부, 특히 동아시아 발전국가모델에 문제가 있었다는 점을 부정하는 것은 아니나, 그보다는 당시 국제정치경제 체제의 불안정성과 미국 패권의 신자유주의적 압력에 의한 금융개방과 자유화가 더 주요한 위기의 원인으로 작용했음을 강조한다(이제민 2016).

외인론은 동아시아 국가들이 외환위기로부터 회복되는 시점에서 설득력을 보인 반면, 외환위기의 초반에 공감대를 이끌어 낸 시각은 내인론이었다. 내인론은 1997년 동아시아 외환위기의 원인이 동아시아 국가 내부에 있다는 입장이다. 내인론은 다시 각각 정부의 과도한 규제(overregulation)나 규제완화(underregulation)가 원인이 되었다는 서로 다른 주장으로 나뉜다(Chang 1998; 임혜란 2000). IMF의 기본적 입장은 동아시아의 위기는 정부의 과도한 시장개입과 규제에 기인했다는 것이다. IMF는 정실자본주의와 도덕적 해이를 비판하면서 자유시장, 개인의 창조적 자유, 최소주의적 국가역할의 중요성을 강조한다. 위기는 정경유착과 도덕적 해이에 따른 부적절한 대출심사, 과열된 투기붐, 거품형성, 거품붕괴 이후 원화 가치 및 자산가격의 폭락이라는 과정을 통해 진행되었다.[13] 한국을 비롯한 동아시아 국가의 금융기관은 경제

13 한국의 경우, 단기로 빌려(달러) 장기로 다시 빌려 주는(원화) 위험한 방식이 통용되었다. 한국의 시중은행은 외환을 한국 원화로 빌려 주었는데, 이런 경우, 만약 이자율이 상승하거나 통화 가치가 하락하면 국가의 경제가 큰 위기에 처하게 될 수 있다. 한국의 경우, 위기가 형성되자 원화 가치 하락과 함께 단기외채에 대한 빚을 감당해야 하는 유동성의 위기에 봉착하게 되었다.

발전을 위해 동원되는 수단으로 기능했다. 정책금융이나 정부의 이자율정책 때문에 금융기관은 독자적인 영업수익을 기반으로 성장할 수 없었다. 외국은행과 국제투자자들은 정부가 금융기관에 대해 보증을 선다는 점에 안심하고 과도한 자금을 동아시아 금융기관에 대출해 주었다. 금융기관들 역시 정부의 암묵적 보증하에 금융기관에 대한 적절한 규제 없이 지나친 대출을 했다. 이러한 부실대출과 과다한 외채누적 등이 금융기관들을 경기변동에 취약하도록 만든 것이다. 동아시아 모델 자체가 위기의 원인임을 주장하는 시각에 따르면, 동아시아 모델의 특징인 정부의 과도한 시장개입과 정부규제가 비효율성과 위기를 가져왔다.

외환위기가 정부의 지나친 규제완화 때문에 기인했다는 논의도 있다. 장하준은 외환위기가 정부의 과도한 규제 때문에 일어난 것이 아니라 오히려 지나친 규제완화 때문임을 강조한다. 1990년 김영삼 정권 이후 세계화와 자유화 정책이 추진되면서 제2금융권이 급성장하였고 재벌의 금융독립성 역시 증대했다. 정부는 외채에 대한 관리감독을 완화하였으며 외환규제완화, 탈규제 정책을 추진하였다.[14] 금융기관에 대한 관리감독 부재뿐만 아니라 김영삼 정권에서는 기존의 환율조정정책, 투자조정의 산업정책에 대한 정부의 의지가 미약했다.

IMF가 한국에 요구한 처방은 금융자유화를 비롯한 신자유주의 정책이었다. 그러나 장하준은 김영삼 정부는 이미 자유화 정책을 시행

원화 가치절하는 유동성의 위기를 낳았다. 산업은행이 원화를 지키려고 노력했으나, 지속되는 원화 가치 하락과 함께 디폴트(default)의 위기에 처하게 되자 한국 정부는 IMF에 도움을 청하게 된다(Gilpin 2000).

14 정부의 금융기관에 대한 관리감독의 허점은 당시 외채의 경우 대출(borrowing)의 64%가 단기였고, 차입(lending)의 85%가 장기였다는 점을 인식하지 못했던 점에서도 잘 드러난다(Chang 1998).

해 오다 위기를 맞이했기 때문에 재규제(reregulation) 정책이 필요했음을 강조한다. 또한 그는 산업투자 조정정책과 산업정책 등 적극적인 정부의 역할이 필요하다고 보았다(Chang 1998).

동아시아 위기가 동아시아 모델의 장점이 상실된 결과로 보는 입장도 있다. 이 시각에 의하면 동아시아 모델은 공동체적 자본주의로서 공동체의 성장과 복지가 최우선인 민족주의와 실용주의를 그 중심으로 하는 정책적 유연성이 특징이라 강조한다. 1997년 발생한 위기는 이러한 유연성이 상실됨에 따라 초래된 것이다. 동아시아 모델의 유연성이 제약을 받게 된 이유는 당시 국제정치경제 질서의 특징이 변화된 것과 무관하지 않다. 중상주의적 경쟁과 보호주의의 증대, 그리고 선진국을 필두로 한 금융세계화가 그것이다. 미국을 중심으로 한 선진자본들이 제3세계 국가들에 금융시장 개방을 요구하였으며, 이러한 흐름에 따라 한국은 금융자유화, 무분별한 규제완화와 시장의 자유를 강조하는 신자유주의로 옮겨 간 것이다. 이러한 시각에서는, 동아시아 발전국가모델의 장점을 상실해서 위기가 일어났기 때문에 위기 이후 처방책은 동아시아 발전국가모델의 장점을 재구축하는 것이었다고 주장한다(백종국 1998a; 1998b).

내외적 상호작용론은 동아시아 위기의 발생은 외적인 요인과 내적인 요인의 상호작용을 통해 설명해야 한다는 입장이다. 이 시각을 표방하고 있는 윤영관(1999)에 의하면, 동아시아 위기는 동아시아식 자본주의와 영미식 자본주의의 운용논리의 충돌에 의해 설명할 수 있다고 한다. 영미식 자본주의가 금융대국이라는 패권적 지위를 활용하여 금융세계화를 추진하는 과정에서 금융체제의 부실로 인한 경직적인 동아시아의 중상주의 약점이 노출될 수밖에 없었다는 것이다.

이 세 가지 서로 다른 입장은 원인의 진단이 다른 만큼 처방 역시 다르다. 내인론은 내부의 개혁에 초점을 두고, 외인론은 외부환경개선을 처방책으로 제시한다. 상호작용론은 내부개혁과 외부환경의 변화가 서로 보완적으로 이루어져야 한다고 주장한다. 외인론은 국제금융 질서의 변화를 중요하게 생각한다면 내인론은 한국 경제의 축적된 구조적 모순이 위기를 가져왔으므로 내부의 구조개혁이 필요함을 강조한다. 상호작용론은 보다 총체적 시각으로 사태를 바라본다는 유용성이 있을 것이다. 사실 다양한 시각들은 서로 다른 문제제기에 대한 답을 찾을 때 유용하게 사용될 수 있다. 태국, 인도네시아, 한국 같은 국가들이 IMF의 구제금융을 받게 된 것과 달리, 대만은 왜 이를 비켜 갈 수 있었는지의 차이를 설명하고자 한다면, 각 국가의 내부적 요소에 초점을 두어야 한다.[15] 그러나 동아시아 국가들이 외환위기 이후 짧은 시간 내에 위기를 극복하고 경기를 회복했다면, 이 사실은 위기의 원인이 내부적으로 있다기보다는 외부환경의 불안정성에 있었다는 외인론의 주장에 더 힘을 실어 주는 근거가 된다.

내인론에 의하면 국가 내부의 구조적 문제점이 위기의 원인인데, 이러한 문제가 해결되지 않는 한 위기는 극복되기 어렵다. 그런데 이러한 내부적인 문제는 하루아침에 치유될 수 있는 것이 아니며, 구조개혁은 상당한 시간과 비용이 요구되는 과제이다. 내인론이 경제위기에 대한 보다 적절한 설명이 되려면 경제성장의 회복세가 장기적으로 나타나는 'L'자형 회복과정을 보여야 한다. 공산주의 붕괴 이후 동구

15 이호철은 "통제되지 않는 국제자본이라는 바이러스 군집이 동아시아 국가에서 번져나갔음에도 불구하고 왜 어떤 국가는 심하게 병을 앓아 누워 수혈을 받아야 했고, 왜 어떤 나라들은 가벼운 감기 정도로 넘어갔는가의 차이가 있는데, 이러한 반응의 차이를 설명하기 위해서는 국가의 내적 요소에 초점을 두어야 한다"고 했다(이호철 1999). 이는 극심한 태풍이 왔음에도 유사한 지역에 있던 나무 중 어떤 것은 태풍에 쓰러졌으며 어떤 것은 건재하다면 그 원인을 나무의 내적인 문제, 뿌리를 살펴보아야 할 수도 있다는 것에 비유 가능하다.

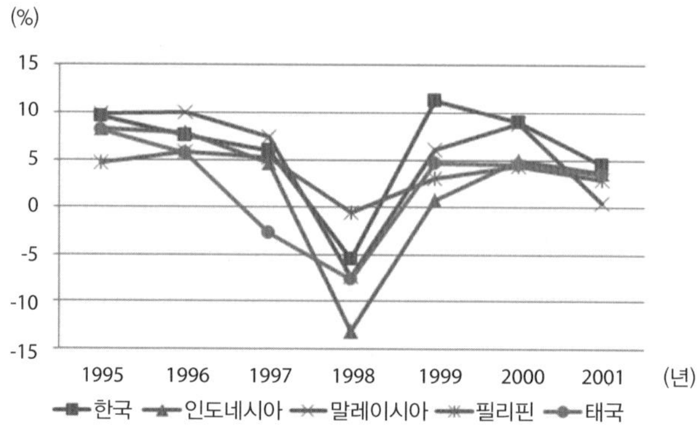

〈그림 2〉 동아시아 국가의 성장률(1995-2001)

출처: World Bank, Word Development Indicators.

권의 더딘 회복과정이 'L'자형 회복의 좋은 사례이다. 외인론에 따르면 국제금융시장의 통합에 따른 대규모 자본이동이 동아시아 위기의 촉발요인이 되었다. 따라서 국제자본들이 공황(panic)현상을 일으켜 동아시아에서 철수함으로써 일시적으로 자금경색을 가져온 것이다. 이 경우 일거에 자금유통의 문제가 해소되면서 동아시아 국가들의 회복과정은 'V' 자 형태를 보일 것이다. 이는 〈그림 2〉에 잘 나타나 있다.

임혜란(2000)은 그런 점에서 동아시아 외환위기는 동아시아 발전국가모델의 위기라기보다는 동아시아 지역의 '지역적' 위기였음을 강조하고 있다. 동아시아 외환위기는 동북아 국가에서 시작된 것이 아니라 동남아 국가에서 시작되어 동아시아 지역 전체에 전이된 것이다. 동아시아 발전국가모델의 대표국가군이라고 할 수 있는 한국, 대만, 홍콩, 싱가포르의 경우 위기의 파급 정도에 있어 상대적 안정성이 존재하고 있었다는 점에서 동아시아 발전국가모델이 동아시아 위기의 원인이라고 일반화하기엔 문제가 있다(임혜란 2000, 31).

동아시아 외환위기는 동아시아 발전국가모델의 핵심적 사례국인 동북아 국가에서 발현된 것이 아니라 동남아 국가에서 시작되었다. 동아시아 외환위기가 동남아에서 시작되어 동아시아 전체로 확대된 과정은 다음과 같다. 동아시아 위기 이선 동아시아 지역경세성장의 속도가 느려지기 시작했다. 동남아 지역의 통화 가치는 미국 달러에 연계되어 있었다. 달러 강세에 의해 동남아 지역의 통화 가치 역시 동반 상승하면서 수출경쟁력이 하락하게 되었다. 동아시아 지역에서 수출시장의 경쟁이 심화되었고 동남아 지역의 위기는 동아시아 지역 전체의 경제성장에 대한 의구심의 확산으로 이어졌다. 바트화의 달러에 대한 고정환율은 바트화의 가치안정을 예견했고, 이에 태국은 달러를 빌려와 바트화로 바꾸고 국내 바트화로 표기된 자산에 투기했다. 그러나 1996년 태국의 외채 상환력에 대한 의심이 급증하면서 바트화 표기 자산이 매각되기 시작했고, 바트화 가치가 폭락했다. 태국중앙은행은 바트화 가치를 방어하기 위해 바트화를 구입하고 달러를 방출했지만 결국 달러화가 고갈되어 1997년 고정환율제도를 포기하게 되었다. 당시 아시아태평양경제협력체(APEC) 회의에서 미국 클린턴 행정부는 이를 심각히 받아들이지 않았다. 그러나 곧이어 태국의 위기가 인도네시아의 위기로 전파되었다. 루피화 가치가 80% 폭락하면서 폭동이 일어나는 등 수하르토 정권의 정실자본주의에 대한 인도네시아 국내적 저항이 심화되었다. 홍콩의 경우 중앙은행이 이자율을 올리면서 자국 통화 가치를 방어하려고 했으나 그 결과는 주식시장의 폭락이었다. 한국은 자금조달을 단기외채(달러 및 외환표기)에만 의존해서는 안 된다는 원리를 위반했다. 이런 경우, 만약 이자율이 상승하거나 통화 가치가 하락하면 국가의 경제가 큰 위기에 처하게 될 수 있기 때문이다. 한국은 위기감이 형성되자 원화 가치 하락과 함께 단기외채를 감당할 수 없는 유동성 위기에 봉착하게 되었다. 지속되는 원화 가치 하락과 함께 채무불이행의 위기에 처하게 되자 한국 정부는 IMF에 도움을 청하게 되었다. 그제서야 한국의 위기가 일본 그리고 미국으로까지 번질 수 있다고 인식되기 시작했다(Gilpin 2000). IMF 구제금융을 받게 되는 국가는 고금리정책과 노동시장 유연화 등 전 영역에서 신자유주의 개혁을 시행해야 했다.

동아시아 위기와 그 이전의 위기는 다소 다르다. 제3세계 채무위기, 유럽환율메커니즘(ERM) 위기, 멕시코 위기 등은 그 지역에 국한된 위기였다. 그러나 동아시아 위기는 강도와 전염의 속도라는 차원에서 보다 광범위한 위기였다. 다시 말하면 동아시아 외환위기는 국제금융체제 및 자본이동에 문제가 있었음을 암시하는 것이었으며 외인론의 설명이 보다 적실하게 들어맞는 위기였다.

사실 동아시아 발전국가모델 내에도 구조적 문제가 있었다. 어떤 국가도 경제구조상 내부적 취약성을 지니고 있다. 그러나 내부적으로 취약한 국가 모두가 위기를 맞이하지는 않는다. 개방과 내부의 취약성이 만나는 과정에서 위기가능성의 정도를 가늠해 볼 수 있을 것이다. 동아시아 국가 내부의 구조적 문제는 과도한 규제와 지나친 규제완화라는 서로 다른 요인을 동시에 고려할 때 더 잘 이해할 수 있다. 기업집단을 규율하지 못한 실패와 금융기관의 도덕적 해이, 금융세계화 이후 국가의 금융관리감독의 실패 등은 위기의 원인으로 지적될 수 있다(Chang 1998; Moon and Rhyu 2002).

또한 과도한 정부규제 역시 변화하는 환경에 대한 빠른 적응력을 저하시키는 데 일조했다. 물론 규제 자체가 그 자체로 잘못된 것은 아니다. 정부의 시장개입 현상은 정치경제적 본질상 어느 시기 어느 국가에서나 찾아볼 수 있다. 어떤 영역에 대한 어떤 개입인가 하는 문제가 보다 중요하다. 신고전주의에서 주장하는 바와 같이 최소국가가 최선일 수는 없다. 동아시아 발전국가에서의 국가개입은 효율성을 가져올 수 있는 정부개입이었으며, 변화하는 환경에 따라 적절하게 정책을 변화시키지 못한 것이 문제였을 뿐이다. 김영삼 정부 시기의 금융자유국가는 더 이상 합리적이며 유능한 그리고 단일한 자율적 행위자가 되지 못했다. 한국의 관료와 행정부는 원래 수직적 연계가 그 특징이었다. 그러나 김영삼 정부 이후 이러한 수직적 연계를 효율적으로 사용하지 못하는 조정의 실패가 지속되었다. 가령 경제기획원과 재무부를 재정경제부로 개혁하였으나 이러한 관료개혁이 큰 성과를 거두지는 못했다. 또한 부처 간 갈등사례로 재경부와 한국은행의 갈등이 존재했으며, 관료적 분파주의(bureaucratic fragmentation), 관료적 파당, 관료적 무능의 문제가 드러났다. 학연, 혈연, 지연과 같은 네트워크를 통해 사회집단의 이해가 관료정치에 반영되기도 했다. 국가, 은행, 기업 간 3자연합 네트워크는 발전의 역동성으로 거래비용을 줄이고, 정보흐름을 용이하게 하며, 불확실성과 위험의 수준을 약화시킨 제도였다. 그러나 위기 이후 이러한 관계는 지대추구, 도덕적 해이, 부패의 근원으로 인식되었다(Moon and Rhyu 2002). 이러한 관점에서 왜 한때 효율적이며 유능했던 관료제도가 왜 비효율적으로 변화되었는지, 한때 일관적 경제정책을 폈던 정부가 비일관적 정책을 펴게 되었는지, 또한 발전의 역동적 기반이 된 3자연합 네트워크가 왜 부패의 근원이 되었는지 설명해야 한다. 따라서 동아시아 발전국가모델의 재구성을 논하는 제8장에서 환경변화에 따른 정부역할의 적응과 정책변화에 대해 보다 구체적으로 논의해 볼 것이다. 그 전에 동아시아 발전국가가 위기를 맞이한 이후 어떤 변화과정을 거쳐 왔는지에 대해 논의해 보기로 한다.

3. 동아시아 발전국가의 개혁과 변화방향

동아시아 외환위기 이후의 변화과정을 한국의 경우에 초점을 두어 살펴보기로 한다. 1997년 한국의 외환위기는 국제금융체제의 불안정성과 국제자본가의 투기행위에 기인했으나, 동시에 국내의 취약성, 즉 국내의 과도한 규제완화 정책에도 그 책임이 없지 않다. 외환위기의 원인에 대한 국내적 논쟁과는 별개로 한국은 외환위기 이후 이를 극복하기 위하여 시장원리와 글로벌 스탠더드 도입을 위해 4대 부문, 즉 기업, 금융, 노동 및 공공부문의 개혁을 추진하였다. 외환위기 이후 국민의 정부는 1997년 IMF와 자금지원협약을 체결하며, 구조개혁을 위한 IMF 프로그램에 합의하였다. 합의 내용에는 긴축통화 및 재정정책, 금융구조조정, 기업지배구조 개선, 정보공개, 무역자유화, 자본자유화, 노동시장 개혁 등과 같은 광범위한 개혁 프로그램이 포함되었다(심지홍 2011, 134).

외환위기를 기점으로 불균형 성장전략에서 균형 성장전략으로, 관료와 재벌에서 시장과 외국자본으로, 간접금융 시스템에서 직접금융 시스템으로, 그리고 성장에서 분배로 패러다임이 변화하였다. 이러한 방향으로의 개혁과정은 의도한 바대로 진행되지는 못했다. 왜냐하면 개혁이 가져올 이익과 비용에 따라 찬성하는 집단과 반대하는 집단 간 갈등을 가져옴으로써 개혁이 지지부진해지거나 좌초되는 경우가 많았기 때문이다. 개혁과정에 영향을 미치는 변수는 정치레짐의 유형, 제도, 역사, 문화, 정치연합, 정부역량 등 다양하다. 개혁과정에 영향을 미치는 다양한 요소 가운데 정치레짐의 유형, 즉 권위주의냐 민주주의냐의 여부도 중요하다. 동아시아 발전국가들은 권위주의체제에서 경제성장과 더불어 정치적 민주화를 이루었다. 사실 비교정치 영역에서 경제성장과 민주주의의 관계에 대해서는 오랫동안 논쟁이 있어왔다. 근대화이론은 '선경제성장, 후정치발전'이라는 주장을 강조했다. 근대화이론은 제3세계 국가가 독립 이후 경제발전과정이 민주주의가 아닌 권위주의체제와 병행되는 바람에 그 이론적 적실성이 문제시 되었고 그 이후 종속이론과 국가이론의 부흥을 가져오기도 했다. 그러나 제3세계 국가들이 이후 '제3의 물결'을 통해 민주화가 되면서 일정 수준의 경제발전과 민주주의가 병존한다는 신근대화이론이 부상하게 된다.[16] 민주주의와 경제발전에 대한 관심은 비교정치학자들의 지속적인 어젠다였으며, 이 두 변수의 관계는 아직까지 논쟁적인 문제로 남아 있다. 정치레짐의 유형(type of political regime)과 경제성장의 관계에 대한 경험적 증거는 현재까지 혼재되고 결정적이지 않은(mixed and inconclusive) 상태로 남아 있다.

경제성장을 지속하기 위해서는 경제개혁이 필수적이며 따라서 경제개혁과 민주주의의 관계에 대해서도 관심이 증가하고 있다(Geddes 1995; Haggard and Kaufman 1995; Maravall 1995). 민주주의가 개혁과정에 걸림돌로 작용한다는 주장은 다음과 같은 세 가지 요소에 기인한다. 첫째, 민주주의는 다양한 집단의 정치참여를 증가시킨다. 개혁으로 인해 손실이 큰 집단은 개혁을 반대하며 개혁으로 혜택을 보는 집단은 개혁을 찬성한다. 그러나 일반적으로 손실을 입는 집단의 반대가 보다 적극적인 경향이 크기 때문에 개혁이 좌초될 가능성이 크다. 둘째, 민주화로 인해 정기적인 선거를 실시하게 되는데, 선거는 항상 선거자금을 필요로 한다. 선거법의 발전, 예컨대 정치자금법이나 유착을 막기 위한 정치자금 투명성 등의 제도발전이 병행되지 않는 한 정치가와 기업, 금융기관 간의 정경유착을 막을 수 없다. 오히려 정치적 스캔들과 같은 문제가 발생하기 때문에 부패한 기득권집단에 대한 개혁이 성공하기 어렵다. 셋째, 민주화는 정부권력의 분권화를 가져옴으로써 개혁 추진 주체인 관료와 정치인의 자율성이 줄어든다. 권위주의 시기에는 정부 내 정책결정과정이 수직적 특성을 보이면서 효율적일 수 있다.

16 신근대화이론을 강조한 쉐브로스키는 민주정치와 경제성장 간에 긍정적 영향이 있음을 주장하기도 했다(Przeworski and Limongi 1997).

그러나 정부 내 권력분산, 의회의 역할 증대는 정부의 정책실행과정에 많은 도전과 저항을 가져올 수 있다. 민주화시기에 이르면 정책결정과정에서 다양한 부처 및 영역의 갈등을 조정해야 하는 문제가 형성되어 '갈등조정 기제'가 중요해진다. 이렇게 관료조직 내의 권력분산으로 인한 갈등현상 증대로 효율성이 떨어질 수 있다. 즉, 민주화는 정부의 자율성과 효율성을 떨어뜨릴 수 있다. 개혁과정에 민주화가 미치는 영향은 물론 중요하다. 그러나 민주화가 개혁과정에 미치는 영향은 다양한 사회에서 다양한 양상으로 변화될 수도 있다. 민주주의가 오히려 개혁과정에 긍정적 영향을 미칠 수 있다는 논의도 있으나 이 역시 논쟁적이다. 예컨대 민주주의의 장점은 다음과 같다. 첫째, 정치적 다원주의로 인해 경제적인 정책결정과정에서의 정보사용이 보다 증대한다. 둘째, 개혁의 거래비용을 줄일 수 있다. 미디어와 정치적 반대정당의 존재 자체는 '조기경보체계(early warning systems)'를 가능하게 하여 정책실패를 줄일 수 있다. 셋째, 선거는 정치인들에게 상벌(punishment and reward)을 통한 좋은 정책에의 인센티브를 부여한다. 즉, 실패한 정치가는 물러나고 정치인들은 실수를 피하기 위해 노력하게 된다.

이러한 민주주의가 개혁에 긍정적이냐 부정적이냐의 논쟁 자체보다 중요한 것은, 제3세계 국가였던 동아시아 발전국가는 이미 민주화를 이룩했으며 민주주의체제 속에서 생존해야 하는 시점에 이르렀다는 사실이다. 민주주의체제는 다양한 논쟁이 제시하듯이 긍정적 요소도 있으며, 또한 개혁에 걸림돌이 될 만한 부정적 요소도 존재한다. 다양한 집단의 정치참여가 확대될수록 새로운 개혁이슈가 들어설 때 이와 관련된 이해집단 간 충돌이 발생하는 것은 불 보듯 뻔한 현실이다.[17] 따라서 위기 이후 동아시아 발전국가들이 어떤 개혁과정을 거쳤

17 개혁과 정치레짐 간의 인과적 관계는 찾아보기 어렵다. 권위주의냐 민주주

으며 그 변화의 방향이 어디인가의 질문에 답하기 위해서는 보다 사례에 집중한 분석을 통해 파악할 수밖에 없다.

IMF 위기 이후 김대중 정권은 IMF 프로그램의 요구를 중심으로 구조개혁을 시도했으며, 이는 신자유주의로의 길을 의미했다. 작은 정부, 규제완화의 방향이다. 위기 이후의 개혁은 특히 금융영역에서 나름 의도한 바대로 진행되었다. 한국의 자본시장이 완전히 개방되었고, 그 과정에서 외국자본이 한국 자산을 대거 인수한 것이다. 2004년이 되면 상장기업 시가총액의 42%를 외국인에게 허용하게 된다. 2016년 7월 코스피 외국인 시가총액은 33.6%에 이른다. 〈표 4〉에 의하면 외환위기 이후 규제완화를 통해 상업은행의 외국인 지분이 꾸준히 증가한 것을 볼 수 있다. 뿐만 아니라 〈표 5〉를 보면 외환위기 이후 은행과 비은행 금융기관(NBFI)에 대한 구조조정이 진행됨으로써 33개의 은행이 2007년에 이르면 인수합병, 퇴출을 통해 18개로 줄어든다. NBFI는 위기 이전 총 2,070개에서 구조조정을 통해 2007년 1,286개로 줄어들었음을 알 수 있다.

당시 한국 금융권에 대한 구조조정은 비교적 성공적으로 진행되었다고 평가된다. 이와 달리 대만의 2000년대 금융개혁과정은 국내집단의 반대로 인해 어렵게 진행되었다. 대만이 1997년 동아시아 외환위기의 여파로부터 상대적으로 피해가 적었는지는 모르지만 대만 내부 금융기관의 왜곡 정도는 상당히 우려할 만한 것이었다. 신용시장(credit market)의 경우 부실채권의 비중이 증대했다는 점과 증권시장(security

의나라는 정치레짐 자체가 개혁의 성공과 실패를 가져온다고 볼 수는 없다. 개혁과정은 그보다 더욱 다양한 요인들, 즉 제도적 유산과 문화, 그리고 이해집단 간 정치연합의 변수 여하에 따라 달라질 수도 있기 때문이다(임혜란·이하나 2009).

〈표 4〉 한국 상업은행의 외국인 지분(1998-2005)

(단위: %)

상호 \ 연도		1998	1999	2000	2001	2002	2003	2004	2005
국민은행	국민은행	25.5	50.50	58.20	71.10	70.20	73.60	76.10	85.4
	주택은행	45.1	66.40	66.40					
우리은행		-	0.05	16.30	0.00	0.70	4.50	11.70	11.4
신한은행	신한은행	27.8	34.20	40.40	48.60	49.00	40.40	62.80	57.1
	조흥은행	5.8	0.40	0.20	0.30	3.10			
하나은행	하나은행	18.1	26.20	32.20	52.00	-	-	-	78.2
	서울은행	0.2	-	-	-	28.70	37.20	-	
SC제일은행		0.1	50.99	50.99	50.99	50.99	48.56	48.56	100.0
한국외환은행		34.9	23.00	34.20	34.10	27.90	71.00	72.00	74.2
한국씨티은행		25.7	30.70	48.60	53.20	61.00	85.80	-	99.0

출처: 연태훈(2006).

〈표 5〉 1997년 동아시아 외환위기 이후 한국 금융기관 구조조정

(단위: 개)

구분		1997년	2002년 6월			2007년 6월		
		기존	구조조정*	신규	현재	구조조정	신규	현재
은행		33	14	1	20	2	0	18
NBFI (비은행 금융기관)	종합금융	30	28	1	3	1	0	2
	증권회사	36	8	16	44	7	3	40
	보험회사	50	15	9	44	7	12	49
	자산관리회사	32	7	8	33	6	22	49
	상호저축은행	231	126	12	117	12	4	109
	신용기금	1,666	423	9	1,252	243	6	1,015
	리스회사	25	10	4	19	4	7	22
	소계	2,070	617	59	1,512	280	54	1,286
전체		2,103	631	60	1,532	282	54	1,304

출처: 공적자금관리위원회(2009, 308).

주: 구조조정은 인수합병(M&A), 퇴출과정을 통해 수가 줄어든 것을 의미함.

market)의 경우 불안정한 가격변동이 지속하고 있다는 점이 금융기관의 왜곡을 빈영하는 것이었다.[18] 금융자유화과정은 대민 금융체제발전에 오히려 부정적 영향을 초래하여, 금융기관의 부실채권 증대, 영향력 있는 정치권과 금융기관의 유착관계를 낳았다. 따라서 대만은 1997년 동아시아 외환위기 이후 금융기관의 체제개선을 위해 금융개혁의 필요성을 절감하게 된다. 그러나 위기를 피해 갔던 기회의 측면은 오히려 대만이 금융개혁을 추진하지 못하게 한 대내적 장애로 기능했다. 한국은 외환위기를 맞이했기 때문에 개혁의 필요성과 정당성을 부여받음으로써 개혁반대세력을 설득할 수 있었고 따라서 대대적인 구조조정이 가능했다고 볼 수 있다. 이와 달리 대만은 외환위기를 피해 갔기 때문에 금융개혁 필요의 급박함이 적었고 개혁으로 인해 피해를 입는 기득권집단으로부터 강력한 반대에 부딪혀 과감한 개혁을 시도하지 못했다(임혜란 2003).

금융영역에서의 또 다른 개혁은 1997년 외환위기의 내적 원인이었던 지나친 규제완화를 고치기 위해 금융관리감독을 강화한 것이었다. 1997년 위기 직후 형성된 금융감독체계는 3원 구조를 그 특성으로 한다. 1998년 금융감독에 관한 최고 의결기관으로 금융감독위원회를 설치하고 1999년 은행감독원, 증권감독원, 보험감독원, 신용관리기금으로 분산되어 있던 금융감독 기능을 하나로 통합하여 금융감독원을 설립하였다. 또한 재경부가 금융감독 관련 법률 개정권을 보유하고 있다는 점에서 금융감독의 3원 구조라 할 수 있다. 다원화된 체제로 인

18 2002년 6월 대만 금융기관의 부실채권(non-performing loan: NPL)의 비율이 7.75%에 이르고 있으며 1995년의 3%와 비교하여 두 배 이상 증가된 상황을 보여 준다. 이러한 NPL의 증가는 1991년 15개의 신규은행 진입이 허용된 이후 은행 간 지나친 경쟁에 기인한 것으로 분석된다(임혜란 2003).

하여 금융감독업무는 중복, 정책혼선, 책임 소재 불분명, 감독부정 등의 문제를 끊임없이 야기했다. 2004년 정부혁신위가 금융감독체계 개편 방안을 내놓았지만 이 역시 많은 논란을 가져왔다. 특히 금감위 사무국을 폐쇄하지 못했다는 점에서 관치금융의 가능성을 뿌리뽑지 못했다는 비판이 제기되었다. 또한 금감위-금감원 간의 역할분담 방안에 대한 자료를 보면 금감위의 사무국을 "금감위"로 호칭하고 진정한 금감위는 "위원회"로 따로 호칭함으로써 금감위와 금감원의 실제적 권한을 약화시켰다(전성인 2004). 즉 금감위 사무국은 감독업무를 실질적으로 총괄하는 금융감독기구로 변화되었다.

이 체제는 2008년 금융위원회로 개편된다. 금융감독위원회의 감독정책기능과 (구)재정경제부 금융정책기능(공적자금관리위원회, 금융정보분석원 포함)을 통합하고 금융위원장과 금감원장의 겸임을 금지하여 정책기능과 집행기능을 분리하기로 결정한다. 금융위원회 소속으로 금융정보분석원을 두며, 금융위원회의 사무를 처리하기 위하여 사무처를 설치한다. 따라서 2018년 현재 국제금융기능은 기획재정부가, 국내금융과 금융감독은 금융위원회가, 그리고 감독집행과 금융소비자보호처는 금융감독원이 관리하는 체제이다.

그러나 금융감독체제는 현재까지도 지속적인 개혁대상으로 지목되고 있다. 저축은행사태 및 구조조정 이슈들이 불거지면서 금융위원회의 금융산업 진흥정책과 금융회사 감독기능을 분리하는 방안으로 논의하고 있는 중이다. 금융위원회가 산업정책과 감독정책을 동시에 수행하다 보니 감독에 소홀할 수밖에 없다는 지적이 나온 것이다. 금융개혁을 둘러싼 논쟁에서 알 수 있는 것은 금융감독개편에 대한 공무원, 기획재정부의 관치금융 확대를 위한 노력과 영향력이 지속되고 있다는 점이다. 기획재정부가 국내금융과 국제금융을 모두 끌어안게 될 경우 공룡부처가 될 가능성이 크다는 점을 시민단체에서 지적하고 있다.[19] 금융위원회의 사무처가 비대해지면서 금융감독기구가 3층 구조가 됐다는 지적도 있다. 김상조 교수는 "금감위 사무국은 위원회로서 행정을 보조하는 기능을 맡아 인원수가 19명에 불과했지만 MB정부 인수위 때 벌써 90명 늘었고, 2016년 현재는 금융위원회 사무처가 커져 200명이 되었다"고 비판한 바 있다.[20] 비대화된 사무처는 관치금융의 연속성과 무관하지 않으며 결국 발전국가의 제도적 유산이 기존 관료집단의 이해와 권력이라는 속성에 의해 유지되고 있다고 보아야 한다.

혹자는 발전국가가 해체되고 신자유주의국가가 등장했다는 주장을 한다. 이러한 시각은 국가개입의 여부를 기준으로 발전국가 또는 신자유주의국가를 구분하는 것이 아니라 국가가 어떤 내용을 갖고 국가개입을 하는지 구체적으로 보아야 한다는 입장이다. 김대중 정부는 경제성장을 추구하고 자본자유화, 금융화, 개방화, 노동유연성을 더욱 강하게 추구함으로써 신자유주의 정치의 틀을 견고하게 다졌다. 즉 신자유주의는 탈규제, 개방, 노동유연화에 초점을 둔 또 다른 국가개입의 방식이라는 것이다. 문돈과 정진영은 위기 후 한국 발전체제의 성격은 신자유주의체제라 주장한다. 무역과 투자자유화와 대외개방, 시장에서 재벌/외국자본의 주도성 강화, 규제완화와 민영화, 구조조정의 실시와 노동시장의 유연화 등 전체적인 방향에서 신자유주의적 경로로 신속하게 전환해 왔다는 것이다(문돈·정진영 2014, 156).

19 김상조 교수(당시 경제개혁연대 소장)는 기재부가 국내금융을 가져갈 경우, 기재부는 정책기획, 예산조세, 금융정책기능 등 세계 어느 나라에서도 찾아볼 수 없는 공룡기구가 된다며 우려의 목소리를 낸 바 있다.「야당 준비하는 금융위-금융원 감독개편 방안은?」, 〈뉴스핌〉 2016. 8. 15.

20 3층 구조라는 것은 꼭대기에 위원회가 있고 사무처 그리고 금감원이 있는 구조, 즉 감독기능을 사무처도 하고 금감원도 한다는 의미이다.「야당 준비하는 금융위-금융원 감독개편 방안은?」, 〈뉴스핌〉 2016. 8. 15.

이를 두고 '규제국가형 발전모델'로 규정하는 주장도 있다. 물론 이러한 규제국가형 발전모델은 서구에서 발전된 규제국가론을 직수입하거나 그와 같은 것은 아니라고 강조한다. 유럽의 복지국가나 미국의 케인스주의적 개입국가 단계를 거치면서 진행된 규제적 모델을 한국과 동일시할 수는 없다. 발전모델은 발전국가의 유산으로서 비효율적 국가개입이 지속되어 왔던 정책영역, 예를 들어 산업정책, 외환정책, 화폐정책, 경제성장정책에서는 국가개입을 제한하는 한편, 경제민주화, 복지정책, 노동정책과 같은 다른 영역에서는 더 적극적인 국가역할을 요구하는 방향으로 균형을 잡아야 한다.

유사한 주장으로 발전국가가 규제국가로 이행했다는 논의가 있다. 규제국가란 특정산업을 육성하기 위한 산업정책, 국가에 의한 직접적 고용창출 및 보편적 복지제공과 같은 복지정책은 사용하지 않지만 시장의 공정성을 보장하기 위해 시장과 시장행위자들에게 일정한 제약을 가하는 국가를 의미한다. 자유방임으로 일관하는 것이 아니라 시장의 투명하고 공정한 경쟁을 위해 매우 정교하고 발전된 규제장치를 고안하고 운영한다고 정의된다. 이런 점에서 규제국가는 재규제의 산물로 인식되며 국가역할의 축소라기보다 국가역할의 변화로 인식된다(이연호 외 2002). 정부의 규제개혁은 탈규제의 내용을 의미하기보다는 재규제의 전략을 통해 규제국가로 이행하는 과정이라는 것이다. 시장의 공정경쟁을 확보하고 규칙을 만들기 위해 공정거래위원회의 역할을 강화하거나 금융감독위원회를 통합하여 강력한 기구로 일원화하는 등의 조처가 재규제의 사례라고 할 수 있다(김정해 2005, 347).

이연호 외(2002)는 한국을 발전국가에서 규제국가로 전환되는 이행기에 있다고 보고, 이를 발전국가적 규제국가라고 명명했다. 발전국가적 규제국가는 시장운영의 주도권이 시장보다는 국가에게 있으며, 전략산업의 육성을 위한 정부개입을 그 특징으로 한다. 이에 따라 공정거래제도, 경제적 집중억제 등 대기업 관련 규제정책과 시장감독체계가 엄격해지는 한편, 중소기업과 관련된 분야는 직접적인 산입육성 정책이 지속되고 있다(김정해 2005).

발전국가라는 개념은 동아시아 후발개도국이 후진성의 이점을 이용함으로써 환경변화에 적절히 대응할 수 있는 국내적 역량의 차원에서도 이해할 수 있다. 발전국가는 위기를 맞이한 이후 새로운 환경에서의 개혁이 가능해야 지속될 수 있다. 1997년 외환위기 이후 과거의 비효율적 구조를 개혁을 통해 변화시킬 필요가 있었기 때문에 한국 정부는 금융영역에서의 과감한 인수합병, 기업경영 투명성 증대를 위한 노력을 시도했다.

위기 이후 한국 정부가 과연 '작은 정부'로 이행했는지 확인해 보기 위해 정부의 재정지출 비율을 살펴보자. 우리나라 정부의 재정지출이 GDP에서 차지하는 비율은 2006년 27.6%로, 35-50% 수준의 다른 OECD 국가들과 비교할 때 작은 정부로 규정될 수 있다. 2013년 비중은 31.5%로 OECD 평균 42.1% 보다 10.6% 낮다(OECD 각년호). 2014년 이전까지 OECD 내에서 한국은 가장 낮은 재정지출 비율을 보이고 있음에도 정부 규모에 대한 논쟁은 지속되었다. 가령 한국 정부의 규모가 작은 이유로 정부산하기관이 포함되지 않는다는 문제가 지적된다(옥동석 2006). 우리나라보다 GDP 대비 재정지출이 큰 나라들은 스웨덴, 덴마크, 핀란드와 같은 유럽의 복지국가이며, 미국과 같이 복지모델을 채택하지 않은 나라들은 한국보다 오히려 재정지출이 낮다. 국가별 정부지출을 비교함에 있어 개별 국가의 소득수준을 감안해야 한다는 주장도 있다(이동원 2007. 김준기 2007, 2에서 재인용).

예컨대 한국의 2004년 재정지출 규모는 GDP 대비 31.5%로 OECD 국가 중 최저 수준이나, 1인당 국민소득을 고려할 때 미국의 1972년(32.6%), 일본의 1987년(32.2%) 소득수준과 비슷한 수준이다. 정부 규모에 재정지출과 더불어 규제수준을 포함해야 한다는 논의도 있다. 김준기는 정부규모를 파악하기 위해 정부규제에 더하여 전통적 정부규모의 측정에서 누락된 공기업의 규모, 간접적인 정부의 조세지출, 대출보증을 포함해야 한다고 봤다. 1997년 외환위기 이후 정부역할의 변화를 살펴본 그는 정부의 기능과 역할증대가 정부의 직접적·간접적 정책수단의 활용을 증대시키고 있다고 강조했다(김준기 2007). 예컨대 2002년에서 2006년 사이 직접적인 정책수단인 정부소비는 38% 증가, 경제적 규제는 5% 증가, 공기업 정원은 12% 증가했다. 정부의 직접대출 자원인 사업성 기금의 규모는 13% 감소했음에도 불구하고, 정부의 정책자금의 중요한 축인 중소기업진흥공단 대출은 2002년에서 2005년 사이 90% 증가했다. 간접적 정책수단인 계약(200%), 보조금(26%), 대출보증(12.4%), 조세지출(21%), 사용료(32%), 공적보험(4대보험 보험료 평균 55.9% 증가), 바우처(2005-2006년 75% 증가) 등도 증가했다(김준기 2007, 23). OECD 국가와 비교해 보면 한국의 재정지출 비율은 가장 낮지만, 앞서 논의한 바대로 공기업의 규모, 규제, 정부의 조세지출 등을 고려하면 오히려 정부 역할은 지속적으로 증대해왔다고도 볼 수 있다.

그런 점에서 외환위기 이후 개혁과정의 변화 속에서도 동아시아 발전국가 내 발전국가적 유산이 건재하다고 볼 수도 있다. 박영수(Park 2011)는 금융개혁과 기업개혁의 속도와 방향이 정부에 의해 결정되고 주도된다는 점에서 발전국가모델의 건재를 강조한다. 류석춘과 왕혜숙(2007) 역시 위기상황에서 나타난 정부의 금융지배 및 공적 자금의 금융권 투입과 금융권에 의한 기업종속 등은 과거 발전국가와 유사하다고 주장한다. 임혜란(2010)은 제조업, 정보산업, 금융부문에서 상이한 방식으로 진행된 개혁을 검토하면서, 각 분야별 개혁과정에서 여전히 발전국가의 유산이 반영되어 있다고 주장한다. 동아시아 외환위기 이후 한국의 금융개혁과정을 통해 한국의 발전국가적 제도적 유산이 지속되었음을 알 수 있다(임혜란·이하나 2009). 임혜란과 이하나(2009)는 민주화와 세계화 이후 외환위기를 겪으면서 상당한 권한을 잃은 부처 및 관료들이 위기를 기회로 삼아 새로운 개혁의제를 제시함으로써 개혁의 주도권을 장악하고 이를 자신들의 권력확대를 위한 기반으로 활용했다고 주장했다. 즉 위기 이후 한국이 신자유주의적 규범 및 원리를 받아들일 것으로 예상되었지만, 현실은 발전국가적 속성을 유지했다고 보는 것이다. 발전국가의 유산이란 그런 점에서 기득권 이해집단의 네트워크의 유지와 제도적 속성에 의해 정의될 수 있다.

동아시아 발전국가는 1997년 외환위기를 거쳐 대대적 개혁과제를 추진하게 된다. 한국은 기업, 금융, 노동, 공공부문에서의 개혁을 실시했으며 신자유주의적 개혁방향으로 움직였다. 이러한 개혁의 성공 여부는 이 책의 논의 범위를 벗어난다. 많은 학자들은 이러한 한국 발전국가의 변화를 두고 발전국가의 유산이 지속되고 있다, 신자유주의 국가로 이행했다, 규제적 발전국가의 전환기에 있다 등 다양한 논쟁을 지속해 왔다.

역사제도주의적 시각은 제도적 속성이 급격한 변화를 어렵게 하며 제도가 왜 유지되는지를 이론적으로 설명한다. 한국 발전모델을 제도의 관점에서 볼 때 조정시장경제 유형에 속한다고 볼 수는 없다. 홀과 소스키스의 '자본주의의 다양성' 시각에 의하면 조정시장경제는 이해당사자 자본주의모델로 독일이 대표적인 경우라 할 수 있다. '자본주의의 다양성' 논의에 맞추어 한국을 유형화해 본다면, 한국은 홀과 소스키스(Hall and Soskice 2001)가 제기한 LME(자유시장경제)와 CME(조정시장경제)의 유형보다는 SME(국가주도 시장경제)의 범주에 속한다. 즉 국가주도적 시장경제 유형이 발전국가의 제도적 유산일 수 있다. 한국이 외환위기를 맞이한 이후 신자유주의적 개혁의 드라이브를 걸었지만, 한국의 국가주도 시장경제라는 제도는 한순간의 개혁을 통해 질적으로 완전히 변화하기는 어렵다. 또한 한국의 변화과정을 보면 위기 이후 금융부문에서 신자유주의적 방향으로의 대대적 개혁이 이루어지기도 했지만 기업을 포함한 다른 부문에서의 개혁과정은 많은 어려움에 봉착하기도 했다. 특히 발전국가모델에서 이익을 본 기득권계층 집단 사이의 연계와 네트워크가 위기 이후 다소 붕괴되기도 했으나 권력을 갖고 있는 집단은 지속적 개혁을 어렵게 하는 힘을 갖고 있다. 이러한 이유로 개혁과정에서 발전국가의 제도와 이해집단의 속성이 지속되는 경향을 보이고 있는 것이다.

결론적으로, 한국의 개혁방향은 신자유주의적일 수 있으나 개혁의 주도세력과 패턴은 발전국가적 유산을 지속한다고 보는 주장이 보다 설득력 있는 설명이다. 발전국가냐 신자유주의국가냐의 판단보다는 그 내부적인 정치경제적 동학을 살펴보는 것이 더 중요하다. 이러한 속성이 대내외적 환경변화에 따라 국가가 적절한 대응을 할 수 있는 능력을 결정하기 때문이다.

제4장

새로운 패권경쟁과 국제정치질서의 변화

21세기 환경변화를 인지하기 위해서는 먼저 국제정치의 본질인 패권질서에 대해 논의해 볼 필요가 있다. 개별 국가의 발전과 저발전은 필연적으로 국제정치경제의 구조에 의해 영향을 받는다. 국제정치의 패권질서의 특징이 무엇인지, 패권은 존재하는지, 그리고 패권질서에 변화가 나타나고 있는지 등의 구조변화가 우선적으로 중요하다. 패권경쟁과 갈등이 개별 국가의 군사안보 및 경제통상 환경에 많은 영향을 미치기 때문이다. 동아시아 발전국가의 빠른 성장 이면에는 이와 같은 국제정치경제의 질서와 구조라는 체제적 요인이 밑받침되어 있다. 21세기 새로운 환경변화를 이해하기 위해 우선 국제정치와 패권질서의 변화에 대해 논의해 보자.

1. 국제정치의 본질

국제정치경제란 국제정치와 국제경제가 상호작용하는 장이다. 정치경제학이란 정치와 경제를 상호작용하는 것으로 보고 정치의 구현체인 국가와 경제의 구현체인 시장의 상호작용을 연구하는 학문이다. 연구의 수준을 국내정치에서 국제정치로 옮겨 가 보면 국제정치경제학은 국제경제와 국제정치의 상호작용에 대한 연구로 이해 가능하다. 국제정치경제는 결국 국제관계 수준에서의 국가와 시장에 대한 연구라는 점에서 국내정치경제학과 크게 다르지 않다.

그러나 국제정치는 국내정치와 많은 점에서 구분된다. 월츠(Kenneth N. Waltz)는 국내정치와 다른 국제정치의 근본적 구조의 특징으로 무정부성(anarchy)을 강조한다. 월츠는 국내와 국제정치의 차이를 질서원리, 구조를 구성하고 있는 기본 단위의 특성, 그리고 역량의 분배 차원에서 살펴본다. 질서원리의 차원에서 보면, 국내정치는 중앙정부가 존재하는 위계질서를 그 근본적 특성으로 하는 것과 달리, 국제정치는 중앙정부가 없는 무정부적 특성을 보인다. 둘째, 단위의 특성을 보면 국내정치는 기본 단위인 개인이 서로 다른 기능을 발휘함으로써 기능의 분화현상을 보이는 반면, 국제정치는 기본 단위들인 국가가 주권이라는 같은 기능을 발휘하는 '기능적 미분화' 상태에 있다. 셋째, 국내정치에서의 기본 단위인 개인은 기능적 분화와 역량의 정도에 따라 구분되나, 국제정치에서의 단위인 국가는 역량의 차이 및 분배가 곧 단위의 특성을 규정한다. 다시 말해 중앙정부가 없는 국제정치에서의 국가 간 힘과 역량의 불균등한 관계 자체가 구조를 구성하며 개별 국가의 정체성을 규정한다. 월츠의 신현실주의에서 말하는 구조는 개별 국가의 행동과 정책에 결정적 영향을 미친다고 봐야 할 것이다(Waltz 1979). 이와 같은 설명은 구조결정주의라는 비판을 면할 수 없다. 또한 구조는 개별 국가의 구체적 행동양식을 완전히 설명하지 못한다. 그러나 무정부성이라는 국제정치의 근본적 구조는 개별 국가의 기본적 행동과 정체성에 결정적 영향을 미칠 수 있다는 점에서, 국제정치의 이론적 간결성의 발전에 긍정적 기여를 했다고 평가할 수 있다.

최근 국제정치에서 국가 외에도 다양한 행위자인 다국적 기업, 비정부기구 등의 역할이 중요해지고 있다. 세계화로 인해 국가 장벽이 점차 허물어지고 있으며 국가 외의 다양한 행위자가 중요해짐에 따라 자유주의적 시각이 부각됨에도 불구하고, 국제정치는 여전히 중앙정부가 없는 무정부질서가 그 근본적 특성으로 자리하고 있다. 중앙정부가 없다는 구조적 특징으로 인해 '힘'의 정치, '권력'의 정치가 국제정치의 핵심이 된다. 따라서 국제정치는 개별 국가가 자신의 안전을 스스로 지켜야 하는 자력구제(self-help) 시스템을 기본적 특징으로 한다. 개별 국가는 국방의 의무를 다하는 것이 국제관계의 평화를 유지하기 위한 최소한의 의무이다. 무기를 내려놓는 것은 곧 다른 국가로부터의 침략을 유도하는 비도덕적 행위일 수 있다. 중앙정부가 없지만 국가들은 다양한 영역에서 상호작용해 왔다. 국가 간 무역이 세계경제의 부흥을 가져왔으며 무역활성화를 위해 국제통화제도가 발전했고, 국제금융체제가 확대되어 세계는 '지구촌'이 되었다. 국가들은 보다 효율적인 생산체제를 구축하기 위해 일국적 생산에서 글로벌 생산체제로 이행하였다. 국내영역에서 국가와 시장이 서로 상호작용하는 관계에 있듯이, 국제영역에서도 무정부상태인 국제정치와 국가 간 경제적 교류를 증대하는 국제경제는 부단히 상호작용한다. 세계정부가 없으나 국제관계에서도 국가들 간의 경제교류를 위한 공공재 공급이 요구되었으며, 무정부질서가 그 특징인 국제정치는 패권국이 나름의 역할을 하며 국제질서를 이끌어 왔다.

패권안정이론은 국제관계이론에서 주목할 만한 주장과 이론을 제시한 바 있으며 20세기의 국제질서를 경험적 근거를 통해 설명해 왔다. 패권안정이론은 패권과 자유주의질서의 연관성을 역사적 증거를 통해 설명하고 있으며 공공재이론에 기반을 두고 있다. 패권국가는 국제사회가 필요로 하는 다양한 공공재를 제공한다. 공공재는 사유재와 달리 시장에서 자발적으로 제공되기 어렵다. 킨들버거는 19세기 중반과 20세기 중반 안정적인 자유무역질서가 유지될 수 있었던 요인으로 영국과 미국이라는 패권국의 존재를 지적했다(Kindleberger 1973; 1981).[1] 패권안정이론은 패권국가의 존재가 체세 내의 모든 국가들에 바람직한 공공재를 제공한다고 전제한다. 그러나 패권안정이론의 기본 전제인 패권의 공공재 제공과 자유무역질서와의 연계는 비판의 여지가 많다. 패권국가가 자유무역질서와 같은 공공재를 제공하는 것은 자국의 이익을 추구한다는 이기적 동기 때문일 가능성이 높다. 또한 패권국가는 다른 국가로 하여금 자신이 제공하는 공공재를 무임승차하도록 방치할 수도 있으나, 이와 달리 공공재 제공에 소요되는 비용을 강제로 부과할 수도 있다. 이를 근거로 패권국가를 자애적 패권국가와 착취적 패권국가로 나누어 볼 수도 있으며, 현실적으로 패권국가는 이기적 동기에 의한 그리고 착취적 패권국가의 모습인 경우가 많다. 또한 중상주의적 관점에서 자유무역은 공공재가 아니라는 비판의 여지가 있고, 공공재의 개념 자체는 패권국가의 이익에 의해 정의될 가능성이 많다는 점에서 모호하고 추상적일 수 있다.[2] 그런 점에서 한 국가에 의한 패권지배가 필연적으로 필요하다는 주장은 비판의 여지가 있다. 동시에 많은 국가들 간의 협력과 협상에 의해 공공재가 제공될 수도 있으며 국제사회의 문제도 해결할 수 있다는 논의도 설득력이 없지 않다. 그럼에도 불구하고, 20세기와 21세기 국제정치의 현실은 패권국의 존재 그리고 패권갈등이 보다 보편적 현상으로 지속되어 왔다. 국제정치의 현실을 이해하기 위해 다양한 관점에서 접근할 수 있겠으나, 우선

1 그는 20세기 초반 중상주의에 입각한 각국의 보호무역정책으로 세계경제가 공황에 빠진 것 역시 패권의 부재에 기인한 것임을 강조한다.

2 예를 들어 핵무기 확산방지는 국제사회의 평화와 안정성을 위한 공공재일 수 있으나, 핵무기를 보유하고 있는 국가가 이미 여럿이기 때문에 핵무기 비보유국의 입장에선 이러한 논리가 다소 설득력이 떨어질 수 있다(김욱 2000, 36).

현실주의적 관점에서 패권정치와 패권갈등을 살펴볼 필요가 있다.

2. 패권질서의 도전과 충돌

20세기 국제정치경제 질서는 영국의 패권에서 미국의 패권으로 변화되는 특성을 보였다. 제1차 세계대전을 기점으로 영국의 패권이 쇠퇴하기 시작했고 전간기에는 영국이 패권의 의지를 보였지만 역량이 부족해 패권의 역할을 다하지 못했다. 미국은 그 역량을 갖게 되었으나 고립주의적 외교정책 이념으로 인해 그 의지를 갖추지 못했다. 이렇게 패권이 존재하지 않던 전간기는 무질서와 갈등의 시기였다. 제2차 세계대전이 끝난 직후 세계는 드디어 미국 패권의 시기로 접어들었다. 미국은 브레턴우즈 체제를 필두로 세계무역과 통화질서를 구축함으로써 패권국으로서의 역할을 수행했다. 1980년대 일본의 부흥과 신흥공업국의 성장으로 미국은 상대적 힘의 하락 현상을 보였으나 세계화와 정보기술의 발전과 더불어 패권을 지속할 수 있었다.

이러한 미국 단일의 패권질서는 중국이 부상하면서 새로운 도전을 맞이하게 되었다. 21세기로 접어들며 아시아는 세계경제성장의 중심축이 되었으며, 기존의 서구 중심에서 비서구로, 영미유럽에서 아시아로 그 축이 이동하고 있음은 주지의 사실이다. 중국 경제에 대한 주요 장기전망에 따르면 중국 경제는 구매력 기준 2014년 이미 세계 1위이고, 시장환율 기준으로도 2020년대에 미국을 추월할 것으로 전망하고 있다(그림 3 참조).[3]

3 장기전망은 기관에 따라 조금씩 다르게 나타나지만, 최근 자료일수록 중국이 미국을 추월하는 시기에 대한 전망이 빨라지고 있다. 2014년 중국 경제

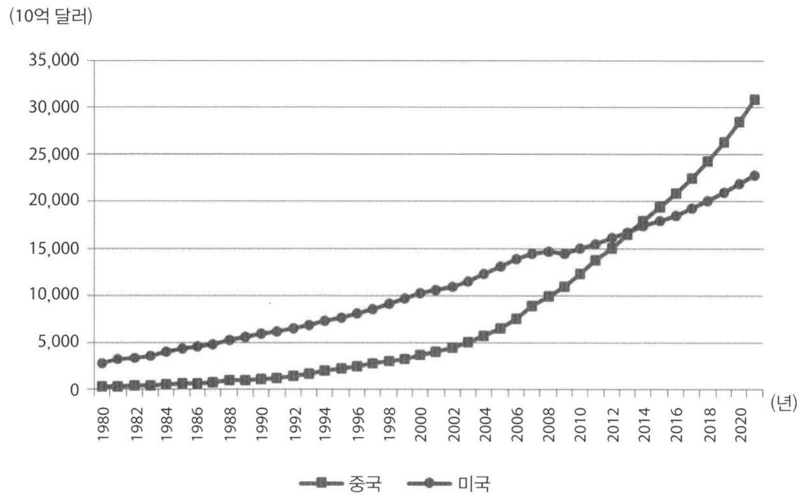

〈그림 3〉 IMF 장기 경제전망(GDP: 구매력 기준)

출처: IMF, World Economic Outlook Databases.

중국이 경제적으로 부상하면서 중국이 미국 중심의 국제정치질서에 도전할 것이라는 우려와 예측이 점차 증대하기 시작했다. 2008년 금융위기를 맞이하기 직전까지만 해도 미국의 외교정책은 중국의 평화적 굴기, 미중 간의 공생, 중국이 부여하는 위기와 도전이라는 균형적 측면에 초점을 두고 있었다. 미국의 대중정책은 사실 강경과 협력이라는 양축을 오갔다. 2005년 9월 로버트 졸릭(Robert B. Zoellick) 당시 국무부 부부장(차관)이 '중국은 미국의 책임 있는 이해당사자(stakeholder)'로 양국 관계를 정의한 이후 조지 W. 부시(George W. Bush)

세계 1위(구매력 기준: 세계은행 2014 보고서), 2016년 미국 추월(구매력 기준: IMF 2011 보고서), 2020년 미국 추월(시장환율 기준: 칭화대 국정연구소 2011 보고서), 2027년 미국 추월(시장환율 기준: 골드만 삭스 2008년 보고서).

1기 행정부가 펼쳤던 대중 강경책은 폐기된 바 있다.[4] 이러한 정책적 변화 배경에는 미국 경제의 자신감이 반영되어 있었다. 2004년 미국의 GDP는 11조 7,343억 달러로 중국 1조 6,537억 달러의 7.1배에 달했다.

그러나 2008년 미국이 금융위기를 맞이한 이후 국제정치질서의 축이 급격히 흔들리기 시작했다. 위기 이후 미국 패권의 지위는 하락하기 시작했다. 중국 역시 핵심이익의 범위를 확대하면서 기존과는 다른 다소 공격적이며 강력한 정책을 지향하게 되었다. 2016년 대선을 앞두고 차기 행정부 입각을 노리던 미국의 워싱턴 싱크탱크 중심으로 대중정책 전환의 필요성이 다시금 힘을 얻은 바 있다. 2014년 중국의 GDP는 구매력 기준으로 미국을 넘어섰으며 일본의 GDP는 중국의 절반에도 훨씬 못 미치게 되었다. 미국 외교관계위원회(CFR)의 로버트 블랙윌과 카네기 국제평화연구소의 애슐리 텔리스는 2015년 3월「미국의 대중 대전략 수정」이라는 정책보고서에서 중국은 이미 미국의 핵심 라이벌이며 중국의 굴기를 억제하고 방해하는 것을 미국 정책 목표로 삼아야 한다고 주장했다. 이를 위해 미국의 경제활성화, 군비 확대, 아시아-태평양 동맹국과의 경제무역 관계 확대, 중국의 선진무기 및 주요 군사기술 획득 저지 등을 구체적인 정책으로 제시하고 있다. 더 나아가 전략예산평가센터(CSBA) 소장은『포린어페어스(*Foreign Affairs*)』에 미국과 동맹국이 중국 해군이 태평양으로 나아가려는 충동을 막기 위해 미사일 등을 통한 억제정책을 펴야 한다고 강조하는 글을 실었다(Blackwill and Tellis 2015; Klepinevich 2015).

미중 협력을 방해하는 세 가지 요소가 있다. 첫째, 제도, 문화, 역사의 차이가 그것이다. 둘째, 미중 간에는 핵심이익에 대한 인식이 충

4 졸릭은 2005년 9월 뉴욕 미중 관계위원회 연설에서 중국을 '책임 있는 이해당사자'로 규정하면서 미중 간 협력의 필요성을 강조한 바 있다.

돌한다. 많은 중국인들은 미국이 대만, 남중국해, 댜오위다오/센가쿠 열도에 대해 중립입장을 견지한다고 믿지 않는다. 셋째, 미국의 전략 조정과 중국의 전략기회가 상충하고 상호불신이 증가한다. 미국의 재균형전략은 사실 중국을 겨냥한 것으로 판단된다. 미국은 중국을 '부상하는 강대국(rising power)'으로 보며 따라서 그에 상응하는 국제적 책임의 역할을 수행할 것을 요구한다. 그러나 중국은 자신을 '정상화하는 국가(return to normalities)'라고 주장한다. 미국은 아직까지 이처럼 큰 규모의, 자신감 있는, 경제력을 갖춘 대국, 그러나 서로 다른 문화와 정치체제의 상대국과 공존한 경험이 없다. 아시아에서 큰 영향력을 가진 국가로서 중국 역시 이웃들과 동맹을 맺고 있으며 자국의 개념과 비전과는 다른 보편적 비전(universal vision)의 소유자인 대국과 어떻게 지내야 하는지에 대한 경험이 없다. 이러한 점이 미중 관계의 어려움을 잘 반영한다. 아시아 국가들은 미국을 아시아 내의 균형자 역할을 할 존재로서 원하지, 중국과 대립하는 구원군으로 원하는 것은 아니다. 중국의 부상은 군사적 힘의 증가에 기인한 것이 아니라 사실상 미국의 자체적인 경쟁력 약화, 예를 들면 노후화된 인프라(infrastructure), R&D에 대한 간과, 비효율적인 정치과정 등에 기인한 것이다. 따라서 중국을 괜히 패권도전국으로 비난할 것이 아니라는 견해도 있다. 중국의 GDP가 미국과 같아지더라도 미국의 4배나 되는 인구와 국내개혁의 문제 등 국내문제가 남아 있는 이상, 중국의 에너지는 이를 해결하는 데 집중될 것이다. 그러나 이러한 해석에도 불구하고 중국과 미국은 다양한 영역에서 충돌하고 있다.

3. 중국의 외교정책과 미중 관계의 변화

1) 중국 외교의 변화과정

중국 외교의 대표적 전략은 구동존이(求同存異: 같은 것을 추구하되 다름은 남겨둔다)이다. 이는 저우언라이가 아프리카 지역과의 협력을 위해 제시한 전략으로 실용적 외교정책의 기본이라 할 수 있다. 구동화이(求同化異: 공통의 이익을 추구하고 이견이 있는 부분까지 공감대를 확대한다) 역시 중국의 실용외교를 잘 반영하는 사조라 할 수 있다. 다음은 시대별 중국 외교의 변화를 설명한 것이다.

- 불칭패(不稱覇): 패권을 칭하지 마라. 1950년대 마오쩌둥의 교시는 당시 미소의 틈바구니에서 살아남기 위한 중국 외교의 생존전략이었다. '심알동 광적량 불칭패(深挖洞 廣積糧 不稱覇)', 즉 굴을 깊게 파고, 식량을 비축하며, 패권자라 칭하지 말라는 의미이다.
- 도광양회(韜光養晦): 1980년대 덩샤오핑은 '빛을 감춰 밖으로 새지 않도록 하면서 은밀하게 힘을 기른다'는 외교전략을 폈다. 이는 경제 성장을 위해 불필요한 대외 마찰은 줄여야겠다는 현실론에 입각한 것이다. 덩은 향후 100년간 이 기조를 유지하라고 지시했다.
- 유소작위(有所作爲): 1990년대 중국은 의미 있는 '노(no)'를 외치기 시작했다. 또한 '책임대국론'이 제기됐다. 1997년 장쩌민 국가주석(1989-2002)은 대국으로서 책임 있는 자세를 보이겠다고 선언했다. 덩의 오래된 도광양회 기저에서 벗어나 유소작위, 즉 '해야 할 일은 나서서 이루어 낸다'는 방향으로의 전환을 의미한다.
- 화평굴기(和平崛起), 돌돌핍인(咄咄逼人): 후진타오 국가주석(2002-2012)은 평화로운 굴기를 외치다가 거침없이 상대를 압박한다는 이

말을 남겼다.

- 수농작위(主動作爲): 시진핑 국가수석(2012-)의 '제 할일을 수도적으로 한다'는 기조이다.

시기별로 중국 대외정책의 사조를 살펴보면 보다 주도적이며 능동적 자세로의 변화를 잘 반영하고 있다.

시진핑 시대 이후 중국의 외교정책은 공세적 성향을 노정했는데, 그럼으로써 다른 국가와의 갈등이 초래되고 따라서 국익이 증진되기보다 외교적 고립이라는 결과를 초래했다(김재철 2012). 또는 중국은 기존 국제질서에는 도전하지 않았다고 평가되기도 한다. 사실 중국은 이중적이고 모순적인 정체성을 갖는데, 부국인가 빈국인가, 선진국인가 개도국인가의 정체성 형성과정에 있다는 것이다. 중국 자신이 변화 중에 있기 때문에 미국이 중국의 장기 목표가 무엇인지 알 수 없어 신형대국관계 형성이 어렵다고도 한다.

조영남(2013a)은 중국이 '핵심이익'을 해석하는 방식이 달라지고 있다고 강조한다. 조영남은 2012년 11월 개최된 중국 공산당 제18차 당대회의 정치보고에 제시된 중국의 외교정책을 다음과 같이 설명한다. 국제관계의 세 가지 정신은 평등과 상호신뢰, 포용과 상호 본받기, 협력과 공동승리의 정신이다. 이러한 기치하에 중국은 평화발전의 길을 가며, 독립자주의 평화외교정책을 추진한다. 국가주권, 안전, 발전이익을 수호하고 어떤 외부 압력에도 굴복하지 않는다. 중국은 패권주의와 강권정치에 반대하고, 타국의 내정에 간섭하지 않으며 영원히 패권을 추구하지도 확장하지도 않을 것이다.

1953년 12월 저우언라이가 발표한 신평화공존 5원칙에 따르면 첫째, 선진 강대국과는 협력영역을 확대하고 차이를 타당하게 처리하며, 장기적으로 안정적이고 건강하게 발전하는 신형대국관계를 건립한다.

둘째, 주변국과는 이웃을 잘 대하고 이웃을 동반자로 삼는다는 방침 아래 선린우호를 공고히 하며 상호이익의 협력을 심화하고, 중국의 발전이 주변국에 혜택이 되도록 한다. 셋째, 개도국과의 협력을 강화하고, 국제사무에서 개도국의 대표성과 발언권이 확대되도록 하며 개도국의 영원한 친구이자 동반자가 될 것이다. 넷째, 지역 및 국제다자기구와 제도에도 적극 참여하고, 국제질서와 국제체계가 공정하고 합리적인 방향으로 발전하도록 추동하며, 마지막으로 공공외교와 인문교류를 추진하여 해외에서 중국의 합법적인 권익을 유지 및 보호할 것이다.

국방과 군현대화와 관련해서는 강고한 국방, 강대한 군대를 건립하는 현대화 건설을 강조한다. 군의 무기 현대화와 민간의 과학기술 발전을 공동으로 추진하여 시너지 효과를 극대화한다. 국방건설의 목적은 중국의 국가주권, 안전, 영토안정을 유지 및 보호하고 국가의 평화발전을 보장하는 것임을 천명했다. 이전과 크게 다르지 않음을 알 수 있다. 대만과의 관계도 이전과 유사하다. '하나의 중국' 원칙을 견지하며 어떤 대만독립의 입장에도 반대한다. 하나의 중국을 인정하는 어떠한 대만의 정당과도 교류하고 대화하고 협력한다.

그러나 시진핑 시기의 외교정책에 있어 몇 가지 주목할 점이 있다. 첫째, 핵심이익을 재규정하고 있다. 핵심이익이란 사활적 이익(vital interest)을 의미한다. 주권과 영토가 여기 속한다. 2010년을 기점으로 이러한 중국의 핵심이익은 계속 확장되었다. 기존의 핵심이익은 대만, 티베트, 신장을 포함했는데 이제는 남중국해와 동중국해도 포함하며, 2010년 이후 중국은 영토 및 해양분쟁과 관련해 강경한 태도를 보이고 있다. 2009년 중국이 남중국해 지역에서 해양순찰을 강화한 것도 그 증거이다. 중국은 2011년 핵심이익으로 주권, 안전, 영토안정, 국가통일, 헌법이 확립한 정치제도와 사회 전체의 안정, 경제사회의 지속 가능한 발전의 보장임을 강조했다. 즉 주권, 안전, 영토와 같은 사활적 이익 외에도 '통일, 안정, 발전'을 핵심이익에 포함하는 것으로 봤다. 핵심이익을 이처럼 모호하게 표현함으로써 예컨대 발전 혹은 평화발전에는 경제성장뿐만 아니라 국제사회에서 중국의 발언권 확대 등을 포함시킬 수 있다. 중국은 의도적으로 핵심이익을 모호하게 표현하여 자국행위의 정당성을 주장한다. 남중국해의 어디까지가 중국 영토인가를 분명하게 밝히지 않음으로써 상황에 따라 융통성 있게 행동하는 동시에 체면도 살린다는 것이다(조영남 2013a).

2008년 금융위기 이후 중국은 공세적·공격적 외교를 추진하기 시작했다. 미중 간 세력균형이 변화하면서 중국이 핵심이익을 확장하기 시작한 것이다. 2013년 공산당 중앙정치국 제3차 집단학습에서 시진핑은 평화발전의 길을 간다고 강조했지만 두 가지 사실이 중요하다. 첫째, 평화발전의 길은 중국의 변함없는 외교방침이다. 둘째, 중국은 정당한 권익을 결코 방기하지 않을 것이고, 국가의 핵심이익을 결코 희생시키지 않을 것이다. 시진핑은 국가주권, 안전, 발전을 중국의 핵심이익으로 명시했다. 중국의 핵심이익을 희생하지 않을 것이라는 점이 새로운 강조점이다. 즉 시진핑 시대 중국이 남중국해와 동중국해의 영토분쟁에서 후진타오 시대보다 더욱 강경한 입장을 취할 것이라는 점, 중국의 주권을 침해하고 있는 국가와 이를 조장하는 미국은 중국의 한계선을 반드시 직시해야 한다는 점을 의미한다.

둘째, 시진핑과 푸틴(Vladimir Putin)은 신형대국관계를 수립했다. 공정하고, 민주적이며, 조화로운 세계질서를 수립하고 국제관계의 민주화를 추동하여 각종 형식의 패권주의와 강권주의를 반대한다는 것이다. 원래 신형대국관계는 2009년 하반기부터 시작된 미국과 중국 간의 특정한 갈등양상을 배경으로 미국을 주요 대상국으로 하여 제기된 새로운 개념이다.

미중 관계에 크게 영향을 미친 사건은 2008년 경제위기였다. 경제위기가 심화되면서 미국의 지도력에 상당한 의문이 제기된 것이었다. 경제위기로 인해 미국 경제체제의 도덕적 해이 현상이 지적되고 미국식 자본주의체제에 문제가 제기되면서 중국의 상대적 위상이 높아진 것이 사실이다. G2 체제담론이 제기되고 경제적으로 크게 성장한 중국 모델이 대안으로 논의되기도 했다. 혹자는 중국이 여전히 공세적이기보다 반응적이라고 주장하기도 한다. 그러나 핵심은 미중 관계가 악화되었고 경쟁이 심화되었다는 사실에 있다. 미중 경쟁이 고조되던 중 양국은 2011년 다시 협력적으로 나아가자는 데 합의한다. 미국이 경제위기로부터 벗어나기 위해서는 중국의 도움이 필요했고 중국 역시 주변국들의 반발과 견제가 형성되면서 미국을 대체할 세력이 되려면 더 많은 노력이 필요하다는 내부반성이 있었다. 2011년 1월 양국은 정상회담을 통해 미중 상호 간의 핵심이익을 인정하기로 합의했다. 미국은 중국의 핵심이익을 존중하고 중국의 부상을 환영하며 중국 역시 미국을 아시아-태평양 세력이라 인정하여 아시아 중시전략을 추인하는 모습을 보인 것이다. 신형대국관계는 결국 미중 간의 경쟁과 협력의 이중관계 속에서 경쟁이 심화되었을 때 양자 모두의 이익이 실현되기 어렵다는 인식을 바탕으로 협력의 가능성을 찾아가는 담론이라 할 수 있다.

셋째, 중국의 해양강국 수립은 생태영역보다 경제 및 군사안보 영역에 더 가깝다. 중국이 동중국해에 방공식별구역을 선포했는데 이는 외교전략이 도광양회에서 주동작위로 바뀌었음을 반영한다.

마지막으로, 군사력 강화의 정당화로 중국의 국제지위에 걸맞고, 국가안전 및 발전 이익에 적당한 국방과 군대를 건설한다는 표현이 등장했다.

결론적으로, 중국 외교행태(behavior)의 변화는 외교정책(policy)의 변화 없이도 일어날 수 있다. 중국 외교정책의 '공식적인 변화'는 일어나지 않았다. 그러나 시진핑 시대의 외교정책에서 주목해야 할 네 가지, 즉 핵심이익이 포괄적으로 규정된 것, 신형대국관계 개념이 강대국 일반에 확대 적용된 것, 해양강국의 수립 방침이 공식화되고 군사력 강화를 정당화하는 새로운 표현법이 등장했다는 점을 고려하면, 중국 외교정책의 변화가 공식적으로 표명된 것이 아니라 미세한 조정이 일어나고 있다고 평가할 수 있다. 시진핑 정부는 사실 외부환경 변화에 대한 적극적인 대응을 하고 있다.

2) 미중 관계의 변화

2009년 1월 등장한 미국 오바마(Barack Obama) 정부는 중국에 우호적이었다. 2008년 경제위기 극복을 위해 중국과의 협력이 필요했고 이란과 북한 핵문제, 유엔 기후변화협약 등 중국과 협력할 수 있으리라고 판단했다. 그래서 2009년 달라이 라마 접견도 거절하고 대만에 대한 무기판매도 유보했다. 그러나 2009년 11월 오바마 대통령의 중국 방문, 12월 코펜하겐 기후변화회의에서 미국과 중국은 새로운 갈등의 국면에 접어들게 되었다. 기후변화회의에서 미국과 중국은 기후협약에 대한 책임과 노력을 회피하였다. 미국은 핵심적 국가들을 중심으로 한 합의 실천을 시작으로 이를 확대하여 보편적 협약을 성립시키는 귀납적 방식을 선호한 반면, 중국은 선진국들의 역사적 책임과 차별화된 책임분담의 원칙을 규칙화하자는 연역적 방식을 선호했다. 기후변화회의 이후 미국과 중국의 경쟁관계가 보다 명확히 드러나게 된 것이다. 2010년 미국은 대만에 무기판매를 결정하고 2월 달라이 라마를 접견했다. 2010년 천안함 사태를 계기로 한반도와 동아시아에 적극 개입할 의사가 있음을 밝혔고 군사훈련도 실천에 옮겼다.

2010년 5월 다이빙궈 국무위원을 힐러리 클린턴(Hillary R. Clinton) 국무장관이 만나면서 남중국해에 대한 미국의 적극 개입의사를 밝혔고 동년 7월 아세안지역안보포럼(ARF)에서도 동일한 입장을 밝혔다. 동년 9월 댜오위다오/센가쿠열도 부근에서 벌어진 중국 어선과 일본 해상보안청 함정 간의 충돌사건에서 미국은 일본에 대한 지지를 분명히 했다. 2010년 G20 서울회의에서 북핵문제를 놓고 오바마와 후진타오가 충돌하여 미중 관계는 긴장을 넘어 일정한 갈등양상을 보였다. 2011년 중국 후진타오 주석의 미국 방문을 계기로 상호존중, 상호이익 및 공동 승리의 협력동반자관계를 건설하자는 신형대국관계의 기본내용이 처음으로 공식 제기된다. 그러나 미중 관계는 개선되지 않았다. 2011년 11월 오바마 대통령의 동아시아 정상회의(EAS) 참석, 호주 다윈기지의 미군 주둔결정 발표, 미국의 TPP 적극 추진 표명이 있었고, 미국은 아시아로의 회귀(return to Asia)에서 아시아-태평양으로의 선회(pivot to Asia-Pacific), 그리고 재균형전략(rebalancing strategy)을 가속화했다. 2013년 미중 정상회담을 통해 드러난 중국의 신형대국관계론은 미국의 아시아 재균형 정책에 대한 고차원적 대응이다. 각자의 핵심이익을 건드리지 않는 가운데 건설적 경쟁을 하고 지역 및 범세계적 영역에서 협력을 하자는 것이다. 중국은 러시아와는 신형대국관계를 유지한 반면, 미국 및 일본과는 여전히 갈등과 긴장의 경쟁관계를 유지했다(전재성 2012; 전재성·주재우 2012).

이 중 안보영역에서의 미중 갈등 징후를 살펴보면 다음과 같다. 2014년 5월 21일, 시진핑 주석은 상하이 선언을 통해 아시아 안보는 아시아인이 지켜야 한다는 담론을 제시했다. 아시아 교류 및 신뢰구축회의(CICA) 기조연설에서 아시아 안보대화 협력의 새로운 틀을 건설하자는 제안을 했다. 아시아에서 미국을 배제하고 중국이 주도하는 아시아 안전보장체제를 구축하기 위한 선언이다. 2014년 5월 20-21일 개최된 CICA는 아시아 지역 국가를 중심으로 한 지역안보협의체 성격을 띤 조직이다.[5] 이 회의에서 러시아의 푸틴 대통령은 상하이를 방문하여 중국과의 협력을 돈독히 하고 왔다. 푸틴은 세 가지 일을 했다. 첫째, 2018년부터 30년간 시베리아산 가스를 중국에 수출하는 4천억 달러 계약에 서명했다. 푸틴은 유럽연합이 우크라이나 사태로 러시아산 가스를 보이콧하는 강수를 두려는 움직임에 선제공격을 한 셈이며, 시진핑은 동-남중국해에서 중국과 영토분쟁 중인 상대국들을 후원하고 일본의 집단자위권을 적극 지지하는 미국 오바마 정부에 일격을 가한 셈이다. 중국은 또한 시베리아에 안정된 가스수입선을 확보함으로써 대도시들의 공기오염문제를 해결하고자 했다. 둘째, 푸틴은 24개 회원국과 12개 옵서버가 참가한 CICA를 시진핑과 함께 미국의 아시아 중시정책에 대항하는 세력으로 확대하겠다는 야망을 드러냈다. 셋째, 푸틴은 시진핑과 함께 남중국해에서 실시되는 중국-러시아 해군 합동훈련의 출정행사에 참석하여 미국의 질서에 두 북방 강대국이 공동 대응한다는 메시지를 전 세계에 발신했다. 즉 동중국해의 댜오위다오/센가쿠열도나 남중국해에서 미국의 후견 아래 있는 나라들과 중국이 무력충돌을 벌일 경우 러시아 블라디보스토크에 기지를 둔 러시아 극동함대가 중국의 든든한 기댈 언덕이 될 것이라는 의미이다. 푸틴은 귀국하자마자 일본과의 쿠릴열도 일부반환협상에서 지금까지의 유연한 입장에서 강경입장으로 선회하여 일본을 긴장시킨 바 있다.

중국의 CICA는 단순한 지역안보협의체가 아니라 유럽안보협력기구(OSCE)처럼 아시아 안보협력기구로 기능하는 것을 목적으로 한다.

5 CICA(Conference on Interaction and Confidence Building Measures in Asia)는 한국, 중국, 러시아, 인도, 카자흐스탄, 파키스탄, 이스라엘, 이집트, 이라크, 터키, 우즈베키스탄, 베트남 등 24개국으로 구성되었다. 1992년 나자르바예프(Nursultan Nazarbayev) 당시 카자흐스탄 대통령이 제안하여 탄생한 것으로 2014년 5월 제4차 상하이 정상회담이 열렸다. 총 24개국 간 대화, 신뢰, 협력강화, 평화·안정·협력을 함께 건설하자는 취지이다.

즉, 동쪽의 한국·베트남·캄보디아·태국, 서쪽의 중앙아시아·터키·이라크·이란·이집트·팔레스타인·요르단·바레인, 동서 양쪽에 걸쳐 있는 러시아를 활용해 자국의 세력권을 확대해 나가겠다는 유라시아 양날개전략을 구상하고 있다.

미국과 중국이 아시아에서의 주도권을 놓고 맞붙었는데 이를 두고 중국의 '일대일로(一帶一路)' 구상과 미국의 '아시아 재균형(re-balance)' 정책의 경쟁이라 부른다. 시진핑 주석이 제시한 일대일로는 과거 세계의 중심이었던 중화의 전성기를 다시 구축하겠다는 구상이다. '일대'는 한나라와 당나라의 번영을 일구었던 동서 교역로인 실크로드, 즉 중앙아시아를 거쳐 터키를 지나 유럽으로 향하는 유라시아 횡단축이다. '일로'는 명나라 전성기인 영락제 시절 정화의 남해 원정로를 의미한다. 남중국해를 지나 말라카 해협을 통과해 인도양, 아프리카로 이어지는 원정기에 지중해를 지나 유럽으로 향하는 축을 의미한다. 중국은 육해상의 두 축을 통해 해당 국가들의 교통 인프라를 연결하고 자유무역지대를 만들어 위안화를 결제수단으로 확산시키는 범중화경제권을 구축하고자 한다.[6]

미국 오바마 대통령은 아시아 재균형 정책을 통해 아시아-태평양을 군사적·경제적으로 묶는 전략을 구상했다. 군사적으로 일본, 한국, 필리핀, 호주와 각각 양자동맹을 맺고, 경제적으로 일본, 호주, 말레이시아, 싱가포르 등 12개국이 TPP를 맺어 자유무역지대를 추진하며 중국과 경쟁하는 인도와 전략적 경제적 파트너십을 선언하여 인도를 지역안보의 제공자로 명시했다. 미국은 TPP를 제안하면서 성장의 한 축인 아시아와의 연계를 강조했고 중국도 참여하라고 제안한 바 있다. 그러나 TPP를 위한 자유화의 정도가 너무 높기 때문에 중국 국내제도

6 「시진핑 띠 vs 오바마 망… 누가 아시아 품을까?」, 『중앙일보』 2015. 3. 31.

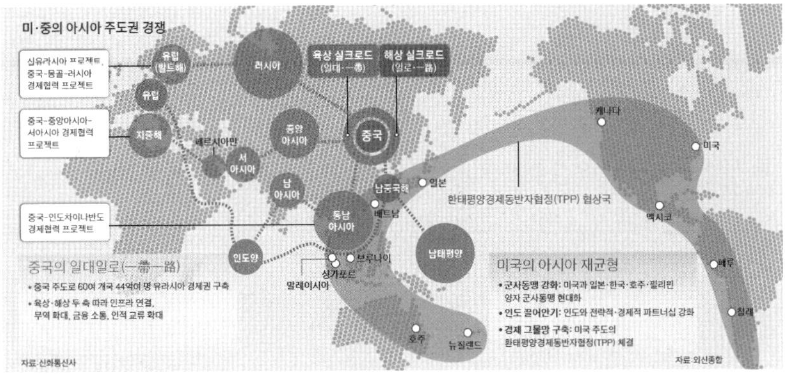

〈그림 4〉 미중의 아시아 주도권 경쟁

출처: 『중앙일보』 2015. 3. 31.

의 변화가 불가피할 것이며 따라서 중국은 TPP를 중국을 고립시키기 위한 정책이라 인식하고 있다. 또한 미국은 고고도미사일 방어체계인 사드(THAAD)의 주한미군 배치를 한국에 요구함으로써 미국의 MD체계 참여 논란을 가져왔다. 미국은 그간 한미일 연합 MD체계구축과 이에 도움을 줄 수 있는 군사정보공유 양해각서 체결 추진을 요구해 왔다. 사드 배치는 중국의 엄청난 반발을 가져왔으며 미중 사이에서 우리나라의 전략적 고충이 커지는 부분이다. 팍스 아메리카나와 팍스 시니카의 충돌이 시작된 것이다(그림 4 참조).[7]

중국은 중국 주도의 지역질서 구축을 위한 노력으로 6자회담,[8] ASEAN+3, 상하이 협력기구(SCO)[9] 등을 시도해 왔다.

7 미중은 경제영역에서도 갈등을 드러내고 있다. 무역부문에서 TPP와 RCEP의 격돌, 투자부문에서 ADB(아시아개발은행)와 AIIB(아시아인프라투자은행) 대결이 그것이다. 이에 대해서는 제5장 '세계화와 국제경제질서의 변화'에서 논의하기로 한다.

8 2003년 한반도 핵문제 해결을 위해 조직한 한반도 주변 6개국 회담이다.

9 중국, 러시아, 우즈베키스탄, 카자흐스탄, 키르기스스탄, 타지키스탄 6개국이 2001년에 만든 국제기구로, NATO를 견제하기 위한 것이라고 인식된다.

4. 신냉전의 도래

미중 관계가 좀 더 갈등관계로 변화함에 따라 동아시아를 둘러싼 각국의 셈법도 보다 복잡해지고 있다. 그러한 와중에 북한의 지속적인 핵실험 준비, 일본의 집단자위권 추진 표명, 일본인 납치문제 해결을 위한 북일 관계 개선, 중러 밀월관계, 센카쿠를 둘러싼 중일 영토분쟁, 미일 동맹강화 등 한반도를 둘러싼 열강들은 새로운 합종연횡관계를 시도하고 있다. 가장 큰 그림은 패권국으로서 도전적 위협을 인식하고 있는 미국이 중국을 봉쇄하려는 패권갈등이며, 역내에서는 커져 가는 중국의 위상을 받아들이려고 하지 않는 일본과의 갈등 증대, 이를 둘러싼 합종연횡이 진행되고 있다. 중국은 러시아와 북한의 관계를 지속하면서 아시아-태평양 지역에서의 자유무역지대 건설을 통한 경제적 리더십 확보, 중앙아시아를 포함한 아시아 지역에서의 안보체제건설 등 보다 공세적 외교전략을 취하고 있다. 미국은 TPP를 통해 경제적 네트워크를 건설하고자 하며 한미일 동맹, 호주, 인도와의 동맹을 강화하면서 중국을 봉쇄하고 있다. 그러한 상황에서 중국과 미국 사이에서 어떤 균형전략을 펴야 할지, 북한 문제는 어떻게 풀어 갈지 해결해야 할 과제가 한국에 남겨졌다.

러시아의 크림반도 합병 이후 미러 관계 악화, 중국과 러시아의 밀월관계, 북한과 러시아의 협력강화, 중앙아시아 지역의 안보적 연계강화 등을 고려해야 할 상황으로 지적해 볼 수 있다. 2014년 5월 30일 일본과 북한의 협력강화 방안이 제시되었다. 일본은 독자적으로 일본인 납치문제 해결을 위해 북한과 제재해제, 신뢰강화, 국교정상화를 위한 노력을 계속하겠다고 했다. 북한과 일본의 협력은 서로에게 득이 되는 정책이었다. 경제적 문제에 허덕이는 북한에게 일본의 경제제재는 강력한 효과가 있으며 중국에 대한 항의표시이자 다른 카드가 있음을 보이는 것이다. 일본 아베 정권에 있어 납치문제는 꼭 해결해야 할 주요 이슈로서 국내정치적 중요성이 있다. 일본-북한 간 관계개선이 이루어질 때 우려될 수 있는 부분은 대북제재에 대한 한일 공동대응이 무너질 수 있다는 점이다.

2016년 7월 12일 필리핀-중국의 분쟁에 대해 중재재판소가 중국의 남중국해 영유권을 인정하지 않는 판결을 내렸다. 네덜란드 헤이그 상설중재재판소(PCA) 판결은 필리핀의 핵심 주장을 대부분 수용했다. 이 판결 이후 중국이 강력히 반발하면서 미국과 중국 두 진영 간 기세 싸움이 증폭될 것이라는 전망이 많다. 미국은 일본, 유럽연합과 함께 중국의 판결 수용을 압박하고, 중국은 러시아와 손잡고 미국에 맞서는 '신냉전'의 국면이 부각될 것으로 예상된다. 미국과 중국의 대립전선은 서태평양을 위아래로 가로지르며 길게 형성되어 있다. 한반도에서는 사드 배치와 북핵문제로 미중이 신경전을 벌이고 있는 사이 일본에선 아베 신조 총리가 참의원 선거에서 개헌에 필요한 의석을 확보하고 군사대국화의 길로 나아가고 있다. 한국과 일본을 미국의 군사동맹국으로 인식하는 중국으로서는 한반도와 일본에서 점점 불리한 상황이 전개되고 있는 것이다. 또 대만에서는 친미 성향의 민진당 차이잉원(蔡英文) 정권이 들어서 미국 및 일본과의 친선관계를 부쩍 강화하고 있다.[10]

PCA 판결에서 중국이 가장 아픈 지점은 PCA가 중국의 남중국해 영유권 주장 근거인 9단선(九段線)이 법률적 근거가 없다고 명백히 한 대목이다. 중국은 2000년 전 고문헌에도 등장하고 줄곧 중국 정부의 관할 아래 있다가 제2차 세계대전 후 '9단선' 설정으로 선포된 권리가

10 「정부, 남중국해 기존 입장 유지… 판결에는 "유의한다"」, 『중앙일보』 2016. 7. 14.

〈그림 5〉 남중국해 주변국 영유권 분쟁

출처: 『동아일보』 2016. 7. 13.

그 후에 나온 유엔해양법협약으로 제한될 수는 없다는 논리를 폈지만 전혀 받아들여지지 않았다(그림 5 참조).[11] 2016년 7월 8일 한국은 사드 배치를 결정했다. 한국의 사드 배치 결정 이후 동아시아 지역의 안전보장체제는 신냉전의 시기, 즉 미·일·한 대 중·러·북의 구도로 재배치되었다. 그동안 박근혜 정부는 군사 분야에서는 미국을, 경제 분야에서는 중국을 중시하는 '밸런스' 외교를 지속해 왔다. 사드 배치 이후

11 '9단선(九段線)'이란 남중국해 주변을 따라 U자형으로 그은 9개의 점선으로 중국이 남중국해에 대한 영유권을 주장하는 근거이다. 남중국해 전체 해역의 90%가 이 안에 들어간다. 국민당 정부가 1947년 남중국해에 '11단선'을 그었고, 신중국 수립 이후인 1953년 중국이 하이난(海南) 섬과 베트남 사이의 2개 선을 줄여 9단선으로 바꿨다. 중국은 공식 지도에 이 선을 포함시키고 있으나 남중국해 주변국들은 이 선을 인정하지 않고 있다. 「시진핑, 전투대세 명령… 미·중 신냉전 격랑 속으로」, 『동아일보』 2016. 7. 13.

박근혜 정부의 이러한 미중 균형외교는 끝났다고 볼 수 있다. 시진핑 주석은 사드 배치가 북한의 위협이라는 이름을 빌린 중국에 대한 도전이라고 비판했다. 오바마 대통령은 2015년 가을 친중노선과 결별했다. 중국에 의한 남중국해 매립은 20세기부터 계속되어 온 미국에 대한 도전이며, 미국이 당한 사이버 테러는 중국에 의한 것임을 비난했다.

2017년 트럼프(Donald Trump)가 미국 대통령으로 당선되면서 미국의 대외경제정책은 보다 미국 우선주의(America First)에 기반한 보호무역주의로 변화되었다. 트럼프 대통령이 보여 준 대외경제정책은 글로벌 경제에서 차지하는 미국의 힘을 절감하게 해 주었다. TPP 탈퇴, 미국-멕시코 국경에 장벽을 건설하는 행정명령을 내린 데 이어 급기야 중동 및 아프리카 7개국 국민의 미국 비자 발급과 입국을 최소 90일간 금지했다. 미국 우선주의에 기반한 통상정책은 트럼프 대통령의 취약한 정치적 기반을 다지는 데도 도움이 될 전망이다. 트럼프 대통령의 지지층은 전체 유권자의 70%를 차지하는 백인 중에서 제조업 사양화로 불황을 맞은 지역, 즉 러스트벨트(Rust Belt) 지역의 저학력층이다. 이들이 대부분을 차지하는 비숙련 제조업 취업자 수는 지난 수십 년간 지속적으로 감소한 가운데 실질소득도 정체 혹은 둔화했다. 이 문제를 단기간에 완화하는 방안으로서 보호무역주의는 매우 달콤한 정책임에 틀림없다. 여기에 중국의 부상에도 미국이 세계경제 및 안보 경쟁에서 우월적 지위를 유지하기 위해서는 강경한 통상정책이 효과적일 수 있다.[12] 트럼프의 외교안보정책은 미국 우선주의로 알려진 극단적인 일방적 고립주의 시각으로, 미국 내·외부에서 우려와 비판의 목소리가 높아지고 있다. 그는 『뉴욕타임스』 인터뷰(2016. 3. 26)에서 아시아 동맹

12 「[KDI리포트] 트럼프 정부의 통상정책과 대응전략」, 『중앙일보』 2017. 2. 1.

인 한국과 일본이 방위비 분담금을 늘리지 않으면 '핵우산 제공'을 철회하고 미군까지 철수시킬 수 있다는 뜻을 밝힌 바 있어 정통 공화당의 노선과는 다르다는 염려를 낳고 있다.

트럼프 대통령 시기 미중 관계는 협력보다 갈등이 보다 심화될 것으로 보인다. 트럼프 대통령은 대선과정에서 중국의 불공정 무역 관행을 강도 높게 비판하여 중국을 '환율조작국'으로 지정하고 중국산 제품에 45%의 높은 관세를 부과하겠다는 방침을 밝혔다. 미국 우선주의를 내세우는 만큼 중국이 미국의 국익을 잠식한다고 판단할 경우, 특히 통상 면에서 피해를 준다면 상당히 강경하게 나올 것으로 예상된다. 중국 역시 트럼프 행정부의 강경 행보에 적극 대응한다는 방침이어서 일정 기간 양국 간 갈등과 기싸움이 격화될 가능성을 배제할 수는 없을 것이다. 무엇보다 2021년 중국 공산당 창당 100주년을 앞둔 상황에서 자국의 첨예한 이익이 걸린 사안에 대해 쉽게 물러서는 모습을 보일 수 없을 것이란 지적이다. 시진핑 주석으로선 자신의 권력 공고화를 위해 대외적으로 강경하게 나갈 수밖에 없고 미국과의 경쟁 및 갈등 구조 속에서 최고지도자로서 약한 모습을 보여 주기는 힘들 것으로 전망된다. 시진핑 주석은 2017년 신년사에서 영토 주권과 해양 권익 수호를 강조함으로써 중국의 핵심 이익과 관련된 사안에서 결코 양보하지 않겠다는 입장을 분명히 했다.

현재는 미국과 중국이 다양한 영역에서 자신의 영향력을 확대하기 위해 서로 경쟁하고 있는 상황이다. 아직까지는 미국 패권의 지배력이 뚜렷한 상황이며 중국의 부상과 더불어 협력과 경쟁을 병행하고 있다. 그러나 영토나 안보와 같이 '핵심이익'에 관련된 이슈에 대해서는 중국이 보다 분명한 의사표명을 함으로써 첨예한 대립을 지속하고 있다. 미국과 중국은 패권경쟁의 한 측면으로 다양한 영역에서의 규칙 제정을 둘러싼 갈등을 맞이할 수도 있다. 구냉전시기에는 적과 친구의 구분이 용이하여 선택이 어렵지 않았다. 그러나 신냉전시기에는 누가 적인지 누가 친구인지 알 수 없으며 오늘의 친구는 내일의 적이 될 수도 있고 그 반대도 가능하다. 그래서 선택도 쉽지 않다. 패권전이과정은 오랜 시간이 걸리며 이 기간에 두 체제가 어떤 내부적 개혁을 하는지, 어떤 외부적 선택을 하는지에 따라 결과가 달라질 수도 있다. 이념이 최우선적 가치로 고려되지 않는 극한의 무한경쟁시대에 살아남기 위해서는 힘의 이동방향을 정확히 인식하고, 양측과의 전략적 외교관계를 통해 힘을 길러야 한다. 이 시기에 어떤 도전과 위기가 주어질 수 있는지 정확한 이해가 필요한 시점이다.

제5장

세계화와 국제경제질서의 변화

국제정치경제 질서의 변화는 세계정치 맥락의 패권질서와 세계경제 맥락의 자유주의질서를 중심으로 바라볼 수 있다. 패권질서의 변화와 관련해 앞서 제4장에서는 냉전에서 신냉전으로의 변화가능성, 그리고 이러한 변화가 동아시아 발전국가에 미치는 영향에 대해 논의했다. 이 장에서는 세계경제의 맥락에서 본 자유주의질서의 변화, 그리고 그와 관련된 세부적인 내용을 생산, 무역, 통화, 금융의 4개 영역으로 나누어 살펴보고자 한다.

1. 자유주의질서의 변화

국제정치경제 영역은 국제정치와 국제경제가 상호작용하는 영역이기 때문에 패권질서와 자유주의질서는 다양한 방식으로 연결되어 왔다. 19세기부터 오늘날에 이르기까지 자유주의질서는 국제정치경제의 핵심적 이념과 제도를 창출했다. 고전적 자유주의, 제한적 자유주의, 신자유주의에 이르기까지 국제무역질서와 국제금융질서는 패권질서와 공변했다.

금본위제에 기초한 19세기 고전적 자유주의는 자유무역과 자유로운 자본투자를 촉진하였으며 국제통화질서의 안정을 중시했고, 영국의 패권적 역할에 의해 유지되었다. 영국은 자국에서 자유시장경제 체제를 수립한 후 선발 산업국가의 지위를 활용하여 19세기에 자유무역과 금본위제에 기초한 국제정치경제 질서를 수립하였다. 금본위제하에서는 중앙은행의 금 보유량에 따라 국내 통화량이 변할 수 있고 국내 가격이나 임금이 이에 따라 빠르게 변하는 구조였다. 19세기 자유무역질서는 영국의 자국 시장 개방이 선행된 이후 점차 유럽 대륙으로 자유무역이 확산되었다는 특징을 보인다(조홍식 2000). 20세기 초 영국의 고전적 자유주의질서는 절정에 다다랐지만 그 질서를 위협하는 요인들이 등장하기 시작했다. 제1차 세계대전은 영국의 고전적 자유주의질서 붕괴에 큰 영향을 미쳤다. 유럽 국가들이 전쟁의 여파로 인해 무역 및 생산활동에 집중하지 못하는 동안 미국이 순 채권국으로 탈바꿈함으로써 최대 경제대국으로서의 역량을 지니게 되었다.

경제 대공황은 19세기 자유주의질서를 붕괴시키는 마지막 사건이었다. 1930년대 대공황과 함께 자유무역질서는 붕괴되었으며 보호무역이 득세하게 되었다. 킨들버거는 대공황의 원인을 패권국의 존재 여부에서 찾았다. 앞서 언급하였듯이 전간기 이전의 패권이었던 영국은 패권유지를 위한 의지는 있었으나 역량이 부족했고, 앞으로 패권이 될 가능성이 있던 미국은 패권의 역량은 갖추었으나 의지가 없었다. 즉 전간기는 패권이 존재하지 않았던 시기였고, 패권의 부재로 인해 보호주의가 득세한 것이다(Kindleberger 1973).

제2차 세계대전 이후의 자유주의질서는 19세기의 자유방임적 자유주의질서와 달리 제한적이며 관리된 질서라는 점에서 차별화된다. 1930년대의 혼란과 갈등은 자유방임적 자유주의질서의 수정을 불가피하게 만들었다(백창재 2000). 고전적 자유주의질서는 자유무역과 국제통화질서의 안정을 중시한 나머지 고용, 임금 등 국내경제적 필요는 희생되는 질서였다. 상품과 자본의 국제적 이동이 자유로웠으며, 국내적 필요에 의한 국가개입이 배제되었다. 그러나 대공황 이후 각국은 수요관리와 복지국가를 기반으로 하는 케인스주의적 개입정책을 추진하게 되었다. 따라서 전후 국내경제적 필요에 부합하는 국제적 자유주의질서가 수립되어야 했다.[1]

이러한 상황에서 금본위제를 대체할 새로운 국제통화체제가 발명된다. 브레턴우즈 체제는 기본적으로 달러를 통한 금본위제이면서, 조절 가능한 고정환율제이다. 우선 전전의 가치(금 1온스에 35달러)로 달러의 금태환을 보장하고, 각국 통화의 가치를 달러에 연동하는 일종의 달러본위제를 시행했다. 이러한 제도를 통해 각국은 금이 없더라도 중앙은행이 달러를 보유하고 있기만 하면 자국 통화의 가치를 보장할 수 있게 되는 것이다. 또한 브레턴우즈 체제의 국제통화질서는 조절 가능한 고정환율제이다. 국제수지에 일시적인 불균형이 발생할 경우 1% 정도는 각국 정부가 자율적으로 조절할 수 있도록 허용한다. 고정환율제이되, 국제수지의 변동에 의해 고통을 받는 국가가 그 충격을 최소화할 수 있도록 한 것이다. 나아가 만성적이고 구조적인 국제수지 적자, 또는 지불준비금이 대폭 감소하는 근본적인 불균형의 경우 10%까지도 통화 가치를 조정할 수 있는 방법을 열어 두는데, 이는 IMF를 통해 가능했다. IBRD(World Bank)가 전후복구를 담당했다면, IMF는 각국 통화 가치의 변화를 감독하고, 심각한 국제수지문제를 겪는 국가가 있으면 통화 가치를 조정할 수 있는 권한을 부여하는 역할을 담당했다. 즉, 국제수지 불균형문제를 해소하기 위해 평가절하를 허용하고 국제기구에 의한 지원을 보장함으로써, 금본위제에 묶여 환율을 조절

1 국내경제의 필요에 따라 국가개입정책과 자유무역을 연계시키는 것을 '연계적 자유주의(embedded liberalism)'라고 불렀다(Ruggie 1982).

할 수 없기에 발생하는 불균형문제의 부담을 각국의 국내경제에 부담시키는, 고전적 자유주의질서에서의 분제와 같은 사태를 막은 것이다. 또한 브레턴우즈 체제는 개별 국가에 자본의 유출입을 통제할 수 있는 권한을 부여했다.[2] 투기성 금융거래는 없애 버리고 무역과 연계된 자금의 이동만을 허용한다는 원칙 아래, 자본이 유출되는 국가도 유출되는 자본의 흐름을 막고, 자본이 유입되는 국가도 유입되는 자본의 흐름을 막는 것이다. 즉, 개별 국가들에 자본의 유출입을 통제할 수 있는 권한을 주고, 자본 유출국과 자본 유입국의 상호협조적인 자본통제를 의도한 것이다.

전후 국제무역질서는 GATT(General Agreement on Tariffs and Trade) 체제로 제한된 자유무역질서가 그 특징이었다. 다자주의적 방식으로 발전된 GATT 체제는 무차별 원칙과 호혜주의 원칙하에 참가국들 간의 관세를 대폭적 인하하여 무역확대를 이끌어 냈다. 그러나 GATT 체제는 상품무역에만 적용되었고, 농산물, 서비스, 국제투자 및 반경쟁적 기업행동 등 국내정치적으로 가장 민감한 부문들은 자유무역에서 사실상 제외되었다. 또한 GATT 체제는 자유무역으로 인한 피해를 보호하기 위한 다양한 보호주의 조처(escape clause: 면책조항)와, 불공정무역에 대한 조처(상계관세와 덤핑)를 허용했다.

미국은 스뭇-홀리(Smoot-Hawley) 관세법 이후, 1934년 RTAA (Reciprocal Trade Agreements Act) 상호무역협정법을 통해 자유무역으로의 전환을 위한 제도적 기반을 마련하였다. RTAA의 핵심은 의회가 대통

2 1930년대 경제위기를 심화시킨 급속한 자본 유출과 투기자본의 공격과 같은 경험이 이와 같은 자본이동 규제정책을 가져왔다. 또한 국가의 거시경제적 자율성과 안정적 통화질서 및 자유주의 국제금융질서는 양립 불가능하므로 경제정책의 자율성과 국제통화질서의 안정을 위해 자본의 국가 간 이동을 규제했다(백창재 2000, 50).

령에게 무역정책과 관련된 권한을 넘겨주는 것이었다. 즉, 관세협상을 실제로 수행하는 행위자인 대통령에게 관세를 조정할 수 있는 권한을 위임한 것이다. RTAA하에서 대통령이 외국과 관세협상을 하여 결과를 가져오면, 의회는 그 결과를 찬성하거나 반대할 수 있을 뿐이다. 그러나 그 이후 미국 패권의 무역정책은 공격적 상호주의, 보호주의, 지역주의, 쌍무주의, 다자주의가 병행되는 기조로 변화되었다.

1960년대 말부터 제한적 자유주의질서는 붕괴의 조짐을 보이기 시작했다. 브레턴우즈 체제는 그 자체 모순의 근원을 갖고 있었는데, 한 예가 통화금융질서의 '트리핀 딜레마(Triffin's Dilemma)'였다. 한편으로 미국은 계속 달러를 유출시켜 전 세계 경제에 유동성을 공급해야 한다. 다른 한편으로 미국의 지속적인 무역적자를 통해 달러가 계속 공급되면 달러의 가치가 떨어져서 달러에 대한 신뢰도, 즉 달러의 금태환성에 대한 신뢰도가 무너지고, 달러는 더 이상 기축통화, 준비자산으로서의 역할을 할 수 없게 된다. 트리핀 딜레마는 준비자산으로서 달러가 세계경제에 많이 공급되어야 하는데, 그럴수록 가치가 떨어져서 준비자산으로서의 역할이 위협받는 현상을 의미한다.

1970년대에 이르러 달러의 신뢰도가 하락하고 금태환 요구가 이어지면서, 결국 닉슨(Richard Nixon)의 금태환 정지선언으로 브레턴우즈 체제가 붕괴되었다. 그 이후 각국의 통화 가치가 시장의 원리에 의해 결정되는 변동환율제로 국제통화질서가 변화했다. 그러나 많은 국가가 환율안정을 위해 자국의 화폐 가치를 달러에 연동하는 정책을 유지해 왔다는 점에서 이 시기를 신브레턴우즈 체제라고도 한다. 자유무역질서 역시 교역량이 확대될수록 각국에 가해지는 경제적·정치적 충격이 커진다는 점에서 붕괴의 씨앗을 품고 있었다(백창재 2000, 57). 또한 1970년대에 이르면 선진국들 간의 경쟁이 심화된 것뿐만 아니라 동아시아 신흥공업국과 중남미 국가가 자유무역질서의 혜택을 받아 급성장함으로써 제한적 자유무역질서의 유지가 어렵게 되었다. 도쿄라운드부터는 이미 충분히 인하된 관세가 아닌 비관세 무역장벽과 구조적 장애 제거에 초점을 두고 협상이 진행된다. 따라서 자유무역의 기존 규제를 풀고 보다 자유화하는 방향으로 국제무역질서를 이끌게 되었고 신자유주의질서의 WTO 체제가 출범하기에 이른다.

20세기 후반 신자유주의질서의 기본적 원리는 탈규제, 민영화를 통한 국가의 개입축소와 자유시장경제 확립에 대한 강조다. 이 시기 국제통화질서는 금융세계화에 따른 국제금융시장의 성장, 국제적 자본이동의 증가, 그리고 변동환율제를 그 특징으로 한다. 국제무역질서는 공산품뿐만 아니라 서비스, 농업, 지적재산권에 이르기까지 모든 영역에서의 자유무역을 심화하는 방향으로 변화했다. 공정무역(fair trade)과 평등한 경쟁구조(level playing field)에 초점을 두고 국제무역질서가 재편되었다. 또한 공정무역에 기반을 둔 공격적 상호주의 등 보호무역이 증대했다. 더불어 다자적 자유무역체제(WTO), 지역주의 증대가 이 질서의 핵심적 특징이다.

패권이 영국에서 미국으로 이전되면서 자유주의질서는 자유무역과 국제통화질서의 안정을 위해 진화되었으나 신자유주의에 이르러 더 이상 안정적인 통화질서와 자유무역은 패권국에 의해 제공되지 못했다. 패권국의 존재 자체는 공공재를 제공한다고 기대되지만 패권국의 국내외 도전이 증가될수록 불균형의 조정비용을 다른 국가들이 감당해야 하는 경우가 많아지며, 심하면 불균형과 위기로의 이전이 패권국에 의해 가속화되는 경우도 있다. 그런 상황에서 터진 2007년 미국발 글로벌 경제위기는 미국 패권에 대한 심각한 우려를 야기했으며 G2로서의 중국 역할의 필요성을 증가시켰다.

다음에서는 두 번째 환경변화로서 국제정치와 밀접한 상호작용을 지속하고 있는 국제경제의 세계화와 그 도전을 네 영역인 생산, 무역,

금융, 통화부문에 초점을 두고 각각 논의해 보기로 한다.

2. 생산질서의 변화: 생산세계화와 글로벌 생산네트워크[3]

세계화란 글로벌 수준에서의 상호교류증대와 경제활동의 통합과정으로 정의된다. 경제통합은 세계금융시장의 통합, 외국인직접투자 및 글로벌 생산네트워크의 증대를 포함한다. 생산세계화 현상은 양적 변화라기보다는 글로벌 차원에서 부품하청 및 기술개발 등의 과정을 기능적으로 통합하고자 하는 질적 변화라 할 수 있다(Sturgeon 2000, 5-7). 생산세계화로 인해 글로벌 생산네트워크가 발전하게 되었는데, 글로벌 생산네트워크(global production network)는 공정별 분업화 내지는 생산분절화에 따라 복수의 생산거점이 상호 연결되는 생산네트워크를 말한다. 기존의 산업모델이 주로 OEM(original equipment manufacturer) 방식처럼 전체 가치사슬 중 비교적 낮은 가치의 생산 분야에 국한된 것이라면, 글로벌 생산네트워크는 부품과 생산은 물론 연구개발과 사후 서비스까지 핵심역량을 제외한 가치사슬을 모두 외부에 위임하는 산업모델이라고 정의내릴 수 있다(복득규 외 2008). 글로벌 생산네트워크가 발전하게 된 연유는 교통통신과 물류서비스의 발전으로 기업이 저비용과 효율화를 동시에 추구할 수 있게 되었고 부품 조달부터 조립에 이르는 제조공정 전체를 대행해 주는 '제조전문기업'이 등장하게 되었기 때문이다. 글로벌 생산네트워크는 세계적인 브랜드를 보유한 브랜드리더 기업과 제조전문기업으로 이루어진 기함기업(flagships), 현지에

3 이 부분은 임혜란(2013a)의 논의를 상당 부분 참조하였다.

서 기함기업들에 부품을 공급하는 현지 하청기업(local suppliers)으로 이루어진다. 하청기업은 다시 규모와 공급능력에 따라 고도기업(higher-tier)과 저도기업(lower-tier)으로 나뉜다. 폭스콘, 홍하이와 같은 대만계 제조전문기업의 빠른 성장으로 글로벌 기업들이 가격경쟁력을 확보할 수 있었는데, 이는 글로벌 기업들의 기술 및 브랜드와 현지 하청기업의 노동력 및 부품공급을 결합하면서 가능해졌다. 이들 제조기업들이 저렴한 인건비와 거대한 내수시장을 가진 중국에 대거 진출하여 외국인투자 유치와 더불어 전 세계 제조공정을 담당하게 되면서 중국은 글로벌 생산네트워크의 중심에 서게 되었다(홍진영·이준엽 2012, 203; 임혜란 2013a).

생산과정은 여러 단계로 분절되었고 비교우위에 따라 다양한 지역에서 생산하게 되었다. 기존의 수직적 통합생산 패턴이 생산의 분절화 패턴으로 변화되었다. 어떤 생산과정은 고도의 기술자 투입이 필요하지만 다른 생산과정은 단순한 노동집약적 과정일 수 있다. 동아시아 국가들은 노동비용에 실질적 차이가 있어 생산과정의 분절화과정이 나라별로 가능하게 됨으로써 그 생산비용을 줄일 수 있게 되었다.

동아시아 지역생산네트워크는 생산주기이론과 안행형 모델에 의하면 일본이 주도하고 그 뒤를 신흥공업국이 따라가며, 마지막으로는 동남아 국가와 중국이 그 뒤를 잇는 기러기형 모형으로 이해될 수 있었다. 한국과 대만 등 후발국들이 일본의 사양산업을 받아들였음에도 불구하고 서로 다른 발전궤도를 걸어갔으며, 그 뒤를 따르는 동남아와 중국 역시 상이한 발전전략 및 궤도를 반영하였다. 개별 국가의 특정 산업의 발전과정을 살펴보더라도 기존 모델이 강조했듯 선진국으로부터의 완전한 기술이전이 이루어지는 것도 아니었고, 시간이 지날수록 선진국에서 일어날 것이라 기대되는 '혁신'이 후발국에서도 지속적인 산업 업그레이드(industrial upgrading)를 통해 일어났다.

1990년 중후반에 들어가면서 새로운 지역발전모델이 나타나는데, 이 모델은 대나무 자본주의모델(bamboo capitalism model)이라고 불린다. 대나무 자본주의모델이란 공정 간 분절화에 의한 생산공유, 즉 중간재, 부품 수출국으로서 일본 및 신흥공업국과 특히 조립생산기지로서의 중국을 그 특징으로 한다. 이는 국가 간 분업화, 전문화 및 선진국의 해외직접투자로 나타난다(박번순 2005). 대나무 자본주의모델에서는 국가 간 산업의 구조에 있어 제품의 개발 및 생산과정이 단계별로 나뉘어 각 단계별로 비교우위에 있는 국가에서 수행되는 형태로 산업구조가 형성된다. 2000년 이후 전통적으로 동아시아 역내 교역망의 중심축 또는 미국 시장으로의 연결점 역할을 했던 일본의 역할이 감소하면서, 중국을 중심으로 한 지역생산네트워크로 급속하게 재편되었다(WTO and IDE-JETRO 2011). 중국 중심의 지역생산네트워크가 본격화되면서 대나무형 자본주의모델은 다시 수련형(Water Lily: 수련잎자루) 모델로 변화되었다고 한다(박번순 2005). 경제성장이 본격화되면서 일부 지역에 경제활동이 집중화되는 현상이 발생하여 국경 간 집적지역이 증대하였다.[4] 수련형 모델은 하나의 광역집적지역에 다양한 산업이 집중되어 상당 수준의 수직적·수평적 분업이 형성된 생산체제를 의미한다.

생산세계화가 가속화됨에 따라 국가 간 생산분업이 글로벌 생산네트워크 중심으로 이루어져 왔으며 이는 일본 중심에서 중국 중심으로 변경되어 새로운 도전으로 다가왔다. 과거 일국적 생산에서 글로벌 생산체제로 변화됨에 따라 기업과 국가의 정책 역시 변화되었다. 해외

4 중국 3대 집적지역으로 주강삼각주, 장강삼각주, 북경-천진 지역을 예를 들 수 있다. 그 외에도 동북 3성 지역, 동남아 지역에서의 말레이시아 반도, 메콩강 유역, 그리고 동인도 지역 등이 중요한 광역집적지역으로 등장할 것이라고 보았다(박번순 2005, 24).

직접투자와 같은 생산정책이 중요해졌고 이에 따른 국가역할의 변화가 필요하게 되었다.

생산부문에서 글로벌 가치사슬(global value chain) 논의가 중요해졌다. 국가들은 이제 생산분업과정에서도 얼마나 더 많은 가치와 부를 창출하느냐의 경쟁에 노출되었다. 제조업의 마지막 단계인 조립과정은 전체 상품의 가치에서 차지하는 부분이 매우 낮을 수 있다(Ali-Yrkko et al. 2011). 세계적으로 분산된 글로벌 공급사슬(global supply chain)에서 부가가치가 높은 부분의 역할을 수행하기 위한 기업과 국가의 노력이 필요하다.[5]

2001년 중국이 WTO에 가입하기 전까지 중국은 저임금에 바탕을 둔 노동집약적 상품을, 아시아 개도국들은 상대적으로 고부가가치인 기술집약적 상품을 미국 등 선진시장에 수출하는 국제분업구조의 특성을 보여 주었다. 그러나 2001년 이후 아시아 개도국들은 중국의 FDI(foreign direct investment) 규제완화 정책 이후 대규모의 대중국 투자를 증대시켰다. 기존에 아시아 개도국에서 생산되어 미국으로 수출되던 첨단제품들이 중국 생산기지에서 조립되어 미국으로 수출되었다. 조립생산에 필요한 부품조달을 위해 아시아 개도국들의 대중국 수출은 급격히 증대되었다. 아시아 생산네트워크의 재편은 중국의 대미수출 증대, 아시아 선발공업국의 대미수출 감소라는 형태로 나타났다. 문제는 중국의 대미수출액 중 상당 부분이 아시아 선발산업국에서 부가되었다는 것이다. 아시아 선발산업국들은 생산과정을 분절화시켜 생산과정별로 가장 효율적인 생산이 가능한 지역에 생산기지를 재배

5 Nokia N95 스마트폰의 사례연구에서 저자들은 최종 조립과정은 전체 부가가치의 2%만을 차지하며 이는 해외생산, 특히 중국으로 이전하고 있다고 분석했다(Ali-Yrkko et al. 2011).

치하였는데, 이는 '가치사슬의 분절화(slicing the value chains)'의 전형적 사례라 할 수 있다(이항영·이준구 2012, 245). 첨단부품의 경우 비교우위를 가지고 있는 아시아 선발공업국에서 그 부품을 생산하고, 이를 중국에서 수입한 후 저임금 노동력을 이용하여 조립하고 그 최종 생산품을 미국 등 선진지역으로 수출하는 새로운 국제분업구조로 변화되었다. 이와 같은 중국의 지역생산네트워크로의 통합과정은 한편으로 중국이 조립생산의 중심으로 떠오르면서 동아시아 선발공업국들이 부품생산에 특화할 수 있는 기회를 제공한 점도 기여했다(Kimura and Obashi 2011, 18). 생산가치사슬의 관점에서 볼 때 중국이 아직 높은 부가가치 생산영역을 주도할 정도의 힘을 갖게 되었다고 보기에는 시기상조라고 하나, 중국이 높은 부가가치 생산 영역에 들어가는 것은 시간문제일 수 있다.[6]

휴대폰과 자동차사업을 들여다보면 이러한 경향을 찾아볼 수 있다(임혜란 2013a 참조). 휴대폰과 자동차 산업의 글로벌 생산네트워크에서 중국을 포함한 동아시아 각국의 지위는 상당 부분 상승했다. 특히 중국은 동아시아 지역뿐만 아니라 글로벌 생산네트워크의 확산과정에서 핵심적 국가로 부상했다. 그러나 중국이 휴대폰 산업에서 생산 및 소비의 영향력을 측정하는 연결중심성에서는 상당히 높은 네트워크 지위를 차지함에도 불구하고 매개중심성[7]의 측정결과는 부품 및 완제

6 1997-2002년 사이 중국 제조업 수출 가운데 외국 콘텐츠의 비율은 50%이다. 2002년 국산 콘텐츠의 비율은 51%에서 2007년 61%로 증대했다. 그러나 이는 산업영역에 따라 달라지는데, 예컨대 의류와 같은 노동집약산업에서는 국산 콘텐츠 비율이 높은 반면, 컴퓨터, 전자기기, 통신기기와 같은 기술집약산업에서는 국산 콘텐츠 비율이 낮다고 할 수 있다(Koopman et al. 2008, 24).

7 매개중심성(betweenness centrality)이란 특정 노드가 각 노드들의 모든 네트워크에서 최단경로에 위치하게 될 확률을 산출하는 것으로서, 즉 노드 간의

품 모두에서 미국과 독일 등 선진국들의 지위가 지속되고 있다. 이 경우 중국 역시 부품의 생산 및 수요지로서 중심적 역할을 하고 있음이 나타나고 있지만 아직은 여전히 미국과 독일이 중요한 위치를 차지하고 있다고 할 수 있다. 애플의 iPod 가치사슬에 대한 연구에 의하면, 비록 iPod가 해외의 다양한 공급업체에 의해 제조된다 하여도 혁신의 이익은 미국 회사인 애플이 가져가는 것으로 분석되었다. 애플은 상품디자인, 소프트웨어개발, 생산경영, 마케팅 그리고 다른 고부가가치 분야를 미국 내에 유지하고 있다. iPod 생산부문 가운데 고부가가치 부문에 속하는 하드드라이브와 디스플레이는 일본 기업에 의해 생산된다는 점에서 미국 다음으로 일본이 고부가가치 이익을 차지한다.[8] 다국적기업의 국적은 세계화시대에 있어 혁신적 가치 획득의 차원에서 여전히 중요한 역할을 하고 있다고 볼 수 있다(Linden et al. 2009, 144).

과거 일국적 생산, 또는 지역생산분업체계에서의 국가정책은 해외직접투자를 통해 기술이전 및 생산노하우를 기업이 터득하도록 유도하면서 동시에 국내기업의 발전 및 전후방 연계산업의 발전으로 이어지도록 하는 것이었다. 반면 생산세계화시대의 글로벌 공급사슬에서 높은 부가가치 역할을 수행하기 위한 국가역할은 보다 적극적인 혁신국가정책으로 변화될 필요가 있다. 예컨대, 중국이 세계의 공장으로 부상한 것은 중국의 저임금 노동을 활용한 가공무역에 특화된 외자기

최단경로에 위치한 특정 노드는 전체 네트워크의 연결과정에서 가장 많이 거치게 될 것이며 이는 네트워크의 전체 흐름에 큰 영향을 미치는 노드라고 본다. 액정 디바이스의 경우 미국과 독일 같은 선진국의 해당 부품에 대한 수요가 매우 중요한 연결고리로서 작용한다(홍진영·이준엽 2012, 210-213).

8 일반적으로 전자제품에 있어 고부가가치 영역에 속하는 부분은 영상표시(visual display), 하드드라이브, 집적회로(key integrated circuits) 등이다(Linden et al. 2009, 141-144).

업의 역할 때문이다. 그러나 2006년 이후 중국의 대외무역에서 이러한 특성의 외자기업 비율이 감소했다. 한국과 대만의 대중국 수출에서 중간재가 차지하는 비율은 대만이 90%, 한국이 74%에 달한다. 한국과 대만은 일본으로부터 부품소재를 수입해 중간제품을 만들고 이를 중국에 수출하여 가공생산한 뒤 역외 시장으로 수출하는 일본의존 수출주도발전의 분업체제를 구축했다. 2006년 이후 중국은 이러한 가공무역 비중을 줄이기 위해 다양한 정책을 시도했다. 기술이전 및 기술혁신이 되지 않는다고 생각했기 때문이었다. 중국은 '개입을 통한 혁신(innovation by intervention)' 정책을 시도하기 시작했다.[9] 중국은 중앙정부 관계의 재편과 자율성의 증가를 통해 정책능력을 향상시켰으며, 동시에 외부지향적 개입국가로의 변화뿐만 아니라 내부지향적 개입국가로의 변화를 꾀하고 있다.[10]

3. 무역질서의 변화: 지역주의와 보호주의의 부상

20세기의 세계무역질서는 자유무역과 보호무역을 반복했지만 그럼에도 전체적으로는 미국 패권질서를 중심으로 한 보다 확대된 자유무역체제로 발전되어 왔다. 제2차 세계대전 이후 GATT 질서하의 제한된 자유무역질서가 1970년대에 들어서면서 공정무역을 강조한 자유무역형태로 확대되었고, 1995년 이후에는 WTO 체제로 변환되었다.

9 중국 정부는 핵심과학기술 발전을 위해 2020년까지 국유기업 중심의 과학기술 혁신체제를 정부-대학-기업 간 개방적·수평적·다원적 네트워크로 변화시키기 위한 정책을 제시했다(윤대엽 2015).

10 중국은 신형대국관계, 일대일로, AIIB, RCEP 경쟁국가 등을 통해 보다 능동적인 국제사회에서의 역할을 강조하고 있다(윤대엽 2015).

GATT 체제는 무역부문에서 공산품에 국한된 자유무역을 추진했으며 자유무역으로 인한 피해로부터 국내산업을 보호하기 위한 다양한 보호주의 조처를 병행했다. GATT 체제의 핵심은 관세율 인하, 보조금 축소, 차별대우 금지에 있었다. 1980년대 이후에는 탈규제와 자유시장원리를 확대하는 신자유주의질서가 본격화되었다. 신자유주의적 무역질서는 공산품뿐만 아니라 서비스, 농업, 지적재산권에 이르기까지 모든 영역에서의 자유무역을 그 특징으로 하며, WTO의 다자적 자유무역체제, 지역주의, 공격적 상호주의가 병행되었다(Gilpin 2000; 백창재 2001).

현재의 세계무역질서는 WTO를 중심으로 한 다자주의, 지리적 인접성에 기초하여 경제, 정치, 사회, 안보공동체로 표현되는 지역주의, 그리고 지역을 초월한 두 국가 이상의 자유무역협정으로 표현되는 양자주의 방식에 의해 이루어져 있다. 다자주의 방식의 자유무역체제가 1990년대 이후 보다 본격화되었으나, 도하라운드가 제대로 진전을 이루지 못하자 그 이후 지역주의와 양자주의가 급격히 증가하는 추세를 보이고 있다(임혜란 2012).

길핀은 1970년대 이후 불안정한 무역질서의 변화의 특징으로 네 가지를 제시한다. 첫째. 다국적기업의 역할이 증대함에 따라 무역체제의 구조가 변화되었는데, 즉 무역의 상당 부분이 기업 내 무역(intrafirm transfers)의 양상을 띤다. 둘째, 무역패턴을 결정하는 것은 국가의 주어진 생산요소(natural endowments)에 의한 비교우위라기보다는 국가나 기업정책에 의해 변경될 수 있는 역동적 비교우위이다. 이는 정태적 비교우위에서 역동적 경쟁우위(from comparative to competitive advantage)의 변화로 이해 가능하다. 즉 국가의 적극적 정책에 의해 비교우위가 재구성될 수 있다. 셋째, 전략적 무역이론(strategic trade theory)의 중요성이다. 고도의 기술산업인 경우, 규모의 경제가 중요한 산업인 경우, 시장이 독과점인 경우 정부의 보조금 지급 정책이 국제적 경쟁에 중요한 영향을 미칠 수 있다. 정부는 국내기업 및 산업의 경쟁력을 증진시키기 위해 산업정책을 펼 수도 있지만 동시에 그들이 국제수출시장에서 이기기 위해 무역부문에서의 경쟁정책도 고안해 낼 필요가 있다. 넷째, 무역에서의 국제레짐의 발전이다. 우루과이라운드에서 선진국의 공산품에 대한 관세가 많이 인하되었으며 수입쿼터와 보조금을 줄이거나 없앨 수 있었다. 이러한 우루과이라운드의 가장 큰 성과물은 WTO의 출범이었다. WTO는 이전의 기구들보다 구속력이 강하며, 특히 분쟁해결제도를 강화했다(Gilpin 2000).

그러나 새로운 무역환경의 변화 가운데 보이지 않는 무역장벽이 등장하고 있다는 점도 주목할 만하다 국제경쟁정책은 국가 간의 경쟁정책이 서로 다르기 때문에 무역마찰을 가져온다. 국가 간에 상이한 전통과 기업관행은 무역과 투자에 중요한 장애가 될 수 있다. 미국은 강력한 반독점법이 있는 반면, 아시아 국가, 특히 일본의 경우는 그렇지 않다. 또한 합병문제, 기업규제의 차이도 사실상 무역과 외국투자에 대한 중요한 장애물로 기능한다. 국가 간 정치경제모델의 차이 자체는 무엇이 공정한 무역기준인가에 대한 합의를 찾기 어렵게 한다. 글로벌 또는 지역적 기준을 강요하다 보면 국내문제(domestic matters) 영역이었던 경쟁정책이 민감한 국제갈등사안으로 발전하게 된다. '무엇이 공정한가(what is fair)'에 대한 공동의 인식이 없다면 국가 간 협력은 쉽지 않다(Gilpin 2000, ch. 3). 또한 새로운 무역어젠다로 노동기준과 환경기준의 문제가 등장했다. 환경론자들은 무역자유화를 반대한다. 그 이유는 무역자유화가 국제환경기준을 무너뜨릴 수 있다고 보기 때문이다.[11] 환경론자와 보호무역주의가 연합하는 경우로 환경보호와 무

11 미국이 참치수입을 거부한 것에 대해 GATT가 반대를 하자 미국 환경론자

역자유화는 서로 갈등관계에 있다.

WTO 체제는 1994년 우루과이라운드 협상 타결을 통해 등장했으며, 이는 다자무역체제에 중요한 변화를 가져왔다. WTO 체제는 비관세장벽을 완화하고, 무역자유화 범위에서 제외되었던 분야, 즉 농산품과 섬유부문, 서비스, 지적재산권, 투자부문을 다자무역규범의 틀 내로 포함시켰다. 또한 합의에 의한 외교적 방식의 분쟁해결기제를 보다 강한 구속력이 있는 법적 방식의 분쟁기제로 변화시켰다. WTO 체제 자체는 이러한 규칙에 의해 무역정책감시, 분쟁해결, 분쟁판정의 실행과 같은 업무를 지속하고 있다. 2001년 시작된 도하개발어젠다는 농업, 서비스, 지적재산권 등의 대대적인 무역자유화를 목표로 했다. 그러나 선진국과 개도국의 이견만 확인되었을 뿐 진척을 보지 못했으며, 최근 EU의 재정위기로 인해 보다 큰 충격을 받고 있다. 2008년 글로벌 금융위기 이후에도 빈번하게 보호무역조처가 시행·입안되었다. 주요 국가들이 내수 진작을 위한 재정, 통화정책 수단이 마땅치 않은 상황에서 수입을 억제하고 수출산업을 지원하는 방식으로 타개책을 찾으려는 소위 '은밀한 보호주의(murky protectionism)'가 증가하고 있다.[12]

WTO는 범세계적 다자주의이며 WTO를 제외한 것은 거의 지역무역협정(regional trade agreement: RTA)으로 이해가능하다. RTA에는 자유무역협정(free trade agreement: FTA), 관세동맹, 공동시장이 포함된다. 지역무역협정은 지역초월적 양자 FTA(cross-regional FTA)도 포함한다. 1990년대 이후 국제무역질서의 두드러진 특징은 지역적·양자적 무역

들은 매우 비판했다. 돌고래를 죽이지 못하게 하기 위한 방책이었기 때문이다(Gilpin 2000, ch. 3).

12 「미국-중국, 아시아서 경제블럭 각축」, 『매일경제』 2011. 12. 6; 이승주(2010); 문돈(2011); 박성훈(2011).

협정이 폭발적으로 증가하고 있다는 점이다. 1958년부터 2000년까지 96건이 체결됐던 RTA는 2001년 이후에만 205건이 이루어졌다. 이처럼 지역무역협정이 증가하는 이유는 무엇인가? 도하라운드의 교착으로 인한 다자주의 무역자유화의 어려움이 부분적인 이유로 제시될 수 있다. 또 다른 이유로, 일정한 규모 이상의 시장을 가진 역외의 국가에 선도적으로 진입함으로써 그 시장을 놓고 향후에 전개될 여타 국가와의 경쟁에서 선점을 누리려는 동기가 있다. 즉 지역거점으로서 자신의 위상을 정립할 수 있다. 또한 하나의 지역주의가 등장하면 이에 대한 대항으로서 자신이 또 다른 지역주의를 진전시키거나 또는 존재하는 지역통합에 적극적으로 동참하거나 한다. 이를 지역주의의 제2의 물결이라고도 한다(임혜란 2012).

WTO가 답보상태에 머무르고 있는 이유는 선진국과 개도국의 입장차가 크기 때문이라고 하는데, 이로부터 국제경제지형의 힘이 서구 선진국에서 비서구 개도국 방향으로 이동하고 있음을 잘 알 수 있다. 최근 점차 증가하는 지역초월적 양자주의는 아시아와 태평양 지역에서 경쟁하고 있는 미국과 중국의 힘의 갈등에서 잘 나타나고 있다. 대표적인 예로 FTA는 미국 주도 또는 중국 주도의 경쟁으로 이어지고 있으며, 그 가운데 아세안(ASEAN)은 이 둘의 경쟁을 부추기고 있다. WTO 체제 이후 FTA 수는 급증했다. 다국적기업의 투자를 촉진하기 위해, 그리고 지역 내 무역증가는 필연적으로 다른 지역에 대한 배제적 결과를 가져오기 때문에 최근 많은 국가는 동시다발적 FTA 체결경쟁에 들어간 상태이다. 무엇보다 WTO가 다소 난항을 겪게 됨에 따라 FTA 체결이 급증하게 되었다.

최근 양자 간 FTA보다 다자간 FTA가 증대하고 있다. 2015년 미중은 아시아-태평양 지역에서 각각 다자간 FTA를 추진하여 무역질서 재편을 둘러싼 주도권 경쟁을 벌인 바 있다. 미국 중심의 TPP는 세계

GDP 40%를 차지하는 최대의 자유무역협정이다. 오바마 미국 대통령은 2015년 2월 21일 라디오 연설을 통해 "중국이 21세기 무역질서를 새로 쓰려고 하는데 그렇게 되면 우리 노동자와 기업이 큰 피해를 보게 된다. 중국이 아니라 미국이 21세기 무역질서를 새로 써 나가야 한다"고 말하며 TPP 협상 합의에 강한 의욕을 보인 바 있다. 중국의 부상에 맞서 미국이 세계경제질서의 주도권을 놓치지 않겠다는 의지를 다시 한 번 강조한 것이다. 2015년 6월 오바마 미국 정부의 TPP 협상을 뒷받침할 양대 연계법안이 모두 의회의 문턱을 넘으면서 TPP 협상이 본격적으로 탄력을 받게 됐다. 무역협상촉진권한(TPA) 부여 법안에 이어 무역조정지원제도(TAA) 법안도 미국 의회를 통과했다. 미국 하원은 2015년 6월 25일 전체회의에서 TAA 법안을 표결에 부쳐 찬성 286표 대 반대 138표로 가결 처리했다. 이로써 TAA 법안은 같은 달 12일 하원 전체회의에서 민주당의 반대로 부결된 지 2주 만에 다시 살아나 입법절차를 모두 마무리했다.[13] 12개국이 참여하는 TPP는 회원국들이 뉴질랜드에서 2016년 2월 협정문에 공식 서명하였으며, 공식 발효까지 회원국들의 국내서명만 남겨두게 되었다. 그러나 미국의 트럼프 대통령이 당선된 이후 TPP를 포함한 기존에 체결한 FTA 등은 탈퇴 및 재협상의 운명에 처하게 되었다.

한편, 중국은 2014년 11월 베이징에서 열린 아시아태평양경제

13 TAA 법안은 무역협정에 따라 실직하는 수백만 명의 근로자들을 상대로 직업재교육 등을 지원하는 것을 골자로 하고 있다. 당초 노조를 의식해 TAA 법안에 반대해 온 민주당은 기존의 강경입장에서 한발 물러섰다. TAA 법안 부결을 주도했던 낸시 펠로시 민주당 하원 원내대표는 "이제는 전투의 열기를 낮추고 정책이 국민의 생활에 미치는 영향을 이성적으로 논의할 때"라며 "다만, 좋은 협상결과가 나오도록 행정부를 압박할 것"이라고 말했다. 「미국 TPA 이어 TAA도 의회 문턱 넘어… TPP협상 탄력」, 〈연합뉴스〉 2015. 6. 26.

협력체(APEC) 정상회의에서 아시아태평양자유무역권(FTAAP)의 로드맵을 보여 참석 국가의 동의를 얻었다. 중국은 FTA를 통해 중국 중심의 경제블록을 확대하고 미국의 개입을 축소시킨다는 전략을 가지고 있다. 일본의 TPP 참여 선언이 TPP를 통해 미국이 주도하는 다자간 무역자유화 선언이었다면, 한중 FTA 타결은 FTAAP 출범을 목표로 RCEP의 실효성을 높이는 중국 주도하 다자무역 전략의 중요한 포석이라 할 수 있다. 그동안 양자 간 무역자유화, 즉 개별 국가와의 FTA에 주력하던 중국과 미국이 다자간 무역자유화에 관심을 갖게 된 것은 아시아-태평양 지역에서 영향력을 넓혀 가려는 외교적 목적 때문만은 아니다. 점점 더 복잡하고 정교해지는 글로벌 생산분업 체계(global value chain: GVC) 확산에 대응하기 위한 경제전략도 중요한 한 축을 이룬다. 양자 간 FTA 참여 국가가 계속 늘어남에 따라 FTA 발효 초기에 누리던 배타적 이익은 점차 줄어들게 됐고, 이를 만회하려면 TPP나 RCEP 같은 지역 중심의 다자무역협정을 통해 새로운 '배타적 이익'을 만들어 내야 했기 때문이다.[14]

글로벌 무역질서에서는 이와 같이 다자주의와 지역주의가 주춤하는 사이 다자간 FTA가 증대하는 경향을 보이고 있다. 이러한 무역질서에 개별 국가가 어떻게 대응해 나갈 필요가 있는지 고민해야 할 시점이다. 동시에 동아시아 지역에서의 무역구조 변화를 살펴볼 필요가 있다. 동아시아 지역생산네트워크의 특징 가운데 냉전시기 무역구조의 특징을 살펴보면 다음과 같다. 일본은 부품제공과 기술혁신을 위한 전방기지, 동아시아 후발국들은 수입된 부품을 최종 조립하는 중간기지, 미국은 상품 최종소비를 위한 수출 및 후방기지로 하는 삼각무역

14 김형주, 2014. 11. 17, 「동아시아 무역질서, 고차원 방정식」, 『주간동아』.

구조가 그 기본적 특징이었다(Bernard and Ravenhill 1995, 177-178). 미국이 최종 수출기지로 기능할 수 있었던 것은 국제정치적 맥락인 냉전시기와도 무관하지 않다. 미국이 패권으로서의 역량을 갖추고 있었기 때문에 수출기지로서의 역할을 수행했지만, 동시에 냉전이라는 국제정치적 이유로 동아시아 개도국들의 경제성장을 유도할 수밖에 없었던 것이다. 그러나 탈냉전과 동시에 미국 패권의 경제적 역량이 일본 및 신흥국들과 비교해 상대적으로 줄어들면서 이러한 무역구조는 변화하게 되었다. 또한 중국이 동아시아 지역생산네트워크의 중요한 부분을 차지하게 됨에 따라 기존 삼각무역구조가 변화되었다. 우선 중국으로의 FDI가 증대함에 따라 중국은 조립생산기지의 최적지로 떠오르게 되었고 기존 신흥공업국들이 수행했던 조립생산부문이 중국으로 이전되었으며, 일본 및 신흥공업국들은 중간재와 부품수출을 하고, 조립된 최종재는 미국으로 수출되는 새로운 삼각분업구조가 형성되었다. 즉 동아시아 국가들은 중국을 수출기반(export base) 지역으로 삼으며 중간재를 수출하는 삼각구조가 형성되었고, 결국 일본 중심의 기존 삼각무역구도는 중국이 또 다른 중심역할을 하는 삼각무역구조로 변화되었다. 따라서 아직까지 미국은 수출기지로서의 역할을 하고 있으며, 삼각무역구조의 중심이 일본에서 중국으로 이동했다고 평가할 수 있다.

동아시아 발전국가는 기존의 일본 중심의 삼각무역구도 위에서 성장했으나, 최근 중국 중심의 삼각무역구도로 변모함에 따라 새로운 구조적 기회와 도전을 맞이하게 된다. 동아시아와 한국이 새로운 무역구조와 질서 속에서 어떤 선택을 내려야 할지 세밀히 고민해 보아야 할 시점이다. 특히 중국 정부는 해외직접투자가 중국 내 산업혁신과 무관하지 않도록 하기 위한 보다 적극적인 개입정책을 펼치고 있다. 이러한 상황은 새로운 삼각무역구도에 대한 또 다른 도전과 기회를 부여하는 것이다. 한국이나 대만과 같은 동북아 국가들의 생산역량과 비교우위가 중국과 직접적으로 경쟁 또는 추월당하는 상황이 진행될 수 있어 동북아 발전국가의 새로운 정책적 변화가 요구된다고 하겠다.

2017년 트럼프가 미국 대통령으로 당선되면서 미국의 대외경제 정책의 기조는 보호무역주의로 변화되었다. 트럼프는 대통령 당선이후 곧바로 TPP 탈퇴를 공식적으로 선언함으로써 국제무역질서를 보다 불명확하게 만들었다. 트럼프 대통령은 2017년 1월 북미자유협정(NAFTA) 재협상 방침을 밝힌 지 하루 만에 TPP 탈퇴까지 선언함으로써 '미국 우선주의'에 입각한 트럼프식 보호무역 노선을 재천명했다. 이는 미국이 '미국 우선주의'에 기반한 양자무역협정 시대로 가고 있음을 드러낸 것이다. 트럼프는 "중국과 일본은 미국에 많은 제품을 수출하고 있지만, 미국 제품 수입은 어렵게 만들고 있다"며 "공정한 무역을 하고 있지 않다"고 비판했다.

사실상 2017년 트럼프에 의한 미국의 보호주의 강화 현상은 국제무역질서에 많은 도전을 불러일으키고 있다. 미국의 보호 강경책은 '나비효과'를 부를 수 있다. 각국이 경쟁적으로 수출입 문턱을 높이는 한편, 수출경쟁력 강화를 위해 자국 통화 가치 절하에 나서는 '환율전쟁' 재연가능성도 배제할 수 없다. 한국은행에 따르면 이미 우리 기업에 대한 글로벌 무역보복 조치는 2008-2009년 18건에서 2014-2015년 41건으로 2배 이상 급증했는데, 이후로 이런 현상이 한층 심해지고 있다.

20세기의 무역질서는 미국 패권질서 중심으로 한 보다 확대된 자유무역질서로 발전하였다. 그러나 WTO를 중심으로 한 다자주의가 선진국과 후진국의 의견대립으로 주춤하면서 FTA가 보다 확대되고 있다. 특히 중국이 새로운 패권도전국으로 급부상하면서 미국 중심과 중국 중심의 다자적 FTA 네트워크가 대립하고 있다. 비록 미국의 TPP 탈퇴로 인해 다자에서 양자무역질서의 병행 또는 회귀현상이 일어나고 있지만, 21세기 무역구조의 새판짜기에 미중 양국이 보다 선도적 역할을 하기 위해 경쟁하고 있음을 알 수 있다. 과거 동아시아 발전국가 시기의 무역관계가 미국 중심의 무역구조였다면 이제는 두 패권국이 대립하는 무역구조를 보이고 있어 이에 대한 발전국가의 선택이 중요한 시점에 이르고 있다. 또한 냉전시기 미국 패권의 우호적 통상환경이 동아시아 발전국가의 성장에 긍정적 영향을 미쳤다면 탈냉전시기 또는 신냉전시기는 동아시아 발전국가에 보호주의와 같은 부정적 영향을 미치고 있어 이에 대한 다각적 대응이 필요하다.

4. 통화질서의 변화: 미국 달러본위제의 위기[15]

1970년대 달러에 대한 신뢰가 무너지면서 닉슨이 금태환 정지를 선언함으로써 브레턴우즈 체제는 붕괴하기 시작했고, 1973년 유럽공동체(EC) 국가들이 변동환율제를 공식적으로 채택함으로써 국제통화질서는 브레턴우즈 체제의 실질적 붕괴와 더불어 변동환율제로 이행하게 된다. 변동환율제는 국제금융의 급성장을 가져왔으며, 이는 각국의 자본통제를 폐지하는 압력으로 작용했다. 1980년대에 이르면 서구 유럽 국가들이 자본자유화와 금융자유화를 도입했으며 국제금융은 자유주의질서 시대로 되돌아갔다.

과거 고전적 자유주의 시기 또는 제한적 자유주의 시기에 작동했던, 금에 연계된 고정환율제에서는 무역수지 흑자와 적자가 자동적으로 금이라는 통화량의 변화에 따라 조정되었다. 브레턴우즈 체제에서

15 이 부분은 임혜란(2012)의 논의를 상당 부분 참조하였다.

〈표 6〉 각국 외환보유고 국제비교(2017. 8)

(단위: 억 달러)

중국	일본	러시아	대만	홍콩	스위스	인도	한국
32,915	12,680	4,240	4,464	4,138	7,917	3,978	3,848

출처: e-나라지표(www.index.go.kr).

는 심각한 국제수지 불균형이 발생하는 경우 고정환율을 조정해 해결하려고 했다. 브레턴우즈 체제 붕괴 이후 자유변동환율제도가 채택되었지만 여전히 많은 나라들은 자국의 환율안정과 국제수지 방어를 위해 외환시장에 개입하는 환율정책을 고수했다. 특히 아시아 외환위기 이후 신흥 경제국들은 외환위기 가능성으로부터 자국을 보호하기 위해 환율의 저평가를 유도하고 외환보유고를 확충하는 방향으로 정책을 강화했다. 중국은 빠른 성장을 유도하기 위해 수출에 의존하는 정책으로 일관함으로써 환율을 달러에 고정하였고, 자국 통화의 저평가를 유지해 막대한 외환보유고를 쌓았다(표 6). 따라서 현재의 국제통화제도는 자유변동환율제도, 관리변동환율제도, 준고정환율제도가 섞여 있는 혼합제도(hybrid system), 혹은 무제도(non-system)에 가깝다고 평가된다(조윤제 2010, 164).

현재의 세계통화질서는 과거 브레턴우즈 체제와 비교해 볼 때, 환율제도와 자본이동의 관점에서 본다면 변동환율제도이며 자본이동규제가 완화되었다는 점에서 다른 체제로 볼 수 있다. 그러나 기축통화나 국제금융기구를 기준으로 본다면 브레턴우즈 체제와 그 이후의 체제는 유사한 질서로 평가할 수 있다. 이는 달러를 기축통화로 한 체제에 기반을 두고 국제통화기금이 작동하고 있다는 점에서 그렇다(한인택 2009). 1997년 아시아 위기는 아시아 지역 내 외환위기였으며, 이는 실물위기로 이어져 아시아 경제가 타 지역경제에 비해 상대적으로 약화되는 결과를 가져왔다. 그러나 미국발 금융위기가 발생했을 때는 역설적으로 미국 경제가 회복해야 세계경제가 회복된다는 생각 때문에 미국 경제의 중요성, 결국 달러의 가치가 오히려 상승했다. 그 이유는 달러와 금을 대체할 안전한 대안이 없었기 때문이다.

사실 국제금융위기와 국제통화질서는 무관하지 않으며, 미국발 금융위기의 원인이 일정 부분 현재의 국제통화질서에 있다고 보기도 한다(문우식 2009). 브레턴우즈 체제의 붕괴는 브레턴우즈 체제의 골격인 금환본위제의 붕괴를 의미했다. 오늘날 대부분의 나라는 금 대신 외환, 특히 미국 달러화를 준비금으로 보유하게 되었다. 미국은 달러화의 국제적 지위로 인하여 막대한 국제수지 적자와 재정적자에 따른 불균형의 조정부담을 질 필요가 없게 되었으며, 때로는 조정부담을 자국의 무역상대국에 전가하기도 했다. 미국은 경상수지 적자를 지속하고 세계 최대의 채무국이 되었다. 달러본위제의 결함은 달러화를 무한하게 찍어 낼 수 있다는 데 있다. 유럽에서는 통화가 통합되며 유로화가 출현했고, 이로 인해 공적 준비금에 대한 수요가 급감하였다. 이와 달리 1990년대 이후 아시아 지역 국가들은 미국을 상대로 한 막대한 무역흑자를 통해 달러화의 최대보유국이 되었다.[16] 2017년 현재 아시아 국가들이 외환보유 상위 랭킹을 차지하고 있다.

아시아 국가들은 미국 달러화를 다시 미국 시장의 안전자산에 투자하였고, 그 결과 미국 국채의 반 이상을 아시아 국가가 보유하게 되었다. 달러를 많이 갖고 있는 나라일수록 달러 체제를 옹호하게 되는

16 2017년 현재 전 세계 총외환보유고의 60% 정도를 한국, 중국, 일본, 홍콩, 대만, ASEAN 5개국 등 동아시아 10개 국가가 보유하고 있다. 중국의 외환보유고는 3조 달러로, 5년 연속 세계 1위를 차지하고 있다. G7 국가 가운데 일본만 1조 2천억 달러 이상의 외환을 보유하고 있으며 영국, 프랑스 등 유럽 국가들과 미국은 소규모로 보유하고 있다(e-나라지표 www.index.go.kr).

상황이 벌어지게 된다. 2008년 미국발 금융위기는 이처럼 미국 달러화를 기반으로 한 국제통화질서 특징 때문에 미국이 무분별하게 신용정책을 사용할 수 있었던 데 기인한 것이다(문우식 2009, 7).

2008년 글로벌 금융위기 이후 세계는 지속적인 저성장과 경기침체를 경험하고 있다. 이러한 배경에서 세계 각국이 앞다투어 통화 가치를 절하하는 글로벌 환율전쟁에 참여할 것이란 관측도 나왔었다.[17] 자국 통화 가치의 하락(통화 약세)을 통해서 수출 상품의 가격 경쟁력을 높이고, 수출 확대를 도모할 수 있다는 점에서 환율전쟁은 가속화되고 있다.

2015년 8월 중국이 위안화 평가절하를 단행하면서 환율전쟁에 기름을 부은 격이 되었다. 중국 경제는 최근 무역 지표가 부진한 데다 증시까지 침체되며 경착륙 우려가 제기된 바 있다. 위안화 환율문제는 미중 간의 오래된 분쟁거리였다. 미국은 지속적으로 위안화 절상 압박을 중국에 가해 왔다. 만성적인 대중국 무역적자에 시달려 온 미국 입장에서는 저평가된 위안화 가치가 올라가야 무역 불균형을 해소할 수 있다고 주장했다. 반면 중국은 무역 불균형이나 실업 등 미국의 경제문제가 위안화 환율 때문이 아니라고 반박해 왔다. 실제로 미국 의회는 2011년에 환율조작 국가의 제품에 보복관세를 부과할 수 있도록 하는 법안을 통과시켰고 중국의 2015년 평가절하 조치는 상당한 부담으로 작용할 것이라고 분석했다. 각국은 글로벌 경제위기 이후 경기침

17 유럽과 일본이 경기 부양을 위해 돈을 엄청난 규모로 풀고 있다. 자국의 화폐 가치를 떨어뜨려 수출 경쟁력을 강화하고 디플레이션 가능성을 차단함으로써 소비를 회복시키기 위한 것이다. 일본이 추가 양적 완화를 단행한 2014년 10월 이후 유로존과 중국, 인도, 캐나다 등 14개국이 금리를 낮추거나, 양적 완화를 단행해 현재 세계적으로 33개국이 환율전쟁에 뛰어든 상태다. 「포성 커지는 '환율 세계대전'… 한은도 대응책 고심」, 『조선일보』 2015. 3. 12.

체를 해소하기 위해 금리인하 및 양적 완화를 통해 돈을 풀기 시작했고, 이와 동시에 환율전쟁은 시작된 것이라 할 수 있다.

중국 위안화 가치가 떨어지면 이머징 국가의 환율도 따라 움직일 것이고 한국 원화도 위안화 가치와 동조해 움직일 것으로 보인다. 원화가 절하되면 한국 수출품의 가격 경쟁력도 올라간다. 위안화 평가절하로 중국의 수출이 늘어나고 중국의 경기가 정상적인 회복 궤도에 오르면 중국에 대한 한국의 수출도 늘어날 수 있다. 한국은 중국에 중간재 수출을 많이 하고 있다. 그러나 한국과 중국의 수출상품 경합도가 커져 위안화 평가절하가 한국의 수출 경쟁력을 떨어뜨릴 수도 있다는 지적이 나오고 있다. 과거 중국의 제품 경쟁력은 한국에 뒤졌지만 최근 들어서는 세계시장에서 한국과 경합하는 중국 제품들이 늘어났다. 일본 시장에 이어 미국 시장에서도 한국과 중국 제품의 수출 경합도가 높아지고 있다. 이런 상황에서 추가적인 위안화 절하는 수출시장에서 중국 상품의 가격 경쟁력을 높여 우리 상품을 밀어내는 무기로 작용할 수 있다.

1997년 아시아 외환위기의 원인과 깊이 연관되었던 것은 당시 아시아 국가들이 자본자유화를 적극 실시해 나가면서도 많은 경우 미국 달러화의 명목환율에 연계된 경직적인 환율제도를 유지하고 있었다는 점이다. 태국은 사실상 달러화에 명목환율을 고정시켰고, 필리핀, 말레이시아, 인도네시아, 한국 등 다른 아시아 국가들도 유사한 고정환율제도를 운영하였다. 그러한 달러에 연계된 고정환율제도를 운영한 이유는 환율을 안정시킴으로써 외자유입을 촉진하고 국내물가를 안정시키기 위해서였다. 그러나 달러에 연계된 환율제도는 편익도 있지만 다른 많은 문제를 수반한다. 자본자유화에 따라 자본 유입이 발생하는 경우 고정환율제도를 유지하기 위해 중앙은행이 외환시장에 개입하여 외화를 매입하는 과정에서 통화증대를 가져온다. 이는 물가상승과 환율의 고평가를 가져와 궁극적으로 경상수지 적자의 확대를 가져온다. 또 다른 문제는 달러화가 강세를 보일 경우 자국 통화 역시 동반강세를 보임으로써 수출경쟁력을 약화시킨다는 점이다. 1990년대 동아시아 국가의 환율은 상당 부분 고평가되어 있었는데, 이는 1995년 5월 이후 달러화 강세에 따른 고평가요인에 영향받은 것이다(최두열 1998, 158-160).

세계금융위기의 재발을 방지하기 위해 국제적 최종대부자의 존재가 필요하다. 세계중앙은행의 설립이 한 방법일 수 있으나 이는 현실적으로 기대하기 어렵다. 현재로서는 국제금융기구인 IMF가 금융위기 시 자금을 공급할 수 있는 대표적인 기구이다. 그러나 IMF는 1997년 아시아 금융위기 때 보여 주었듯 위기 이후에나 자금을 지원하며, IMF 자금이용이 곧 거시금융정책의 실패를 인정하는 것으로 인식되는 소위 낙인 효과(stigma effect)로 인해 사용이 제한될 수 있다. 최근 IMF 지배구조의 개혁이 진행되고 있는데, 주요 10대 주주 자리가 미국과 일본, 유럽 주요국(독일, 프랑스, 이탈리아, 영국), 브릭스(BRICS) 4개국(브라질, 러시아, 인도, 중국)에 돌아가도록 했다. IMF 지배구조 개혁의 핵심은 IMF 쿼터 지분을 급성장하는 신흥시장국과 개발도상국으로 이전하는 것이었고, 그 결과 유럽은 큰 타격을 입었다. 구체적으로는 투표권이 축소되고 이사회직 2석을 잃었다. IMF에서 주요 의사결정이 내려지려면 85%의 찬성이 있어야 하기 때문에, 미국은 지분이 16.8%로 줄어들었어도 1944년 IMF 창설 때 부여받은 거부권을 계속 누리게 된다. 유럽과 달리 미국은 IMF에서의 거버넌스 구조에서 영향력을 아직까지 유지하고 있다고 볼 수 있다. 이와 같은 개혁에 대한 유럽의 불만에도 불구하고 IMF 개혁은 세계경제지형의 변화를 반영하는 방향으로 개진된 것이라고 평가할 수 있다. 그럼에도 IMF의 역할은 제한적이다. 금융위기를 극복하기 위해 주로 사용된 방법은 중앙은행 간 금융협력이다. 가령 신흥국 중앙은행과 미국 중앙은행(U.S. Fed)의 스왑협정을 통한 달러 유동성 공급이 위기의 확산을 방지하는 데 중요했다(문우식 2009, 11).

미국 달러를 기축통화로 한 달러본위제는 미국의 팽창적 신용정책에 따른 위기를 가져왔으며, 국제수지 적자와 같은 글로벌 불균형의 정도가 도를 넘음에 따라 환율전쟁과 같은 갈등을 가져온다. 미국의 대규모 경상수지 적자와 중국 등 신흥국의 경상수지 흑자로 대변되는 글로벌 불균형은 세계경제의 안정을 위협하는 요소로 지목되고 있다. 왜냐하면 미국 경상수지 적자에 따른 달러화의 가치 하락 가능성에 주목할 수 있기 때문이다.

불균형을 완화하기 위해 모든 국가의 공동노력이 필요하다. 미국과 선진국은 소비를 억제해야 하고, 신흥국은 내수 위주의 성장모델로 전환할 필요가 있다는 주장이 있으나 이는 쉽지 않은 방책이다. 〈그림 6〉에서 볼 수 있듯, 미국은 일본 배싱(Japan bashing)과 중국 배싱(China bashing)을 통해 글로벌 불균형의 문제를 해결하려고 했다. 그러나 일본 배싱을 통해 무역적자의 문제를 해결했지만, 중국 배싱의 압력은 일본에 비해 그 효과가 적었다. 대중국 무역에서 총 무역적자의 약 3분의 1을 기록하고 있는 미국은 중국을 환율조작국으로 지목해 위안화 절상을 요구하고 있으나, 중국은 미국의 과소비-과투자 구조가 무역적자의 원인이라고 반박했다.[18] 상호의존적 경제구조를 감안할 때, 미국의 중국에 대한 과도한 평가절상 요구나 중국의 미국 채권 처분 등 보복

18 2010년 9월 미국 의회와 정부는 환율조작국에 보복관세를 부과할 수 있는 '공정무역을 위한 환율개혁법안'을 통과시켰다. 이에 대해 중국은 2010년 9월 26일 미국산 닭고기에 5년간 최대 105.4%의 반덤핑 관세를 부과하겠다고 발표하였다. 미국과 중국의 환율갈등에 일본과 신흥국도 가세하면서 글로벌 통화전쟁의 양상으로 비화된 바 있다(김용기 외 2010).

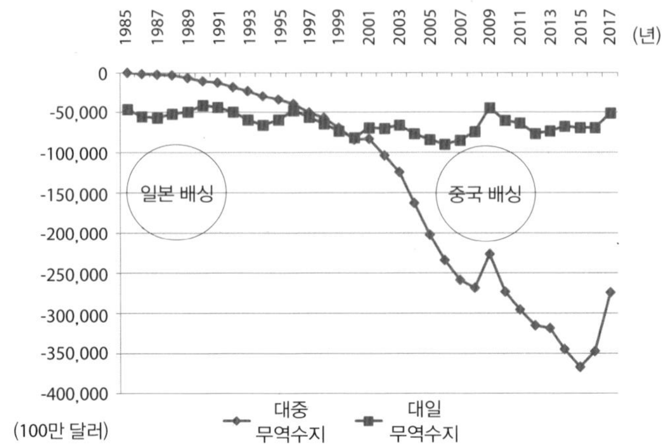

〈그림 6〉 미국의 대중, 대일 무역수지

출처: U.S. International Trade Data(https://www.census.gov/foreign-trade/data/index.html).

조치는 모두에게 독이 될 수 있다. 또한 중국 정부가 위안화 절상을 꺼리는 것은 무역의존도가 GDP의 약 45%에 달할 정도로 크기 때문이다. 환율인하에 따라 경제성장이 둔화되면 외환 획득뿐만 아니라 통치의 정당성까지 감소될 가능성도 크다.[19] 미국과 중국의 환율전쟁은 단극적 미국 패권질서가 이미 도전을 받고 있으며 미국의 영향력이 과거 일본과의 환율갈등 시기와는 달리 약화되었다는 점을 잘 반영한다. 현재 달러 이외의 안전한 대안이 없기 때문에 달러의 강세가 유지되고는 있지만 위안화의 영향력도 점차 증대하고 있는 상황이다.

현재 중국은 미국과 함께 G2로 불린다. 세계무역결제의 81%, 전세계 외환비축고의 60%를 달러가 담당한다. 위안화는 세계 2위의 무

19 미국은 지나치게 오랫동안 재정적자와 경상수지 적자를 방치해 왔다. 미국의 채무가 증대하면서 달러에 대한 국제신뢰도는 지속적으로 하락했다. 중국을 비롯한 채권국들은 달러 표시 자산을 축소하고 있지만 아직 본격적인 달러 투매는 발생하지 않고 있다. 왜냐하면 현실적으로 달러를 대신할 대안이 없기 때문이다(정상화 2010).

역결제화폐이자, 7위의 지불화폐로 올라섰다. 중국은 4조 달러의 외환보유고를 유시하며 금융굴기를 위해 노력하고 있다. 『화폐전쟁』의 저자 쑹훙빙은 "화폐를 지배하는 자가 세계를 지배한다"고 했다. 2008년 세계금융위기 이후 중국은 미국의 실물경제가 위축된 틈을 타 '위안화 굴기'에 박차를 가하고 있다. 중국은 2009년 양회(兩會: 전국인민대표대회와 중국인민정치협상회의)에서 '위안화 국제화를 추진한다'고 공식선언했고, 홍콩에 첫 번째 위안화 역외(중국이 아닌 지역) 거래소를 세웠다. 2014년까지 역외에서 위안화와 해당국 화폐를 직거래하는 '역외 위안화 청산·결제은행'은 홍콩, 마카오, 대만, 싱가포르 등 4곳에 불과했다. 2015년 중국은 서울, 런던, 파리, 프랑크푸르트 등 8곳에 위안화 청산·결제은행을 추가했다.

국제통화질서는 국제금융체제와 밀접하게 연관되어 있다. 통화가치의 변화와 금융시장의 통합은 국제통화체제의 기능에 부정적 영향을 미친다. 고정환율제의 붕괴 이후 안정적이면서도 만족스러운 국제통화체제는 없었다. 1997년 동아시아 외환위기는 동아시아 발전국가의 내부적 문제에도 그 원인이 있었지만, 동시에 불안정한 국제금융체제와 투기자본가들의 무분별한 투기에서도 그 원인을 찾아볼 수 있다. 동아시아 발전국가의 성장은 냉전시기 국가의 정책적 자율성과 자본이동규제 그리고 환율안정 시기에 진행되었다. 1970년대 이후 변동환율제가 보편화되었고 1980년대 금융세계화와 더불어 동아시아 발전국가들이 자본이동규제 완화 및 자유화를 진행하면서 외환위기 가능성을 증대시켰다고 볼 수 있다. 1997년 외환위기 이후 동아시아 발전국가들은 위기에 대비하기 위하여 과감한 개혁의 단행과 외환보유고 증대 등 다양한 준비를 진행한 바 있다. 최근 미중 갈등이 표면화되면서 환율전쟁, 통화전쟁 가능성이 증대하고 있다. 이에 대비하기 위해서는 기초체력을 튼튼히 해야 하는데, 특히 수출다변화, 산업경쟁력 강화를 위한 혁신을 지속해야 한다.

5. 금융질서의 변화: 미중 금융패권경쟁

국제금융체제는 제2차 세계대전 종전 이후 '브레턴우즈 체제'라는 이름으로 유지되어 왔는데, IMF와 세계은행(World Bank)이 중심축이 되었다. 아시아에서는 일본이 최대 주주인 ADB가 설립됐다. 미국 패권의 브레턴우즈 체제는 고정환율제로 미국의 달러를 금과 연계하고 다시 각국 통화를 달러에 연계한 제도이다. 이러한 고정환율제는 1970년 닉슨의 불태환선언에 의해 붕괴되고 국제통화질서는 변동환율제로 변화된다. 규제되던 자본이동이 자유화되면서 세계금융시장은 급성장하게 되었다. 브레턴우즈 체제에서는 자본이동 통제가 지속되었기 때문에 개별 국가들의 거시경제정책이 자율성을 유지할 수 있었으며 투기자본의 취약성으로부터 어느 정도 보호될 수 있었다. 그러나 1971년 닉슨 선언에 의해 브레턴우즈 체제가 깨지고 자본이동 자유화가 가속화되면서 국내에서 얻을 수 없는 해외자본에 대한 접근성이 높아졌으며, 정부의 거시경제정책 자율성은 줄어들었다. 또한 투기자본에 따른 취약성이 증대하여 위기가능성이 보다 커졌다. 이 시기의 브레턴우즈 체제는 미국과 유럽 및 일본 간에 이루어진 공생적 통화, 금융관계였다. 미국은 중심부 역할을 하면서 냉전의 군비지출과 다국적 기업의 해외 직접투자, 그리고 미국 시장의 개방을 통해 막대한 양의 달러화를 세계경제에 공급했다. 주변부 역할을 한 유럽과 일본은 자국 통화가치의 저평가를 유지하면서 수출을 통해 성장을 지속했다. 이러한 불균형 속에 유럽과 일본의 중앙은행들이 달러화 준비자산을 계속 흡수함으로써 달러화와 각국 통화들의 가치가 유지될 수 있었다(백창재·조형진 2012, 304) 미국의 적자지출은 유럽과 일본의 중앙은행들의 지불준비금으로 흡수될 수 있었기 때문에 결제되지 않는 터무니없는 특권, 즉 기축통화국으로서의 주조권(seigniorage)을 누렸다고 볼 수 있다.

그러나 이러한 공생관계는 1971년 막을 내리게 되었으며, 이러한 통화·금융질서는 1990년대 중반에 미국과 동아시아 간의 새로운 중심-주변관계로 복구되었다. '신브레턴우즈 체제'는 동아시아 국가들의 미국에 대한 수출증대와 더불어 재복구된다. 동아시아 국가들은 달러화에 대한 자국 통화의 평가절상을 막기 위해 대규모로 달러화 자산을 매입하고 이를 지불준비금으로 쌓아 왔다. 동아시아 국가들의 이러한 수출 중심 발전전략과 통화정책을 가능하게 하는 것은 미국의 경상수지 적자이다. 1997년 1,300억 달러에 달하던 미국의 경상수지 적자는 이후 급증하기 시작하여, 1999년 3천억 달러, 2000년 4천억 달러, 2005년에는 7,500억 달러까지 급증했다. 2002년에서 2005년까지 미국의 경상수지 적자는 2조 3천억 달러가 누적되었는데, 이 중 1조 달러 정도가 민간 투자로, 나머지 1조 3천억 달러는 외국 정부의 준비금으로 충당되었다. 후자 중 동아시아 국가들의 준비금만 1조 1천억 달러가 증가했다(백창재·조형진 2012). 이처럼 지불준비금을 대규모로 확충한 것은 성장과 교역량이 증대했기 때문이거나 1997년 외환위기에서 국제적 자본이동의 위험성을 뼈저리게 느낀 동아시아 국가들이 안전망을 구축하려 한 때문일 수도 있다. 그러나 동아시아 국가들의 달러매입은 자국 통화의 평가절상을 막기 위한 의도가 강하게 작용했다고 보기도 한다. 결국 미국은 결제되지 않는 빚으로 지출을 하고, 다른 한편에서는 동아시아 국가들이 저평가된 통화를 통해 수출 중심의 성장을 지속하고 있다.

기존의 세계금융질서를 유지하고 있는 것은 '세계은행'이라고도 불리는 'IBRD'와 'IMF'이다. 미국에 본부를 두고 있는 이 두 기구는 제2차 세계대전 이후의 국제금융질서를 세우기 위해 1944년 7월 미국 뉴햄프셔 주 브레턴우즈에 44개국 대표들이 모여 달러를 세계 기축통화로 하고 전후 복구를 위한 경제개발자금 지원과 경제위기국가에 대한 자금지원을 목적으로 설립했다. 이른바 '브레턴우즈 체제'를 떠받치고 있는 세계은행과 IMF를 통해 미국 중심의 세계금융질서는 지난 70여 년간 유지되어 왔다. 그리고 아시아 지역 개발도상국 경제발전에 기여하기 위하여 1966년 미국과 일본 주도로 'ADB'도 설립되었다. 이러한 국제금융기구는 모두 소유지분에 따라 의결권을 행사한다. 미국의 경우 15%(세계은행), 16.8%(IMF)이며 거부권도 갖고 있기 때문에 미국의 동의 없이는 어떠한 사항도 변경할 수 없다. 이러한 이유로 세계 2위의 경제대국이 된 중국은 현재 4.1%(세계은행), 8.3%(IMF)에 머물고 있는 자국의 지분확대를 지속적으로 요구했으나 번번히 좌절됨으로써 국제금융분야에서 변방취급을 당해야만 했다. 또한 중국의 위안화는 달러화는 물론, 유로화, 파운드화, 엔화보다도 못한 평가를 받아 왔다. 2016년 중국의 SDR 통화편입은 중국 위안화의 국제화 노력을 잘 반영한다.

중국은 2001년 WTO 체제에 가입하면서 제조업분야에서 글로벌 체제에 진입했고 이제는 글로벌 금융체제 질서재편을 노리고 있다. 중국은 미일이 주도하는 ADB에 맞서 AIIB를 별도로 설립했다. AIIB는 아시아 개발도상국을 대상으로 도로 등 기반시설 건립을 지원하기 위한 국제금융기구다. 이는 중국의 일대일로를 실현하기 위한 금융수단이기도 하다. 2017년 중국은 AIIB 목표자본금 가운데 32.3%의 지분을 갖고 있으며 어느 정도의 의사 결정권을 확보한 상황이다. AIIB에서 한국의 지분율은 4.06%로 중국(32.33%), 인도(9.08%), 러시아(7.09%), 독일(4.87%)에 이어 다섯 번째로 높다. AIIB는 미국 주도의 국제금융체제에서 벗어나려는 중국의 노림수가 담겨 있어 국제적인 마찰음이 커지고 있다. AIIB에서 중국의 지분율에 따라 프로젝트 선정이나 투자 과정을 주도할 가능성이 높아 이에 대한 우려가 제기되기도 했다. 의사결정과정의 불투명성이나 단기성과를 위한 개도국의 무리한 개발에 대한 우려, 그리고 개발도상국 프로그램이 환경파괴 및 노동착취 우려가 있는 사업을 배제해야 하는데 중국이 그런 원칙을 지키지 않을 것이라는 회의론이 제기되기도 했다. 중국은 AIIB를 통해 우선적으로 철강 등 국내에서 과잉 생산된 인프라 건설자재를 수출하여 국내공급 과잉문제를 해결하고, 일대일로 프로젝트를 추진하기 위한 대규모 투자금을 지원함으로써 무역시장을 크게 확장하고자 한다. 또한 무역결제를 위안화로 대체하는 등 아시아 지역을 시작으로 위안화 국제화를 실현하는 것을 목표로 하고 있다.

2017년 AIIB는 중국 주도의 금융레짐으로 미국과 일본을 제외하고 70개국 이상이 참여하고 있다. 이는 이미 ADB의 회원 수(67)를 넘어서는 것이다. 미국 내에서는 이번 AIIB 출범에 대해 잘못된 대응을 했다는 비판이 제기된 바 있다.[20] 특히 중국이 AIIB를 출범시킨 동기가 IMF나 세계은행과 같은 국제기구에서 미국이 지나친 지배력을 갖고 있어 의구심을 갖기 시작했다는 점이고 여기에 대응해 미국 정부는 수정안을 의회에 제출했으나 의회가 이런 수정안을 비준하는 것을 계속 미루고 지체하면서 지금 같은 일이 벌어졌다는 것이다. 따라서 지금처럼 AIIB를 중국의 권력 투쟁 수단으로만 볼 게 아니라 경제적 투명성과 여러 가지 규제문제에 대한 미국의 아이디어를 펼칠 기회로 보아야

20 올브라이트(Madeleine Albright)는 워싱턴의 싱크탱크인 국제전략연구소(CSIS)가 주최한 행사에서 이와 같이 비판하며 미국 의회가 이러한 수정안 비준을 지체하고 있는 것이 문제라고 지적했다.「매들린 올브라이트 '미국의 AIIB 대응 엉망'」, 〈연합뉴스〉 2015. 4. 1.

한다는 목소리도 크다. 최근 신생국과 개발도상국 경제가 모두 새로운 국제경제 제도와 대안을 원하고 있으며 미국 의회가 그런 방향의 개혁안을 승인해 주기를 기다리고 있다는 지적도 있다. 한국은 AIIB에서 적극적 역할을 수행할 수 있도록 발언권 확보 등 참여 기반을 보강할 필요가 있다. 한국 기업이 아시아 투자시장을 선점하기 위해서는 AIIB를 활용하는 것이 중요하기 때문이다.

동아시아 국가들은 국내자본의 독점과 정책금융을 통한 자원배분의 성공적 수행을 통해 경제성장의 기틀을 마련할 수 있었다. 그러나 1980년대 금융세계화라는 환경 속에 동아시아 국가들 역시 자유화의 물결에 동참하게 되었다. 그러나 자유화의 정도가 나라마다 달랐으며, 점진적 정책을 쓴 국가들은 외환위기를 피할 수 있었던 반면, 한국과 같이 관리감독이 병행되지 않은 자본시장 자유화와 고정환율제를 받아들인 국가들은 투기자본의 공격과 외환위기라는 결과를 맞이했다.

AIIB를 신호탄으로 그동안 일원체제를 유지했던 국제금융질서가 다원체제로 급속하게 전환될 전망이다(표 7 참조). 새로운 국제금융질서의 대두에 발맞추어 그동안 다른 산업에 비해 낙후되었던 우리의 금융업을 발전시키고, '스마트 시티'와 같은 건설과 정보통신기술(IT)이 결합된 기술로 아시아 인프라 건설에 참여함으로써 한국 경제가 다시 활력을 찾아야 한다. 또한 장차 우리가 시행할 한반도 인프라 사업에 AIIB 기금을 유용하게 활용해야 할 것이다. 중국 주도의 신금융질서는 아직 태동단계에 있으며, 중국 주도의 AIIB·NDB 등 새로운 개발금융기구 역시 주변국의 능동적인 지원 없이는 순항하기 어렵다. 중국 금융의 지향 목표 및 내부 역량, AIIB의 사업진행 속도, 서구의 견제 등에 비추어 현재의 국제금융질서가 단기간에 중국 주도로 크게 바뀌기는 어려울 것이다. 한국은 AIIB의 창립회원국으로 참여하였듯이 신금융질서에 대한 적극적인 편승전략을 제시해야 한다. 중국계 금융기관

〈표 7〉 국제금융기구를 둘러싼 미중 간 패권경쟁

미국 주도	구분	중국 주도
World Bank (세계은행) -개도국 경제개발지원을 목적으로 1945년 창설 -자본금 2,232억 달러	전 세계 개발	NDB (신개발은행) -중국, 브라질, 러시아, 인도, 남아공 등 브릭스 5개국이 주도해 2015년 창설 -자본금 1천억 달러
ADB (아시아개발은행) -1966년 아태 지역 개도국 경제개발 지원 목적으로 창설 -자본금 1,650억 달러	아시아 개발	AIIB (아시아인프라투자은행) -아태 지역 개도국 인프라 투자를 위한 목적으로 2015년 창설 -자본금 1천억 달러
IMF (국제통화기금) -세계무역의 안정적인 확대를 위해 1945년 창설 -자본금 8,374억 달러	금융위기 대응체제	CRA (긴급외환보유액지원기금) -브릭스 5개국 중심으로 회원국 금융위기 시 자금 지원 목적으로 2015년 창설 -자본금 1천억 달러

출처: 「中차관보 "한국이 AIIB 창설멤버 되길 희망"… 이달 내 가입 압박」, 『조선일보』 2015. 3. 17.

과의 협력을 통하여 차별화된 위안화 역외허브 육성방안을 마련하고, AIIB Institute 설립과 한국 유치에도 힘을 기울여야 할 것이다. AIIB 출범에 따라 한국 건설기업이 인프라 건설기회를 잡기 위해서는 기업의 역량강화 및 수주 확대전략 수립을 위한 민관 협력체제를 건설할 필요가 있다. 기업 역량강화를 위해서는 전문인력 양성, 해외 인력파견을 통한 현지정보 수집능력 제고 등이 필요하다. 정부는 해외 금융주재관 파견, 다원화된 해외 인프라 투자기구 정비 및 특화펀드 설치 등을 통하여 금융기관을 지원할 필요가 있다. 중국이 국제금융 주도역량 부족과 주변국의 경계로 인한 일대일로 사업 지연 등으로 어려운 상황에 처한 지금, 한국이 인프라기업의 해외자금 조달, 신용평가, 제3국 공동 진출 등에서 중국과의 선제적인 정책공조를 강화하는 것이 우리 국익에 부합할 것이다(임호열 외 2015).

제6장

동아시아 발전국가모델의 재구성

동아시아 발전국가의 성장은 미소의 냉전체제에 따른 우호적 무역환경, 자본이동 통제와 통화정책에 따른 수출경쟁력 유지, 국제금융 구조로부터의 격리, 동아시아 지역 내 상호보완적 생산네트워크 유지라는 국제정치경제 질서와의 긴밀한 관계 속에서 지속되었다. 물론 우호적 환경 자체가 개별 국가의 성장과 위기를 결정하지는 않는다. 동아시아 발전국가의 성장 당시 냉전으로 인해 특수한 우호적 환경이 조성되었으나, 이러한 환경을 잘 활용했던 개별 국가의 역량 역시 중요하다. 동아시아 발전국가의 경제성장은 시기마다 적절한 정부의 산업정책에 의해 가능했다. 후발개도국의 이점을 잘 활용했던 것도 동아시아 발전국가가 성장하는 데 긍정적으로 기여했다고 볼 수 있다. 산업화의 시작이 다른 국가에 비해 늦었음에도 불구하고 기술이전과 주도적인 국가역할을 통해 빠른 성장을 이루어 낼 수 있었다.

이러한 환경은 1970년대 브레턴우즈 체제가 붕괴하고 세계화가 가속화되면서 급속히 변화되었다. 1990년대에 이르러 동아시아 발전국가는 위기를 맞이하게 된다. 위기 이후 동아시아 발전국가모델은 위기의 원인으로 인식되어 폐기되어야 한다는 비판에 시달렸다. 그러나 앞서도 논의하였듯이 1997년 동아시아 외환위기는 국제금융질서의 불안정성과 국제자본의 무책임한 투기행위로 인해 진행된 측면이 많다.

당시의 위기는 동남아에서 시작되어 동북아로 확산되는 '위기의 전염' 현상을 잘 보여 준다. 위기를 맞았던 동아시아 국가들은 불안정한 국제금융환경이 안정되고 유동성의 문제가 어느 정도 해결된 이후 다시 정상화되었기 때문에 위기의 원인이 외부에 있었다는 논의도 설득력이 있다(임혜란 2000). 이런 점에서 동아시아 외환위기의 원인으로 동아시아 발전국가모델 자체만을 지적하며 이를 폐기해야 한다는 것은 과도한 주장이다. 국가의 시장개입이 문제인지 국가의 규제완화가 문제인지 논쟁이 지속되었다는 점에서, 발전모델의 폐기 자체가 어떤 방향으로의 변화를 의미하는지 알 수 없다. 발전국가모델을 폐기해야 한다는 주장과는 달리 규제완화로 인해 발전국가모델의 장점이 상실되었고 이로 인해 위기가 발생했다는 주장도 제기된 바 있다. 이러한 주장과 같이 향후 위기 대응과 관련해 오히려 발전국가모델을 재구성해 볼 수 있다.

동아시아 발전국가모델은 당시의 역사적 특수성의 관점에서만 이해하기보다는 후-후발개도국의 발전경로에 중요한 함의를 제공해 줄 수 있는 개념으로 인식될 필요가 있다. 동아시아 발전국가모델의 핵심적 요소는 환경변화에 국가가 적절히 대응할 수 있었던 자율적 역량에 있다. 또한 동아시아 발전국가모델은 후발개도국의 발전모델인데, 뒤늦게 산업화를 시작한 국가는 선진국의 발전을 따라잡기 위해 외부로부터의 기술이전과 국내의 산업화과정을 정부의 주도적 역할을 통해 진행했다. 동아시아 발전국가모델은 그런 점에서 후-후발개도국의 경우에 적용 가능하며 발전을 위한 일반적 함의를 제공해 준다. 환경이 변화되었다고 모델이 자동폐기되는 것은 아니다. 새롭게 변화된 환경의 본질을 인식한 후 새로운 대응양식을 찾아내는 것이 중요하다. 상황 변화에 맞는 국가의 주도적 역할을 재규명해 볼 필요가 있는 것이다.

이 장에서는 변화된 환경에 따라 발전국가모델을 재구성해 본다.

동아시아 발전국가모델의 개념은 사실상 냉전시기의 역사적 특수성(historical specificity) 속에서 형성된 것이다. 냉전으로 인한 우호적인 통상환경, 일본 중심의 삼각무역구조와 지역생산네트워크, 미국 패권에 기반한 브레턴우즈 체제, 그리고 국제 자본이동 통제라는 환경과 동아시아 국가의 산업정책이 만나면서 성장이 가능했다. 이러한 현상은 탈냉전과 세계화가 가속화되면서 등장한 새로운 환경으로 인해 변화되었다. 구사회주의국가가 해체되고 탈냉전의 시대가 도래했다. 1970년대 들어 브레턴우즈 체제가 붕괴하고 미국 패권이 상대적으로 하락하기 시작했다. 국내 이익집단의 보호주의적 압력이 증가하고, 대 아시아 국가와의 무역적자가 커지면서 미국 통상정책의 기본 기조는 보호주의적 방향으로 변화되었다. 탈냉전시기에는 대외경제정책에 있어 안보와 경제적 이익의 우선순위가 기존의 안보우위에서 경제우위로 변화된다(Mastanduno 1998). 탈냉전시기의 통상환경은 그런 점에서 보다 보호주의 특성을 보인다. 한편 최근 중국의 부상과 더불어 미중 대립이 심화되면서 탈냉전이 신냉전으로 전환되는 추세를 보이고 있다. 이처럼 다양하고 복잡한 상황에서 발전국가모델이 어떻게 변환되어야 할지 살펴보기로 한다.

1. 신냉전과 패권전이의 가능성

신냉전의 핵심 국가는 결국 미국과 중국이다. 미중이 충돌할 것인가 아닌가의 질문에 대한 비관론에 따르면, 중국이 미국 중심의 세계질서와 이념을 받아들이지 않고 신중화질서를 선호하게 될 때 충돌은 불가피하다고 본다. 그리고 그러한 의도가 없다 해도 중국의 부상 자체가 미국과의 대결을 가져온다고 본다. 이와 달리 낙관론은 중국이 미국 중심의 신자유주의질서 체제 내에서 성장했고 또한 그 질서 안에 있는 것이 이익이 되기 때문에 질서변화를 원하지는 않을 것이며 충돌까지 하지는 않을 것이라고 주장한다. 그러나 어찌되었든 중국의 의도가 계산된 겸손(calculated modesty)이라고 하는 비난을 면할 수는 없으며, 최근 보다 명확한 태도변화를 보인 중국의 공격적 행동은 더 이상 중국이 조심스런 행보만 하지는 않을 것이라는 예측을 가능케 한다.

미국 패권의 쇠퇴 혹은 지속 여부에 관해 다양한 학자들이 상반된 견해를 내걸고 있다. 미국 패권이 쇠퇴하고 있다고 주장하는 사람들은, 중국이 '평화롭게 부상(peaceful rise)'하는 데 성공함으로써 단극체제가 무너지고 있으며, 미국이 패권국으로서 너무 과도한 군사팽창을 시도했다는 것(imperial overstretch), 그리고 미국이 경제적으로 쇠퇴하면서 기축통화로서의 달러 신용이 위기를 겪고 있다는 점을 그 근거로 제시한다(Layne 2011). 그러나 미국의 패권쇠퇴론을 반박하는 학자들에 의하면, 미국 패권은 절대적 하락(absolute decline)이라기보다는 다른 신흥국들의 부상에 따른 상대적 하락(relative decline)이다. 미국의 과도한 군사비지출이 패권하락의 근거라는 지적에 나이(Nye 2010, 3)는 미국이 최근까지 지속적으로 군사비지출을 줄여 왔다는 점에서 이는 사실과 다르다고 반박한다. 나이는 미국의 내부적 문제, 예컨대 채무, 정치적 마비(gridlock), 교육 불평등의 문제가 산적해 있지만 그럼에도 미국은 소프트파워(soft power)의 관점에서 아직 개방적이며 탄력적인 문화와 혁신을 강조하는 교육을 보유하고 있음을 강조한다.[1] 또한 미국이 쇠퇴하고 중국이 패권국이 될 것이냐의 문제는 중국의 정치적 변화

1 소프트파워(soft power)는 간접적인 방식의 권력으로 문화, 이데올로기, 제도와 같은 자원을 포함하고 있다. 군사적·경제적 자원은 하드파워(hard power)에 속한다(Nye 1990, 181).

여부에 달려 있다. 상대적 힘의 차원에서 중국이 부상하고 있지만 그렇다고 중국이 미국을 추월할 것이라고 보지 않는다(Nye 2010, 6). 많은 학자들은 중국이 패권국이 되려면 내부적으로 개혁되어야 할 과제가 너무 많다는 데 동의한다. 중국은 내부적으로 정치적 민주화의 과제를 풀어야 하며, 중국 위안화가 기축통화가 되려면 보다 발전된 법치주의 제도와 금융제도의 개혁이 우선되어야 한다. 중국이 제시하는 베이징 컨센서스(Beijing Consensus)의 이념과 중상주의적 정책 등이 국제정치사회에서 일반적으로 통용되기엔 아직 설득력이 약하다(Ikenberry 2011).

중국이 미국을 제치고 패권국가가 될 것으로 보는 시각과 달리 미국 팍스 아메리카나가 다시 돌아왔다는 주장도 제기되었다. 미국의 힘은 '창조적 파괴'를 가능케 하는 자유시장경제에서 나온다. 창조적 파괴란 경제체제를 내부로부터 끊임없이 혁신시키고 옛것을 끊임없이 파괴하며, 새로운 것을 끊임없이 창조해 내는 산업의 돌연변이 과정이다. 창조적 파괴는 미국의 철도산업, 자동차산업, IT산업의 창조적 전환과정을 통해 잘 나타난다. '셰일가스 혁명'도 대표적인 예이다. 셰일가스는 저가의 에너지를 안정적으로 공급해 미국의 산업생산력과 국가경쟁력을 향상시키는 데 크게 기여했다. 셰일가스가 천연가스 대외의존도를 낮췄고, 이것이 다시 천연가스 가격 하락세를 끌어내면서 결과적으로는 미국 가계의 가처분소득 증가와 고용 창출 등에도 일조하고 있다는 설명이다. 미국의 제조업뿐만 아니라 금융산업 역시 글로벌 금융위기 이전 수준으로 거의 회복했다는 분석도 제시됐다. 양적 완화를 통한 경기부양과 양적 완화 출구전략 등을 적기에 펼쳐 경기 회복을 앞당겼다는 분석이다. 미국의 성장과 회복 저변에는 특히 하이테크 분야에 대한 꾸준한 관심과 대학 등 연구기관에 아끼지 않은 투자 등이 깔려 있다(아산정책연구원 2015).

미국 패권은 쇠퇴하는가? 이에 대해 다양한 논의가 존재하나 이

책에서의 분석은 다음과 같다. 패권의 힘(power)은 다양한 차원에서 이해 가능하다. 예컨대 물리적 능력, 구성적 능력, 제도적 능력으로 이해할 수 있다.[2] 첫째, 물리적 능력은 경제적 차원에서 GDP로 측정해 볼 수 있으며 군사력으로도 가늠해 볼 수 있다. 중국은 2014년 GDP 기준으로 이미 미국을 넘어섰다. 미국은 2016년 기준 여전히 글로벌 경쟁력 4위를 차지하고 있으며(중국은 27위), IT, 바이오테크, 나노기술 등의 분야에서 높은 경쟁력을 유지하고 있다. 중국은 아시아 주요국의 제1의 무역상대국, 동아시아 지역의 생산네트워크 중심기지 역할을 넘어 외환보유고와 금융력을 바탕으로 역내 경제적 주도권을 확대하고 있다. 군사적 역량을 보면 중국의 국방비는 2013년 절대액 기준 1,390억 달러로 세계 2위이며, 미국은 중국의 5배로 압도적 1위이다. 냉전이 끝난 후 20년간 미국은 국방예산을 줄이기는커녕 2배 가까이 늘렸다.[3] 2008-2009년 글로벌 금융위기 때에도 2008년 11.5%, 2009년 7.6% 국방예산을 늘렸다. 미국 오바마 대통령은 2015년 2월 2일 2016년 예산안을 발표하면서 국방예산으로 2015년보다 4.5% 증액한 6,120억 달러의 액수를 의회에 요청했다. 국방예산 의무삭감안이 2011년 8월 의회를 통과하여 발효 중이었음에도 불구하고 증액을 요청했다. 미국은 군사적으로 해군 및 공군, 정밀무기, 정보능력, 미사일 등 전략무기 면에서는 물론 세계 각지에서 작전을 수행할 수 있는 투사능력(projection capability)에서도 아직 월등한 상황이다. 미국의 국방비는 GDP의 4% 정도지만 그 규모는 미국을 제외한 상위 10개국 국방비를 모두 합한

2 백창재(2012) 참조. 백창재는 패권의 구성요소로 물리적·구성적·제도적 권력을 제시하는 등 패권의 능력에 대한 다차원적 접근을 시도한다.

3 냉전이 끝나던 1990년 3,060억 달러였던 미국의 국방예산은 2015년에는 5,860억 달러에 달했다(아산정책연구원 2015).

금액보다 더 크다. 2016년 기준으로 일본은 중국의 3/7 규모로 5위, 한국은 중국의 1/4 규모로 10위이다. 향후 10년간 미국이 재정적자로 인해 군사비 4천억 달러를 줄일 것으로 예상되는 반면, 중국은 지속적으로 군사비를 증강하여 이들 간의 격차는 소폭으로 줄어들 전망이다. 중국은 또한 군사현대화도 추진하고 있으며 해군력을 확장하고 있고 유엔 평화유지활동을 증대하고 있다.

둘째, 구성적 능력은 기존의 질서를 정당화하거나 대안적 질서를 전파할 수 있는 능력을 의미한다. 이는 규범 및 이념(ideas)을 설파함으로써 기존 제도를 정당화하거나 새로운 질서를 유도할 수 있는 힘이다(Barnett and Duvall 2005). 예를 들면 미국 패권 질서는 워싱턴 컨센서스와 같은 신자유주의질서의 이념을 통해 보다 확대 재생산되었다. 구성적 권력은 소프트파워와도 연관된다. 사실 하드파워만큼 중요한 것이 소프트파워이다. 최근 미국의 쇠퇴론을 설명할 때, 하드파워는 상대적으로 떨어졌는지 모르지만 미국은 그 어느 나라보다도 창의력과 자발적 테도를 강조하는 문화와 가치를 보유하고 있으며, 그 결과 과학기술, 연구, 대학들의 수준은 아직 세계의 일류국가로 남아 있다고 평가하기도 한다.[4]

1980년대 미국이 일본으로부터 도전받았을 때 로즈크랜스(Rosecrance 1986)는 다음과 같이 주장했다. 국가들이 국제관계에서의 지위(prestige)를 상승시키기 위해 과거에는 물리적 힘, 군사적 정복이 중요한 수단이었으나, 현재는 물리적 힘을 사용하는 데 드는 비용이 너무 커짐에 따라 경제성장이 보다 중요한 수단이 되었다. 일본과 같이 경

4 한승주, 「미국의 해는 지고 있는가?」, 『조선일보』 2011. 12. 1. 미국은 이제 세계 유일의 초강대국이나 패권국가는 아니지만 그렇다고 2등국으로 추락하는 것도 아니라고 보고 있다.

제적 힘이 있는 국가도 2등 국가로 올라서 강대국에 도전할 수 있다는 것이다. 일본이 보유하고 있는 경제적 역량은 '의지'만 있다면 곧 군사적 힘으로 전이될 수 있기 때문이다. 물리적 힘으로 얻어 낸 권력, 힘에 의한 통치는 막대한 비용이 든다. 가장 바람직한 통치는 지배받는 자들이 기꺼이 지배받고 싶다는 존경과 권위에 대한 복종의지를 보일 때이다. 그러기 위해서는 그들을 설득할 수 있는 담론과 이념이 필요하다. 지배를 정당화하기 위해서는 '기꺼이 지배받는 것이 내 이익이다'라고 생각할 수 있게 하는 설득력, 즉 교육의 힘이 중요하다. 패권도 마찬가지이다. 경제력과 군사력이 기본이 되지만 동시에 정당한 지배의 논리인 이념과 이데올로기가 필요하다. 미국은 민주주의, 자유주의, 자본주의라는 이념을 통해 세상을 지배해 왔고 또한 신자유주의의 이념을 통해 시장원리의 합리성을 세계에 전파했다. 물론 이와 같은 신자유주의 이념은 2008년 글로벌 금융위기 이후 그 설득력이 약화되기는 했다.

셋째, 제도적 능력으로 국제기구에서의 투표 지분(voting share), 즉 의사결정능력이 핵심이다. 제도적 능력은 각 영역 국제제도의 의사결정에 미칠 수 있는 영향력이다. 제도를 통해 간접적으로 권력을 통제하고 조정하고 제약할 수 있는 2차원적 권력으로 이해 가능하다. 국제기구는 현실주의 입장에서 볼 때 힘의 불균등 구조를 가장 잘 반영하는 조직이다. 그러한 점에서 세계의 다양한 국제기구는 아직 서구 선진국, 특히 미국 패권의 힘을 가장 잘 대변하고 있다고 볼 수 있다.

이러한 세 가지 능력으로 미중을 비교해 보자. 물리적 능력 중 경제력은 중국이 GDP(구매력 기준)에서 이미 미국을 추월했다. 군사력은 아직 갭이 있으나 추후 줄어들 전망이다. 구성적 능력은 세계질서를 정당화하거나 대안질서를 전파할 수 있는 능력이다. 민주주의 정치제도는 아직까지 최선은 아니어도 차선의 정치제도로 전 세계에 전파된 상황이다. 그러나 최근 민주주의는 유럽뿐만 아니라 전 세계 지역에서 부채에 기반을 둔 민주주의(debt-financed democracy)의 오류에 빠져 있다. 즉 포퓰리즘적 선전에 의한 경제위기의 가능성이 증대한 것이다. 미국에서는 민주주의제도의 난맥상으로 한때 연방정부가 폐쇄되기도 했다. 2013년 민주당과 공화당의 오바마케어를 둘러싼 대립으로 예산안이 통과되지 못해 폐쇄되는 초유의 사태가 벌어지자 미국의 민주주의도 한계를 보이고 있다는 비난을 받은 바 있다. 패권질서의 이념으로는 미국의 워싱턴 컨센서스와 중국의 베이징 컨센서스가 그 대표적 경우이며, '중국몽(中國夢)'과 미국의 '아메리칸 드림(American dream)'이 대결할 수도 있다. 2008년 글로벌 금융위기 이후 미국 자본주의 발전모델의 설득력은 떨어지고 중국식 자본주의, 국가자본주의모델이 후발개도국에 유효한 대안으로 부각되기도 했다. 마지막으로 제도적 능력은 기존 패권국인 미국과 서구사회의 영향력이 국제기구에 많이 반영되었는데, 2008년 글로벌 금융위기 이후 예를 들면 IMF 의결권 개혁이 진행되어 유럽과 미국의 의결권 비중은 줄고 대신 중국을 포함한 신흥국 의결권 비중이 높아졌다. 그러나 아직까지 충분한 형평성의 원리가 반영되지는 못한 상황이다. 패권이 되려면 무엇보다 비용부담에의 의지가 중요한데 중국은 세계경제의 안정유지보다는 내부문제에 휩싸여 있는 상황이다. 기축통화국이 되려면 자본시장 개방 등 내부개혁과정의 검증이 필요한 상황인 것이다.

이처럼 물리적 능력, 구성적 능력, 제도적 능력은 서로 연관되어 있지만 힘이 쇠퇴하는 경우 서로 유기적으로 연계되어 있다기보다는 부조화를 보일 수도 있다. 경제적인 물리적 힘은 약화되었는지 모르나 기존 질서에 영향력을 행사할 수 있도록 만들어진 제도의 힘은 여전히 유지될 수 있어 국제질서의 불안정과 불균형을 가져올 수도 있다. 그러나 그러한 불균형이 곧 필연적인 패권이동으로 이어지는 것은 아니므로, 보다 신중한 평가와 판단이 필요하다. 미국 패권의 경제력과 군사력은 상대적 하락을 경험하고 있는 것이 사실이나 제도적 능력은 '제도적 잠김(institutional lock-in)' 영향에 의해 보다 장기적 힘을 발휘할 수 있어 미국 패권의 힘은 당분간 유지될 확률이 보다 높다.[5]

미중을 비교해 본 결과 중국의 경제력은 현재 미국을 추월했다고도 할 수 있지만, 군사력과 제도력은 아직 뒤처져 있으며, 구성적 능력은 어느 정도 수준으로까지 발전되었다고 할 수 있다. 단, 과거 영국에서 미국으로 패권이 전이될 때를 살펴보면 미국이 영국의 경제력을 따라잡았던 시기는 1870년대였으나 미국이 진정한 패권국이 된 것은 제2차 세계대전 이후이다. 즉 패권교체에 75년 정도가 걸린 셈이다. 패권국이 되기 위해서는 역량도 중요하나 의지도 그만큼 중요하다. 현재 중국이 미국을 따라왔지만 다른 요소의 역량이 더욱 발전해야 하며 무엇보다 중요한 것은 중국의 의지이다. 아직까지는 내부의 문제가 더 크기 때문에 패권교체에 상당한 시간이 소요될 것이며 이는 지속 가능한 성장을 위한 내부개혁이 얼마나 성공적으로 진행될 것이냐에 달린 문제이기도 하다. 그때까지 다른 국가들은 그 시간을 어떻게 활용하여 어떠한 방향으로 나가야 할 것인지 고민해야 한다.

냉전시기 미국과 일본이 한국 및 대만에 유리한 통상환경을 제공했다면, 탈냉전 또는 신냉전시기 미국과 중국의 갈등이 한국과 대만과 같은 동북아시아 국가에 어떤 영향을 미칠 수 있으며, 동아시아 발전국가는 새로운 패권갈등질서라는 변화에 어떻게 대응해야 하는지 고민해 볼 필요가 있다. 냉전시기 한국을 비롯한 동아시아 발전국가들은

5 미국은 제2차 세계대전 이후 구축된 제도적 질서에 공고히 편입되었기 때문에 일극체제가 붕괴되더라도 그러한 제도적 질서는 지속될 확률이 높다 (Brooks and Wohlforth 2008).

급속한 성장을 이루어 냈다. 미국의 원조와 미국의 시장제공이라는 우호적 통상환경을 바탕으로 국가와 기업 간 협력에 근간하여 혁신적 성장을 이루어 낸 것이다. 그러나 탈냉전과 세계화가 진행된 이후 1997년 동아시아 국가는 위기를 맞이했다.

동아시아 발전국가는 신냉전과 미중 갈등의 혼란에 휩싸여 있다. 미국·일본·한국과 중국·러시아·북한과의 대치가능성이 높아졌다. 미중 갈등과 이를 둘러싼 합종연횡 현상을 신냉전이라 할 수 있다면, 과거의 냉전과 어떻게 다른지 고민해 볼 필요가 있다. 과거 냉전은 자본주의, 민주주의, 사회주의, 그리고 공산주의 간의 이념 및 가치 갈등을 반영한다. 그러나 탈냉전 이후 미중 갈등은 자본주의체제 내에서의 갈등을 의미한다. 중국은 미국 패권 주도의 자유주의질서 안에 편입되면서 성장을 지속해 왔으며, 앞으로 이러한 자유주의질서가 중국의 이익에 도움이 되는 한 이 틀을 벗어날 것으로 보이지는 않는다. 따라서 탈냉전 이후 미중 갈등은 이전 냉전시기와는 다른 신냉전 양상으로 이해할 수 있다. 미중을 둘러싼 국가들은 미국과 중국 모두와의 협력을 통해 이익을 얻을 수 있다. 미국과 중국 사이에서 다른 국가들이 선택의 압력을 받게 된다면 이는 신냉전 질서의 새로운 갈등국면을 맞이하게 될 것이다. 현재는 미중을 둘러싼 국가들이 협력과 갈등의 양 측면을 다 공유하고 있는 복합적인 상황이다. 그러나 북핵과 사드 배치 결정 이후 동북아는 신냉전의 기류로부터 자유롭지 못한 상황이 되었다.

신냉전은 과거의 냉전시기가 부여했던 것처럼 우호적인 통상환경을 제공하지는 않을 것이다. 과거의 냉전시기는 자본주의적 자유민주주의와 사회주의 간 이념적 대치가 분명했고 이를 기반으로 하여 사회주의진영과 자본주의진영이 서로 나뉘었다. 당시에는 친구와 적의 구분이 분명했다. 따라서 냉전의 핵심국인 미국과 소련은 친구에게는 군사동맹, 경제원조 및 우호적 통상환경을 부여했다. 그러나 21세기의 신냉전시기는 친구와 적의 구분이 명확하지 않다. 핵심국인 미국과 중국이 경제이념 차원에서는 사본주의라는 공동적 기반을 두고 발전했기 때문에 자유주의 이념과 제도에 공동으로 연루되어 있다. 비록 자유민주주의와 공산주의라는 정치이념은 서로 대치하고 있지만 21세기의 국가생존에 있어 이러한 이념대치보다는 경제적 관계가 보다 중요하게 되었기 때문에 적과 친구의 구분이 다소 분명하지 않다. 중국이 경제대국으로 부상함에 따라 많은 국가들은 정치이념의 차이를 넘어서 중국과의 무역, 투자, 금융관계 의존도를 높여 왔다. 따라서 미국과 중국이 다른 국가에 선택의 압력을 넣게 된다면 중국 경제에 의존도를 높여 온 국가들로서는 신냉전으로 인해 치명적 타격을 입을 수밖에 없다. 예를 들어 한국은 군사동맹 관점에서는 미국을, 경제관계에서는 중국을 전략적 국가로 인식하고 있다. 신냉전이 되면 한쪽에 대한 '선택'이 강요될 수 있어 필연적으로 다른 한쪽의 보복가능성이 확대된다. 예컨대 한국은 중국으로부터 비경제적인 이유로 무역보복을 받을 수 있다. 중국 중심 지역경제구도의 상황에서 중국의 보호무역은 중국 의존적인 동아시아 발전국가에 부정적 영향을 미칠 것으로 보인다. 트럼프 정권의 미국 역시 보호무역의 대내적 압력이 높아질 것으로 보인다. 그런 점에서 한국을 포함한 동아시아 국가들은 보호주의적 무역환경에 대한 보다 적극적 대응을 모색해야 한다. 미국과 중국이 대결구도로 가기보다는 협력적 관계가 될 수 있도록 동아시아 국가들의 노력이 필요하다. 미국과 중국 어느 한쪽에 대한 의존도를 높이기보다는 보다 균형적인 관계를 유지하며, 다른 지역 국가들과의 협력관계도 증진함으로써 보호무역과 같은 위기에 대한 다원적 수출네트워크 창출 등 자구책을 마련해 놓을 필요가 있다.

현재 중국의 패권국 부상을 논하는 것은 시기상조이다. 외형적 역량이 갖춰지는 시간이 필요하며 또한 패권국의 역할을 수행할 의지가 중요하다. 70년 이상이 걸릴 수도, 그 이하가 될 수도 있다. 뚜렷한 패권국이 없는 상황에서 미국과 중국은 패권경쟁을 할 수도 있으며 다양한 영역에서의 규칙 제정을 둘러싼 갈등을 맞이할 수도 있다. 우리는 패권전이 과정에서 양측과의 전략적 외교관계를 통해 힘을 길러야 할 것이다.

2. 국제생산·무역질서의 변화와 발전국가

1) 국제생산질서의 변화와 대응

개발시대 한국 경제의 성공은 당시 글로벌 분업 구도에서 한국의 경제주체들이 개발도상국가적 기회를 잡은 결과와 무관하지 않다. 21세기 변화된 국제생산질서는 다음과 같다. 첫째, 국민국가의 국경선 안에서 이루어지던 기존의 생산과정은 생산세계화를 통해 생산과정 대부분을 세계적으로 분산시켜 진행하는 것으로 변화되었다. 생산세계화는 생산과정의 분절화와 수직적 생산구조의 해체를 가져왔다. 글로벌 생산네트워크가 발전하게 된 것은 교통통신과 물류서비스의 발전으로 기업이 저비용과 효율화를 동시에 추구할 수 있게 되었고 부품 조달부터 조립에 이르는 제조공정 전체를 대행해 주는 '제조전문기업'이 등장하게 되었기 때문이다. 기업은 해외조달을 늘려 수직적 통합구조를 해체하며 생산공정을 분할함으로써 외부조달(outsourcing)을 확산하는 것이다.

둘째, 글로벌 가치사슬에서 선진국 주도로 부가가치 분배의 변동과 지리적 이동이 강화되고 있다. 또한 생산양식의 변화과정에서 자본의 생산지배가 심화되고 있다. 생산분업에서 아프리카, 중동, 러시아, 남아메리카, 남아시아의 많은 나라들이 식량, 금속, 석유와 같은 자원 생산지로 기능한다. 그에 비해 북아메리카, 유럽, 동아시아의 여러 나라들은 자동차, 전자기기, 기타 기계 및 부품 등 세조 생산지 역할을 담당한다. 그러나 글로벌 차원에서 생산을 하나의 큰 과정 또는 가치사슬로 본다면 스토리가 사뭇 달라진다. 자원의 개발과 가공, 원료의 운송, 부품과 소재의 생산, 완제품 제조, 연구개발, 디자인과 브랜드, 유통 등 생산의 절차가 글로벌 차원에서 이루어지기 때문이다.

예를 들어 애플의 iPhone 하나를 만드는 과정에는 미국의 생산기획과 디자인, 아프리카의 금속, 일본, 독일, 한국의 부품, 중국의 조립, 미국의 판매라는 거시적 차원에서의 물자와 자금 흐름이 수반된다. 그렇기 때문에 한편으로는 세계가 제품에 따라 분업화되면서도, 다른 한편에서는 생산절차에 따라 분업의 역할분담이 이루어진다. 주목할 점은 생산절차에 따른 글로벌 분업 구도에서 제품 생산의 부가가치를 선진국에 유리하게 역할분담에 따라 나누는 방식이다. 대체로 부가가치는 원자재보다는 고품질 부품소재에, 조립생산보다는 디자인이나 브랜드에, 육체 노동보다는 지식 노동에 훨씬 더 많이 매겨진다. 선진국과 다국적 기업은 스마일 커브(smile curve)의 양단에 존재하는 연구개발 지식과 마케팅 지식 영역을 고부가가치화함으로써 주요 생산 기지를 개도국에 이전하더라도 부를 창출할 또 다른 절대적 수단을 유지한다(이항영·이준구 2012).

이미 1990년대부터 세계화와 함께 강화된 신자유주의의 기저에서 선진국은 자신들이 가지고 있는 기술패권 또는 지적재산을 중심으로 글로벌 표준을 정착시키면서 물리적 생산공장 없이도 영속적인 발전을 이룰 경제전략을 제도화했다. 이를 통해 글로벌 생산절차에서 선진국일수록 고품질, 디자인, 지식재산 영역을 담당하고 개도국일수록 원료, 단순부품, 완제품 조립 영역을 맡는 분업 구도가 고착화된다. 우월한 기술력에 기반한 선진국과 다국적 기업의 자본이 생산과 시장을 독점할 수 있는 상황이 벌어진다. 이것이 바로 글로벌 경제와 시장을 움직이는 기저의 변화 트렌드다. 제3, 4차 산업혁명의 본질인 생산의 자동화 트렌드에서 주목하는 점은 인간 노동이 기술에 의해 자본으로 대체되는 경향이다. 선진국은 글로벌 분업 구도 내에서 노동에 비해 자본의 지배력을 높임으로써 고부가가치를 획득하는 전략을 실행한다. 그렇기 때문에 선진국은 생산에서의 자본 지배력을 유지하는 기술의 중요성을 강조하고 그 분배의 몫을 높여 가고 있는 것이다.

동아시아 발전국가는 일본 중심의 기존 삼각무역구도 속에서 성장했으나, 최근 중국 중심의 삼각무역구도로 변모함에 따라 새로운 구조적 기회와 도전을 맞이하였다. 냉전시기에는 일본 중심의 생산네트워크체제, 안행형 발전을 거듭했다. 미국, 일본, 한국과 대만의 삼각무역질서가 냉전시기의 특성이었다. 한국과 대만은 일본으로부터 중간재를 수입해 가공하여 미국으로 수출하는 삼각무역질서를 유지해 왔다. 탈냉전 이후 중국의 개혁개방시기를 거치며 일본 중심의 생산네트워크 체제는 중국 중심의 생산네트워크체제로 이행되었다. 탈냉전시기 한국과 대만은 일본으로부터 부품소재를 수입해 중간제품을 만들고 이를 중국에 수출하여 가공 생산한 뒤 역외 시장으로 수출하는 중국의존 수출주도발전의 분업체제를 구축했다. 과거 한국과 대만이 수행하던 가공수출을 이후엔 중국이 수행하면서 성장을 지속해 왔다.

2006년 이후 중국은 이러한 가공무역 비중을 줄이기 위해 다양한 정책을 시도한다. 기술이전 및 기술혁신이 발생하지 않는다고 생각하기 때문이었다. 과거 일국적 생산, 또는 지역생산 분업체계에서의 국가정책은 해외직접투자를 통해 기술이전 및 생산노하우를 기업이 터득하도록 유도함으로써 국내기업의 발전 및 전후방 연계산업의 발전으로 이어지도록 하는 것이었다. 생산세계화시대 글로벌 가치사슬에서 높은 부가가치를 가져오는 부문을 자국 기업이 수행하도록 국가는 보다 적극적인 혁신국가정책을 실행하게 된다. 특히 중국 정부는 해외직접투자가 중국 내 산업혁신과 무관하지 않도록 보다 적극적 개입정책을 펼치고 있다.[6] 자동차산업을 예로 들어 보면 중국 정부는 국내 자동차산업 육성을 위해 외국자본과 적극적으로 연계하고 있다. 부품산업과 관련해서도 해외부품회사와의 합작을 통한 기술도입을 적극적으로 유도했다. 2012년 당시 중국은 자동차 주요 핵심기술인 설계, 엔진, 파워체인, 전기 등에서 기술력을 독자적으로 확보하고 있지 못한 상황이었다.[7] 중국과 합작투자 및 공동기술개발을 시도하고 있는 한국의 현대자동차와 부품업체인 만도는 핵심기술에 있어 중국 기업보다 선두적인 위치를 점하고 있었다.[8] 서구 선진국이나 일본과 한국 같은 동아시아 선도국가들이 아직은 전체 네트워크를 효율적으로 통제하는 핵심기술을 보유하고 있다고 판단되었다(홍진영·이준엽 2012, 223-224).

그러나 현재 중국 기업들의 부품생산능력이 상당히 향상됨으로써 중국의 중간재 생산비율이 점차 늘고 있다. 중국이 다른 국가들로부터 원자재를 수입하여 중간재를 생산하고 이를 다시 역내 국가에 재수출하는 새로운 삼각교역도 등장하고 있다. 중국이 부가가치가 높은 가치

6 예컨대 현대자동차의 베이징 진출과정을 보면, 현대자동차와 베이징 자동차의 합작조건을 50:50으로 하여 지배권에 대한 통제경쟁이 이루어졌으며 WTO 가입 이전까지는 부품의 현지화 규정을 지속하였다. 또한 중국이 현대자동차의 진출에서 얻고자 했던 바는 기술과 경영노하우였다는 점에서 중국이 단순히 조립 등 저부가가치 사슬에 머물러 있지 않고 고부가가치 영역으로 뛰어오르기 위한 베이징 지방정부와 중국 중앙정부의 적극적 노력이 지속되었음을 알 수 있다(임혜란·조한나 2014).

7 중국 주재 포스코 강부영 마케팅실 부장 인터뷰, 2012. 12. 27.

8 중국 주재 만도 남우희 관리실장 인터뷰, 2012. 12. 27. 중국은 초정밀 부품기술 수준이 아직 낮은데, 예를 들면, 타이어 공기압력센서, 스트링 휠, 자동주차시스템, 에어백, 센서, 레이저, 카메라, 무인자동차, 자동 변속기 등 핵심적 첨단기술에는 중국 기업이 근접하고 있지 못하다고 한다.

사슬에 진입하게 되면 그동안 집중해 왔던 낮은 가치사슬 분업은 다른 곳으로 이전될 가능성이 크다. 그동안 핵심적 가치사슬에 있던 미국 및 유럽이 생산가치네트워크의 중심에서 이탈하고 중국이 핵심부품 기술과 R&D 역량에 집중함으로써 생산가치네트워크의 중심이 될 가능성이 높아진 것이다. 이러한 상황은 새로운 삼각무역구도에 대한 또 다른 도전과 기회를 부여한다. 한국, 대만 같은 동북아 국가들의 생산 역량과 비교우위가 중국에 추월당하는 상황이 진행될 수 있어 이들 국가의 새로운 정책적 변화가 필요하며, 이들 국가 간 무한경쟁이 보다 가속화될 전망이다. 변화된 글로벌 생산질서에서는 핵심적 가치사슬에 대한 분업을 어느 국가의 어느 기업이 담당하느냐의 경쟁이 중요하게 됨에 따라 이에 대한 국가의 보다 적극적 역할이 수반된다고 하겠다. 이전과는 다른 측면에서 발전국가모델에서의 국가역할에 대한 중요성이 부각되고 있다.

2) 국제무역질서의 변화와 대응

현재 동아시아 발전국가는 신냉전시대 미중 갈등의 혼란에 휩싸여 있다. 2016년 북한 핵미사일 개발에 따른 한국 내 사드의 배치문제는 중국과 미국의 안보갈등을 더욱 심각한 수준으로 이끌어 가고 있다. 신냉전의 가능성이 높아짐에 따라 중국으로부터의 보호주의와 같은 무역보복 가능성 역시 증대되었다. 앞서 언급하였듯이 신냉전은 과거의 냉전시기가 부여했던 것 같은 우호적인 통상환경을 제공하지는 않는다.

미국과 중국은 21세기 무역구조의 새판짜기에 보다 선도적 역할을 하기 위해 경쟁하고 있다. 20세기의 무역질서는 미국 패권질서를 중심으로 한 보다 확대된 자유무역질서로 발전되었다. 그러나 WTO를 중심으로 한 다자주의가 선진국과 후진국의 의견대립으로 주춤하면서 FTA가 보다 확대되었다. 특히 중국이 새로운 패권도전국으로 급부상하면서 미국 중심과 중국 중심의 다자석 FTA 네트워크가 대립하고 있다. 과거 동아시아 발전국가시기의 무역관계가 미국 중심의 무역구조였다면 이젠 두 패권국이 대립하는 무역구조를 보이고 있어 이에 대한 발전국가의 선택이 중요한 시점에 이르고 있다. 중국 중심의 경제구도가 강화되고 중국에 대한 경제의존도가 높아진 상황에서, 신냉전시기 중국의 보호무역은 중국 경제에 의존적인 동아시아 발전국가에 또 다른 파고를 가져올 것으로 보인다.

미국은 트럼프 정부가 들어서면서 보호무역의 대내적 압력이 보다 높아졌다. 냉전시기 우호적이던 무역환경은 탈냉전과 세계화 이후 미국의 대아시아 국가와의 무역적자와 재정적자가 증가하면서 공정무역을 강조하는 상호적 경쟁무역으로 변화되었다. 2016년 미국의 대선 후보주자인 힐러리 클린턴과 트럼프는 보호무역 기저를 강화하는 쪽으로 한목소리를 낸 바 있다. 개방적 통상정책 탓에 삶이 팍팍해졌다는 블루칼라 노동자들의 표심이 대선 승부처였기 때문에 이 기조는 계속될 가능성이 크다.[9] 또한 이 두 후보자 모두 TPP에 반대하였다. 민주당은 "중국과 다른 나라들이 미국인 노동자와 기업에 불리한 방향으로 만들기 위해 불공정한 무역 관행을 활용하고 있다"며 "싼값의 물건을 우리 시장에 쏟아붓고 국영기업에 보조금을 주고 자국의 통화 가치를 평가절하하고 미국 기업을 차별하면 결국 우리의 중산층이 그 대가를 다 지불해야 하는데, 이제 이런 것들은 중단되어야 한다"고 주장했다. 이는 대선승부의 핵심처로 떠오른 러스트벨트(Rust Belt: 쇠락한 중

9 민주당이 보호무역, 공화당이 자유무역을 지향하던 이념적 성향은 통상정책의 기반이 되어 왔다. 그러나 대선주자 및 대통령의 이념과 무역환경의 변화에 따라 정당의 기본적 성향이 수정될 가능성은 많다.

서부의 제조업 지대)의 백인 노동자 표심을 잡기 위함이었다.

당시 공화당의 대통령 후보였던 트럼프는 한미 FTA에 대해 "일자리 킬러"이며 "재앙(disaster)"이라고 했고, 한미 FTA의 전면개정을 강하게 요구했다. 그는 한국과의 무역협정은 한마디로 '일자리 킬러'였다며, "내가 (한국으로부터) 수천 대의 TV를 사는데 미국에서는 지금 누구도 TV를 만들지 않는다. 너무 오래되기는 했지만 우리는 실베니아, 제너럴일렉트릭(GE) TV가 있었다. 그런데 더는 없다"고 주장하였다.[10] 트럼프 대통령이 TPP 공식탈퇴를 선언한 후 중국에 대항한 미국의 '아시아 재균형 정책'의 핵심축이 흔들리고 있다고 볼 수 있다. 즉 TPP가 미국 국내의 대선이라는 정치적 요인에 의해 흔들린 것이다. 미국의 통상정책은 국내선거 및 이익집단의 이해에 의해 영향받을 뿐더러 패권갈등이라는 국제정치적 요인에 의해서도 영향을 받는다. 국제무역질서는 패권질서의 경쟁구도에서 주도권을 잡으려는 의도와 역량에 의해 유지될 가능성이 높다. 그러나 트럼프 이후 국제무역질서는 '보호주의'적 성향이 유지될 것이다.

중국이 보호무역을 이용해 한국 기업에 생산기지를 합작 형태로 중국에 짓도록 유도하면서 제조·공정기술을 넘겨받고, 결국엔 역전의 기회를 얻는 경우가 늘고 있다. 메모리반도체와 디스플레이, 스마트폰, TV, 전기차 배터리 등이 여기에 해당한다. 중국은 자국산업을 보호하기 위해 비관세 장벽을 자주 사용해 왔다. 2000년대 중반 중국으로부

10 트럼프는 이어 "2000년 이후 버지니아의 실업 인구는 배로 늘었다. 통계로 입증된 것"이라면서 "힐러리의 남편인 빌 클린턴 전 대통령이 역사상 최악의 무역협정인 NAFTA에 서명하고 나서 버지니아는 지역 내 제조업 일자리 3개 가운데 1개를 잃었다"고 말했다. 그는 "힐러리에게 선거 자금을 주는 사람들을 보라. 그들이 그 협정에 얼마나 연루됐는지 보라"고도 했다. 「한미 FTA는 재앙… 일자리 킬러」, 『조선일보』 2016. 8. 4.

터 가장 많은 반덤핑 조사를 받은 곳은 미국 기업도, 일본 기업도 아닌 한국 기업이었다. 당시 미국이 13건이었다면 한국은 20건 이상에 달했다. 2012년부터 중국은 자국 LCD 산업을 보호하기 위해 LCD 패널의 관세율을 3%에서 5%로 높이는 등 보호정책을 썼다. 삼성디스플레이와 LG디스플레이는 중국 현지에 생산공장을 마련해야 했다. 중국 정부의 이와 같은 자국산업 보호를 위한 울타리 정책은 중국 업체의 대규모 투자로 시장점유율을 늘리게 했다. 시장조사업체 IHS(Information Handling Service)는 2018년 한국 디스플레이 기업들의 시장점유율이 37%로 떨어지고 중국과 대만 디스플레이 기업들의 점유율은 42%로 오르는 등 디스플레이 시장이 중국을 중심으로 재편될 것이라고 전망했다.

중국이 자국기업을 보호하고 해외기업을 길들인 또 다른 예는 전기차 배터리이다. 중국 정부는 2016년 2월 전기버스 배터리 보조금 대상 품목을 중국 업체들이 주로 생산하는 리튬인산철(LFP) 배터리에 한정하기로 결정했다. 중국 배터리 제조사들은 80% 이상이 LFP만을 제조한다. 중국 업체들은 고도의 기술을 필요로 하는 니켈코발트망간(NCM 또는 NMC) 배터리를 만들 수 있는 능력이 없는 상태다. 중국에 매출 30%가량을 의존하고 있는 한국 배터리 업체들이 이 조치로 타격을 받게 되었다. 중국의 이와 같은 조치는 타국 업체의 진입을 막아 현지기업의 시장점유율 상승과 기술성장을 도모하는 보호무역의 일환이다. 이후 LG화학은 중국 배터리 규제완화 이후 시장점유율을 높이기 위해 현지 기업과의 협력을 확대하고 '5차 모범기준 인증기업 선정' 준비에 나서고 있다.[11] 한국 기업은 중국의 보호주의 규제에 대해 적극

11 중국 정부는 세계 1위와 2위 전기차 배터리 업체인 LG화학과 삼성SDI가 주력으로 생산하는 니켈코발트망간(NCM) 배터리에 대한 보조금 지급을 중단

적으로 대처하고 있는 셈이다. 삼성SDI와 LG화학은 직격탄에도 불구하고, 중국의 전기차 보조금이 폐지되는 2020년을 기다리며 내성을 키우고 있으나, 다른 압박수단이 등장할 수도 있다는 우려가 적지 않다.

중국과의 무역관계가 증대할수록 중국의 보호무역은 중국으로의 투자를 유인하게 된다. 중국 정부의 자국산업보호 및 해외기업 길들이기 전략은 중국 산업의 혁신적 발전을 가능하게 한다. 과거 저부가가치 생산사슬에 머물러 있던 중국이 고부가가치 생산사슬로 도약하게 만들 수 있는 것이다. 신냉전을 막기 위해서는 미국과 중국이 대결구도로 가기보다는 협력적 관계가 될 수 있도록 동아시아 국가들의 노력이 필요한 시점이다. 그러나 미중 패권경쟁이 심화되는 보호주의적 국제무역질서하에서 한국을 비롯한 동아시아 발전국가는 수출다변화정책과 보호규제에 대한 적극적 대응책을 구상해야 한다.

했다. 이에 따라 2015년 10월 중국에 대규모 배터리 공장을 설립한 LG화학과 삼성SDI에는 초비상이 걸렸다. LG화학은 NMC 계열의 전기차 배터리를 생산하고 있다. NMC 계열 배터리는 중국 업체 대부분이 생산하는 LFP 배터리보다 제조하기 어렵지만 에너지 밀도가 높아 기술적으로 앞선다. 하지만 2015년 3월 '중국제조2025'라는 제조업 혁신 계획을 내놓으면서 자국 배터리 업체를 키우겠다는 전략을 공공연히 밝힌 중국은 규범조건 등을 내세워 LG화학 등 한국 배터리 업체의 중국 진출을 제한해 왔다.「중국규제에 발목 잡힌 LG화학, 현지서 전기차 배터리사업 보폭 넓힌다」,『아시아투데이』 2016. 8. 26.

3. 국제통화·금융질서의 변화와 발전국가

1) 국제통화질서의 변화와 대응

미국 패권하의 브레턴우즈 체제, 즉 고정환율제가 붕괴한 이후 안정적이면서도 만족스러운 국제통화체제는 없었다. 그럼에도 불구하고 미국 달러화가 여전히 핵심 기축통화의 지위를 유지했기 때문에 고정환율제가 붕괴한 이후의 질서를 신브레턴우즈 체제라고 한다(백창재 외 2012). 구브레턴우즈 체제의 핵심은 미국과 유럽 및 일본 사이에 이루어진 공생적인 통화, 금융관계이다. 당시 미국은 중심부 역할을 하면서 냉전의 군비지출과 다국적 기업의 해외직접투자, 그리고 미국 시장의 개방을 통해 막대한 달러를 세계경제에 공급했다. 주변부 역할을 한 유럽과 일본은 저평가된 통화 가치를 유지하면서 수출을 통해 전후 복구와 성장을 이어 나갔다. 이러한 불균형은 유럽과 일본의 중앙은행이 달러화 준비자산을 계속 흡수함으로써 균형 상태로 교정되었다(백창재 외 2012, 304). 미국의 국제수지 적자는 국제유동성을 공급해 줄 수 있었으며 유럽과 일본의 국제수지 흑자는 달러를 비축하여 자국 통화의 태환성을 복구·유지할 수 있게 했다. 그러나 미국의 국제수지 적자가 도를 넘어 달러의 신뢰를 유지할 수 없게 됨에 따라 브레턴우즈 체제는 1971년 닉슨 선언으로 붕괴하게 된다.

이러한 통화, 금융체제는 1990년대를 거쳐 2000년에 이르러 미국과 동아시아 간의 새로운 중심-주변관계로 복구되었다. 수출주도전략을 유지해 왔던 동아시아 국가들은 수출의존도를 더욱 높여 갔다. 특히 중국은 2000년 200억 달러였던 경상수지 흑자가 2008년 4,360억 달러까지 증가했다. 동아시아 국가들은 수출경쟁력 확보를 위해 자국의 통화 가치를 낮게 유지했다. 평가절상을 막기 위해 동아시아 국가들은 외환시장에 개입해 왔다. 이로 인해 동아시아 국가들의 외환보유고는 급속히 증가했다. 중국은 2000년 1,600억 달러였던 외환보유고가 2005년에는 8,200억 달러로 5배 이상 급등했다. 동아시아 국가들이 외환보유고를 대규모로 확대한 이유는 1997년의 외환위기에서 국제자본이동의 위험성을 뼈저리게 인식한 이후 안전망을 구축하기 위해서이다(Eichengreen 2004; 백창재 외 2012). 동아시아 국가의 이와 같은 수출주도정책과 통화정책으로 인해 축적된 달러화는 대부분 미국 금융시장에 투자되고 있다. 미국의 재정적자는 상당 부분 아시아 국가들이 미국의 국채를 매입함으로써 충당되고 있는 것이다.

이와 같은 신브레턴우즈 체제의 안정성과 지속성에 대해 다양한 논쟁이 지속되어 왔다. 신브레턴우즈 체제는 대단히 불안정하며 위기의 씨앗이라고 한다. 미국의 경상수지 적자와 재정적자가 천문학적으로 증가하고 있어 달러에 대한 신뢰가 유지되기 어려워지면 동아시아 국가들이 달러화 준비금 축적을 기피할 수도 있다. 아이켄그린(Barry Eichengreen) 역시 신브레턴우즈 체제의 유지에 회의적 시각을 견지하면서 이 체제의 붕괴가능성은 언제라도 존재함을 지적하고 있다(Eichengreen 2004). 중국 역시 달러패권의 지속에 의문을 제기했으며, 그런 점에서 최근 중국 위안화의 국제화 노력을 이해해 볼 수 있다.

신브레턴우즈 체제는 미국과 중국에 각각 혜택과 비용을 부여한다(백창재·조형진 2012). 세계경제로 공급되는 달러화 채권은 중국을 비롯한 동아시아 국가들에 의해 흡수되므로 미국의 달러 가치가 유지된다. 연방정부는 낮은 비용으로 국채를 발행할 수 있으니, 전쟁과 같은 외교정책 및 국내의 의료보험개혁과 같은 사회정책을 추진하면서 세금인상을 최소화할 수 있다. 중국을 비롯한 동아시아 국가들의 내수부족과 미국의 소비주도 경제 및 경상수지 적자가 서로 보완하고 있기 때문에 신브레턴우즈 체제는 미중 간의 달콤하지만 위험한 경제관계를 반영하고 있다. 미국은 미국에 대해 무역수지 흑자를 거두는 국가들에 언제든 공세적 일방주의를 행사할 가능성이 높으며, 중국에 대해서도 위안화 절상문제를 제기할 수 있다. 그렇다고 미국이 신브레턴우즈 체제의 붕괴를 원하지는 않을 것이기 때문에 균형유지를 위해 고심할 것이다. 중국 역시 기존의 수출주도 경제성장 전략을 급격히 전환하기는 힘들기 때문에 당분간 내수확장을 위한 자구적 노력 및 위안화의 국제화 노력을 병행할 것이다. 중국이 미국의 국채를 보유하고 있기 때문에 달러 가치의 하락은 중국에게 큰 부담을 지울 수 있다. 미국은 달러화의 국제적 지위로 인하여 막대한 국제수지 적자와 재정적자에 따른 불균형의 조정부담을 질 필요가 없게 되었으며, 때로 이에 대한 조정부담을 미국의 무역상대국에 전가하기도 했다. 미국은 경상수지 적자를 지속하여 세계 최대의 채무국이 되었다. 여러 번 언급하였듯이 달러본위제의 결함은 달러화를 무한하게 찍어 낼 수 있다는 데 있다. 신브레턴우즈 체제에서 주변부 국가의 유동성이 미국으로 들어가고, 미국의 유동성 증대가 부동산 거품을 일으키며 이것이 금융위기의 원인으로 작용했다. 2008년 미국발 글로벌 금융위기는 미국이 무분별하게 신용정책을 사용할 수 있는 것과 무관하지 않다(문우식 2009). 그러나 글로벌 금융위기 이후에도 달러에 대한 신뢰는 무너지지 않았다. 그 이유는 달러 외의 대안이 존재하지 않았기 때문이다. 단 글로벌 금융위기 이후 각국은 달러 외의 다른 통화를 준비자산에 포함하려고 노력하는 등 보유 외화의 다양화를 시도하게 된다.

중국은 글로벌 금융위기 이후 신브레턴우즈 체제와 달러 패권에 대한 회의가 증가함에 따라, 위안화의 위상을 높이려는 위안화 국제화의 움직임을 보였다. 인민은행이 발표한 2016년 위안화 국제화 보고서를 보면 2015년 국경 간 결제금액 중 위안화는 전년대비 21.7% 증가한 12조 1천 억 위안으로 전체의 28.7%를 차지했다. 국제은행 간 통신

협회(SWIFT)가 발표한 2015년 세계외환거래 순위에서 위안화는 세계 5위, 무역금융 분야에서는 세계 3위다. 위안화의 국제적인 이용이 한층 증가해 위안화의 국제적 위상은 계속 상승했다. 2016년 10월 IMF 준비통화인 SDR 구성통화로 달러, 유로, 파운드, 엔에 이어 위안화가 공식 편입됨으로써 위안화의 국제화는 더욱 가속화될 전망이다. 이러한 노력은 국경 간 무역결제, 외환보유고의 지나친 달러의존도를 해소하려는 의도도 있다고 해석된다. 중국이 달러 패권을 부정하고 있는 것은 아니다. 중국은 개혁개방 이후 30년 동안 달러의 통화패권과 글로벌 불균형하에서 경제발전을 해 왔기 때문이다. 중국이 지닌 달러화 자산구조로 인해 달러가 폭락할 경우 GDP의 1/3에 해당하는 중국 자산이 사라지게 된다. 그런 점에서 신브레턴우즈 체제는 당분간 유지될 가능성이 크다.

2008년 글로벌 금융위기 이후 각국은 내수 확대와 수출 증대를 통해 경기 회복을 도모했지만 곧 한계에 다다랐고, 이에 따라 수출 확대를 위해 자국의 통화를 약세로 유지하고자 하였다. 자국 통화가 약세를 보이면 수출제품의 해외 가격이 낮아짐으로써 매출 증가를 가져올 수 있다. 따라서 환율전쟁은 근린궁핍화정책(beggar-thy-neighbor-policy)이라고 볼 수 있다. 국제무역에서 상대방을 궁핍하게 만들면서 자국의 경기 회복을 도모하는 것이기 때문이다. 1985년 플라자 합의 이후 일본 경제는 환율조정 부담을 짊어졌고, 그 결과 일본은 버블 생성과 붕괴 과정을 거치면서 20여 년의 장기침체를 겪었다. 2008년 글로벌 금융위기 이후 미국과 유럽은 채무를 해결하기 위해 양적 완화정책을 시행해 왔다. 이는 신흥시장의 수출 주도 경제에 그 비용을 고스란히 전가한다.

2016년 영국의 유럽연합 탈퇴(Brexit)로 글로벌 외환시장에서 환율전쟁이 벌어지고 있다. 각국의 중앙은행은 자국의 통화 가치 하락을 방관하고 있다. 영란은행은 파운드화의 가치 하락을 부채질하고 있다. 중국 정부 역시 브렉시트 이후 위안화 약세를 유지하고 위안화 매수를 자제하고 있다. 스위스와 덴마크, 브라질의 중앙은행은 자국 통화 가치상승을 막기 위해 외환시장개입에 나섰다. 미국은 "앞으로 환율 조작에 대한 책임을 물리고 법 집행을 대폭 확대하는 것을 포함해 우리가 가진 현행 무역 규칙과 수단의 집행을 강화하기 위해 싸워 나갈 것"이라고 밝혔다.[12] 중국을 특정했지만, 환율 조작과 관련해서는 한국과 일본도 염두에 두고 있다는 분석이다. 미 재무부는 2016년 4월 중국과 함께 한국·일본·독일·대만 5개국을 환율 조작 관련 '관찰 대상국'으로 분류했다.

동아시아 발전국가의 성장은 냉전시대 국가의 정책적 자율성과 자본이동규제 그리고 환율안정시기에 진행되었다. 1997년 동아시아 외환위기는 동아시아 발전국가의 내부적 문제에도 그 원인이 있었지만, 동시에 불안정한 국제금융체제와 투기자본가들의 무분별한 투기에도 원인이 있었다. 1970년대 이후 변동환율제가 보편화되었고 1980년대 금융세계화와 더불어 자본이동 자유화가 가속화되면서 외환위기의 가능성이 증대하였다고 볼 수 있다. 동아시아 발전국가들은 더 이상 이전에 누렸던 환율안정과 자본이동규제라는 환경으로부터 보호받지 못하는 상황에 처했다. 1997년 외환위기 이후 동아시아 발전국가들은 위기가능성에 대비하기 위하여 과감한 개혁과 외환보유고 증대 등 다양한 방안을 진행한 바 있다. 과거 냉전시기의 환율안정, 자본이동규제, 거시경제의 정책적 자율성 유지와는 달리 변동환율, 자본이동 자유화, 그리고 정책적 자율성의 한계라는 구도하에, 개별 국가는 이러한 불안정한 환경에 대비할 수 있는 내부적 역량과 기초체력을 길러

12 「美 민주당도 'FTA 재검토… 환율조작 응징'」, 『조선일보』 2016. 7. 4.

야 한다. 자본이동이 자유화됨에 따라 해외자본에 대한 접근성이 용이해졌는지 모르나 투기자본에 대한 취약성이 증대하였다. 미국발 금융위기 이후 국가의 금융관리감독이 보다 강조되었다. 최근 미중 갈등이 표면화되면서 환율전쟁, 통화전쟁 가능성이 증대하고 있다. 미국의 트럼프 대통령은 중국과 유럽연합이 통화 가치를 조작하고 금리를 낮추는 반면 미국은 금리를 올리면서 달러화가 강세를 띤다며, 무역과 환율에 대한 압박을 동시에 진행하겠다는 의도를 내비쳤다. 이는 무역전쟁이 점차 환율전쟁으로 번질 것임을 암시한다. 향후 중국을 환율조작국으로 지정할 가능성도 제기됐다. 중간에 낀 원화는 방향성을 가늠하기 어려워졌으며, 대외교역 악화 등 우려가 증가된다. 위안화 움직임에 영향을 받는 원화의 약세는 대미수출에 유리하게 작용할 수도 있지만 미국 무역분쟁의 표적이 될 수 있어 시장변화에 대한 면밀한 관찰과 대비책 모색이 시급하다. 동시에 국가는 수출다변화, 산업경쟁력과 수출경쟁력 강화를 위한 혁신정책 추진, 금융기관에 대한 관리감독을 지속해야 한다.

2) 국제금융질서의 변화와 대응

1970년대 브레턴우즈 체제가 붕괴되고 점차 변동환율제도로 전환함으로써 제한적 금융질서가 와해되고 국제금융시장이 급성장하게 되었다. 냉전시기에는 외환과 더불어 금융자본의 흐름을 통제할 수 있는 권한이 각국에 주어져 있었다. 따라서 금융세계화와 자유화가 본격화될 수는 없었다. 그러나 미국의 국제수지 적자가 확대되어 달러의 신뢰성이 하락하자 브레턴우즈 체제는 붕괴되었고, 이러한 상황에서 미국을 비롯한 주요 선진국들은 자본자유화와 금융자유화를 도입하게 된다. IT의 발달과 더불어 1990년대 이후 금융세계화가 가속화되었다

(Strange 1986; 정병기 2014). 브레턴우즈 체제 붕괴 이후 변동환율제, 자본이동거래 자유화, 신자유주의 이념으로 규제완화가 확대되었다.

IT 발전 및 파생 상품의 획기적 발전으로 국제금융시장이 팽창하였다. 금융시장이 획기적으로 팽창한 것은 금융의 펀드화, 복잡화, 글로벌화, 겸업화 요인과 무관하지 않다. 예를 들면 금융의 펀드화는 자산관리의 개념과 투자의 개념이 변화함에 따라 금융의 무게중심이 은행에서 자본시장으로, 직접투자에서 간접투자로 변화되어 새로운 금융주체들 즉 사모펀드(PEF), 국부펀드, 헤지펀드, 연기금 및 뮤추얼펀드 투자은행들의 힘이 강화되는 현상이다. 금융은 IT의 발전과 자본시장의 개방으로 인해 글로벌화되고 있고, 그 결과 각국 금융시장동향은 서로 동조화된다. 은행, 증권, 보험업 간 진입장벽이 소멸되면서 범위의 경제효과를 기대하는 금융의 겸업화 현상이 가속화되고 있다.

글로벌 금융시장이 발전하고 팽창함과 동시에 금융위기의 발생가능성도 높아졌다. 규제가 상대적으로 약한 타 지역에서 금융혁신에 따른 수익성 제고로 자산버블이 형성된 후 급속히 붕괴되면서 새로운 금융위기가 발생하는 것이다. 중앙은행의 보호와 감시를 받지 않는 제2금융권의 역할이 증대되었고, 정보공개 의무가 없는 사모펀드의 비중이 커지면서 시장규율이 약화되었다. 금융은 보다 복합화되어 위험평가가 어려워진다. 파생금융상품 거래가 증가하고 신용평가회사의 신뢰성이 약화된다. 자기자본규제 건전성의 유지가 약화되는 등 금융불안정성 억제의 어려움이 가중되는 것이다.

19세기 중반 20세기 초가 소유자 자본주의라면, 1920년에서 1990년대 초까지를 경영자 자본주의, 1990년대 이후를 금융자본주의 시대라 부를 수 있다. 금융자본주의의 특징은 금융산업이 고속성장하며, 금융부문의 영향력이 확대되고, 금융산업 성장률이 GDP 성장률을 상회한다. 최근에는 선진국뿐만 아니라 신흥국에서도 금융자산 규모가

GDP의 수배를 넘어서는 등 신흥국의 금융시장이 빠르게 팽창하고 있다. 금융주체들의 기업투자 진출이 확산되고 기업부문에 대한 영향력이 확대되는 등 새로운 금융주체들이 구조조정기업 및 벤처기업 경영권 인수 과정에서 확대된 역할을 수행하고 있다.

신금융자본주의 시대에는 전통적 행위자(연기금, 뮤추얼펀드)에서 더 나아가 새로운 행위자(국부펀드, 사모펀드, 헤지펀드, 투자은행 등)의 역할이 중요하게 된다. 글로벌 금융위기 직전인 2007년 당시 글로벌 금융자산에서 새로운 행위자가 차지하는 비율은 5%, 그러나 그들의 연평균성장률은 15-20% 내외였다. 새로운 행위자는 물론 전통적 행위자도 펀드화, 복합화, 글로벌화를 통해 신금융자본주의를 강화하는 데 그 역할을 하고 있다. 사모펀드는 전 세계 M&A 시장에서 주도적인 역할을 함으로써 기업의 소유지배구조 및 장기투자와 실적에 영향을 미치고 있다. 헤지펀드는 글로벌 자본시장, 부실채권시장, 옵션 및 선물과 같은 파생상품시장 등에서 차지하는 비중을 높이면서 금융시스템의 안정성에 영향을 미친다. 뮤추얼펀드와 연기금도 수익성 제고를 위해 대체자산투자 및 해외투자 비중을 확대하는 추세이다. 글로벌 투자은행(IB)은 금융시장에 주요 행위자로 참가하는 한편, 여타 행위자들과 긴밀히 연결하여 시장을 확대하는 역할을 수행하고 있다. IT의 지속적 발전은 금융이용의 가능성을 확대하고 있다.

2008년 글로벌 금융위기는 금융영역에 대한 규제완화에 자극받은 무분별한 리스크 투자가 임계점을 넘어 초래되었다는 것이 다수의 견해이다. 위기 이후 미국은 글로벌 금융자본에 대한 규제를 강화했고 이는 전 세계에 영향을 미쳤다. 2008년 글로벌 금융위기 이후 국제결제은행(BIS)은 '바젤 III'[13]를 마련하고 은행건전성 유지를 위해 자기자본비율규제를 강화하고 있다. 또한 위기 이후 토빈세가 검토된 바 있다. 토빈세는 글로벌 자본규제로, 단기성 외환거래에 부과하는 세금이다. 브라질은 시행 후 2010년 이를 폐지했다. 전 세계 모든 국가가 시행하지 않으면 효과가 없으므로 활성화되지 못했다. EU 역시 글로벌 금융위기 이후 금융거래세를 검토하기도 했다. 독일과 프랑스, 이탈리아, 스페인, 오스트리아 등 EU 11개국은 2015년 2월 금융거래세를 2016년 시행하기로 합의한 바 있다. 그러나 구체적인 시행방법과 시기 등을 둘러싸고 논란이 벌어지고 반대 여론이 확산되면서 아직 시행되지 못하고 있다.

글로벌 금융위기에 대응해 각국은 우선 중앙은행을 중심으로 대규모 유동성을 시장에 공급해 금융거래 및 투자심리 위축을 막는 데 주력했다. 양적 완화(quantitative easing: QE)정책이 대표적이다. 또한 금융회사에 대한 규제강화, 금융감독기구의 개편, '볼커 룰(Volker rule)'로 불리는 규제도 도입하였다. 볼커 룰의 핵심은 그동안 은행들이 자기자본으로 해 온 위험한 투자를 막는 것이다. 이에 따라 볼커 룰은 자기계정거래의 금지 및 예외적 허용을 규정하고 있다. 일명 '프롭 트레이딩(proprietary trading)'으로 불리는 자기계정거래는 금융기관이 고객의 예금이나 신탁자산이 아닌 자기자본, 차입금 등을 주식이나 채권, 파생상품 등에 투자하는 것을 의미한다. 볼커 룰의 대상 은행들은 앞으로 자기자본의 3% 범위 안에서만 헤지·사모펀드에 투자할 수 있게 된다.

투자은행의 사업성에 대한 위험성과 그에 대한 반성이 부각되자 국내 정책과 금융권 인식도 안정과 실물경제 지원 중심의 보수적 금융산업 중시로 전환되었다. 예컨대 미국의 경우는 다음과 같다. 1900년대 미국과 세계의 은행산업 지형도를 규정했던 대표 법안은 1933년 제정된 글래스-스티걸 법(Glass-Steagall Act)이다. 이 법안의 주 목적은

13 바젤 III는 BIS 비율 기준 8%는 그대로 두되, 보통주 자본비율은 4.5% 이상, 티어 1 비율은 6% 이상으로 강화한다는 규정이다.

대공황시기 경험한 대형 은행들의 연쇄 도산 재발을 방지하는 것이었다 연방예금보험공사(FDIC)가 설립되었고, 예금보호를 받는 은행들에 엄격한 자격 조건이 부여되었다. 은행들은 민간 기업들의 증권 발행·판매 업무를 할 수 없게 됐다. 1956년에는 보험 심사 업무도 금지됐다. 증권 분야에서는 1933년과 1934년 잇따라 제정된 증권법과 증권거래법을 통해 증권에 대한 본격적인 규제가 시작됐다. 1929년 뉴욕 증시 대폭락에 대한 반성으로 증권법에서는 연방정부가 처음으로 증권 발행과 판매를 제도화하기 시작했다. 1956년 은행지주회사법은 은행을 소유한 지주회사가 비은행회사를 소유하지 못하도록, 비은행 지주회사가 은행을 소유하지 못하도록 했다.

상업은행과 투자은행 간의 장벽은 20세기 말에 와서야 무너지게 되었다. 금융자유화의 바람과 함께 금융 권역 사이의 협업을 허용하여 시너지 효과를 누리자는 효율화의 논리가 득세한 것이다. 1999년 그램-리치-블라일리 법(Gramm-Leach-Bliley Act)으로 인해 상업은행이 증권 업무를 다시 보게 되었다. 그러나 2008년 금융위기는 글로벌 금융규제 자유화의 물결을 다시 반대로 돌리게 된다. 2010년 도드-프랭크 법(Dodd-Frank Act)은 은행, 헤지펀드 금융파생상품에 대한 금융규제 강화법이다. 이는 전 연방준비제도이사회(FRB)의 볼커 룰을 기반으로 하고 있는데, 과거의 장벽규제로 돌아가는 것은 아니나, 은행고객을 보호하기 위해 소비자 금융보호청, 금융안정감독위원회를 신설하고, 은행 안에서 이루어지는 위험한 투자를 제한한다. 고객의 예금을 유치한 은행은 일정 비율 이상의 자기자본 거래를 제한받는 방법 등으로 건전성을 유지시킨다는 것이다

그러나 볼커 룰은 유럽, 일본, 캐나다 등 다른 국가로부터 우려와 비판과 함께 각계의 반대 여론에 밀려 결국 당초 기획 단계에서보다 일부 위험 거래와 금지 항목들에 대한 수위를 낮추는 방식으로 타협

안을 채택하고 말았다. 특히 트럼프 정부 출범 이후 월가의 탈규제 요구 목소리가 커지면서 정책의 방향이 금융규제완화로 바뀌게 되었다. 기존 도드-프랭크 법에 따르면 자산이 500억 달러를 넘는 대형은행은 매년 정기적으로 재무건정성 평가를 받아야 한다. 그러나 대형은행의 자산기준이 높아지면서 대부분의 은행이 면제를 받았다. 2018년 금융규제완화법에는 자산 100억 달러 미만이며 거래자산이나 부채가 전체 자산의 5% 미만인 은행은 볼커 룰을 적용하지 않는다는 내용이 담겼다. 지역은행의 규제 부담을 경감해 주자는 취지이며 업계의 요구가 반영된 결과이다. 미국의 2018년 11월 중간선거 이후 상원 구성이 바뀌면 금융선택안이 다시 추진될 수도 있으며 도드-프랭크 법의 핵심인 볼커 룰이 전면 폐지될 수도 있다는 예측도 가능하다.

국내 금융회사와는 달리 주식, 채권, 각종 금융상품거래로 막대한 이익을 올리며 세계 각국으로 사업확대에 나선 글로벌 투자은행들은 금융위기 이후 각종 규제에 따라 어려움에 직면해 있고 M&A나 지분매각, 채권 발행이 줄면서 수익도 줄어들고 있는 추세다. 금융세계화와 더불어 금융위기의 가능성이 증대하면서 각국은 규제완화의 요구와 금융관리감독의 강화라는 모순적 압박을 받고 있다. 한국은 외환위기 이후 진행된 정부주도형 금융시스템의 해체와 자본시장의 급격한 개방 이후 진행된 국내 금융산업의 육성과 기업의 환경적응이라는 이중적 문제에 직면하고 있다. 신금융자본주의 시대에는 금융의 팽창이 불안정성을 가져올 수 있어 오히려 금융감독체계를 재정비해야 할 필요성이 커지고 있다.

금융세계화시대에는 국가 내부의 취약성을 줄이기 위한 제도적 역량강화와 외부와의 협력네트워크 건설이라는 이중노력이 병행될 필요가 있다. 외부국가와의 협력네트워크 건설을 위해서는 금융지역주의 기제를 고민해 볼 수 있다. 1997년 아시아 외환위기 이후 일본에 의해 제시된 AMF는 실현되지 못했으며, ASEAN+3에 의한 치앙마이 이니셔티브(Chiang Mai Initiative: CMI)는 보다 많은 관심을 받았다.[14] 이는 동아시아 내 금융협력기제이나, IMF의 허락 없이는 통화스와프 기금을 이용하기 쉽지 않다는 한계를 보이고 있다. 아시아의 지역주의 금융협력은 금융세계화와 이를 저지하려는 미국의 영향력 때문에 구조적 한계가 존재한다.

중국은 최근 세계금융질서 형성과정에 개입하기 위해 미국 중심의 금융질서구조에 반기를 들고 있다. AIIB를 신호탄으로 그동안 일원체제를 유지했던 국제금융질서가 상호경쟁, 상호보완하는 다원체제로 급속하게 전환될 전망이다. 한국과 같은 동아시아 발전국가는 금융질서를 둘러싼 미중 갈등 상황이 국가이익에 해가 되는 방향이 아닌 득이 되는 방향으로 나아가도록 실질적인 동아시아 지역협력기제를 이끌어 내야 한다. 한국에 닥칠 한반도 인프라 사업에 AIIB 기금을 유용하게 활용할 수 있는 기회도 얻어야 한다. 새로운 국제금융질서의 대두에 발맞추어 그동안 다른 산업에 비해 낙후된 우리의 금융업을 발전시킬 필요가 있다. 최근 일반 IT 기업들이 금융서비스를 제공하는 등

14 2000년 5월 태국 치앙마이에서 열린 아세안(ASEAN: 동남아국가연합)+3(한·중·일) 재무장관회의에서 합의된 역내 금융위기 예방시스템이다. 회원국 중앙은행 간에 체결된 통화스와프 거래를 기초로 위기 발생 시 자국 통화와 국제통화를 일정 시점에서 결정된 환율로 차입하고 계약기간 경과 후 다시 상환하는 방식이 채택됐다. 이로써 아시아공동기금 형태로 운영되는 CMI를 통해 각국은 앞으로 발생할 수 있는 경제위기에 재빨리 대처할 수 있는 공조체제를 갖추게 되었다. CMI 공동기금 1,200억 달러 가운데 한국은 세 번째로 큰 규모(16%)인 192억 달러, 중국과 일본은 각각 32%에 해당하는 384억 달러씩을 부담하고, 인도네시아·태국·말레이시아·싱가포르·필리핀이 각각 45억 달러를 내는 등 13개국 회원국이 경제 규모에 맞춰 갹출하고 있다.

산업구조는 융합으로 수렴하고 있다. 핀테크(fintech)란 기술을 핵심요소로 하는 금융서비스 혁신으로, 이제는 '연결'이라는 키워드가 지배하는 세상이 되었다. 수요와 공급의 연결이 즉각적인 과거에는 상상하기 힘들었던 새로운 비즈니스 형태이다. 핀테크는 곧 중앙집권적 금융시스템의 해체를 의미한다. 기존의 금융기관, 전문가, 관리자들에게 쏠려 있던 역할을 네트워크가 대체해 준다는 것이다.

한 가지 중요한 것은 정부의 금융관리감독 강화도 중요하나 최근의 IT 기업과 금융의 융합추세에 정부의 규제완화가 동시에 필요하다는 점이다. 최근 인터넷 네트워크 사용증대와 더불어 IT 다국적기업은 새로운 발상에 접어든다. 중국의 IT 기업의 성공과 정부 역할을 예를 들어 보면 다음과 같다. 한때 애플의 '짝퉁'이라는 오명을 쓴 샤오미는 '대륙의 실수'를 넘어 경쟁력 있는 회사로 거듭났다. 소비자들을 온라인마켓으로 끌어들이는 흡입력을 구사한 것이다. 베이징이나 상하이 같은 대도시에도 오프라인매장은 세 군데에 불과하지만 온라인매장을 강화함으로써 젊은이들의 소비문화를 바꿨다. 샤오미의 성공원인은 소량생산을 통해 소비자들의 다양한 요구를 반영하고, 인터넷 소액대출을 통한 편리함을 제공하며, 배송시스템과 중간 유통마진을 없애고 직접 소비자가 구매하게 함으로써 성능에 비해 저렴한 가격을 유지한다는 점 등에 있다.

중국의 전자상거래 업체 알리바바는 2015년 11월 11일 광군제(싱글데이) 하루 동안 매출액 16조 5천억 원의 매출을 기록해 2014년 연 매출기록 10조 5천억 원을 상회했다. 알리바바의 회장 마윈은 중국 경제에 심각한 경기둔화는 없으며 중국이 과거 성장을 이끌었던 수출과 기반시설 투자가 감소하면서 경기가 다소 둔화된 것은 사실이나, 인터넷과 전자상거래가 중국의 새로운 성장경로를 만들 것이라고 강조했다. 현재는 3억 명, 15년 안에는 5억 명이 중산층이 되면서 고품질 상품과 서비스에 대한 수요가 급증할 것이며, 이는 중국 국내 소비의 잠재적 힘을 반영한다.

알리바바의 성공비결은 중국 온라인시장의 급성장에 있다. 알리바바는 중국 전체 상거래액의 89.5%를 차지하며 시장주도권을 확보했다. 중국 서부 오지 지역 사람들이 알리바바의 온라인 장터에서 물건을 내다 팔거나 구매할 수 있게 했고, 자유롭게 움직일 수 없는 장애인들도 마우스 클릭만으로 장터를 활용해 수입을 창출하도록 하는 등 '발상의 전환'이 중요한 역할을 했다. 중국 내 소비자 간(C2C) 전자상거래는 시장의 90%, 기업 간(B2B) 거래의 절반가량을 차지한다. 핵심적 성공원인은 전자화폐이자 온라인 결제서비스인 알리페이의 발전이다. 또한 알리바바가 신규사업으로 추진한 소액대출은 금융당국의 규제대상이 아니다. 이는 중국 정부의 적극적 지지정책이 기업 성공의 중요한 요인임을 알 수 있게 한다. 2008년 중국 정부의 대대적인 선도와 정책지원을 받아 전자상거래 체계를 보완하기 시작했으며, 전자상거래 B2B서비스 업체도 혁신을 강화했다. 중국 내 일자리 부족도 문제이나 이러한 일자리 부족의 해결방안으로 떠오른 것이 온라인 창업이다. 또한 검색서비스 및 상거래서비스와 만나 C2C가 더욱 확대되었으며, 지불방식의 다양화, 즉 온라인 결제 외에도 휴대전화 결제와 같이 다양한 지불방식이 가능해짐으로써 C2C 분야 발전의 근간이 되었다. 마지막으로 정부와 관련단체가 인터넷 사기를 방지하기 위한 감시를 강화했다. 그러나 C2C가 급격한 성장세로 포화된 가운데, 기업-소비자 간(B2C) 거래가 2012년을 기점으로 가파른 상승을 하고 있다. 2017년을 전후로 B2C 거래는 C2C 거래의 시장점유율을 넘어섰다(그림 7 참조). 중국의 전체 인터넷 쇼핑시장이 폭발적인 성장 단계를 지나 성장세가 감소되는 추세였지만 스마트 기기의 보급과 라이프 스타일의 변화로 모바일을 통한 거래비율이 2012년을 기점으로 급격히 늘어났다.

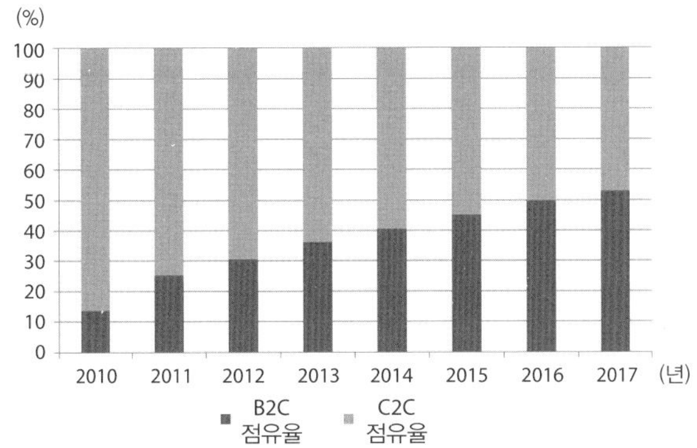

〈그림 7〉 중국의 B2C 점유율과 C2C 점유율(2010-2017)

출처: 중국 아이리서치(http://www.iresearchchina.com/content/details7_34532.html).

중국 IT 기업의 선전 사례에서, 기업이 금융과 융합하는 새로운 패러다임을 잘 따랐다는 점, 이러한 움직임의 저변에 정부의 규제완화라는 지원이 존재했다는 점에 특히 주목해야 한다. 금융세계화시대에 정부가 감독관리를 강화해야 하는 지점과 규제를 완화해야 하는 지점이 병존해야 한다는 것을 그 함의로 이끌어 내 볼 수 있다.

4. 새로운 변화와 발전국가모델의 재구성

동아시아 발전국가모델은 '역사적 특수성'의 관점보다는 다른 지역 후발개도국에 대한 일반적 함의를 제시해 줄 수 있는 관점으로 이해해야 한다. 동아시아 발전국가의 성공적 사례는 후발개도국 발전모델의 기반이 될 수 있으며, 이는 다음과 같은 세 가지 이론적 요소로 요약된다. 첫째, 후발개도국이 추격하기 위해서는 외부환경의 변화를 도전과 기회의 양 측면에서 파악한 후 그 시기의 경쟁적 산업은 무엇이며 어떤 부가가치 영역에서의 생산분업이 가능한지, 그리고 어떤 패권국가와의 협력이 국가이익을 위해 가능한지 파악해야 한다. 둘째, 정부는 자율성과 정부-사회세력과의 협력을 균형적으로 유지할 역량을 키워야 한다. 셋째, 후발개도국이 어느 정도 추격에 성공한 이후에도 산업발전을 위해 국가가 적절한 역할을 수행해야 한다. 이는 미국, 유럽과 같은 선진국의 경우를 보더라도 잘 알 수 있다. 이러한 세 가지 요소는 특정한 환경변화를 고려하기 이전에 후발개도국이 일반적으로 인지할 사항이다.

앞서 언급하였듯이 과거 동아시아 발전국가모델의 외부환경 특징은 다음과 같다. 냉전시기의 우호적 통상환경, 일본 중심의 안행형 지역생산네트워크 체제, 브레턴우즈 체제와 자본이동규제가 그것이다. 동아시아 국가의 성장은 일본이 중간재와 부품을 생산하고, 한국과 대만이 이를 수입하여 조립한 후 미국에 수출하는 삼각무역관계에 의해 진행되었다. 냉전시기의 전략적 정책의 결과 미국은 자국의 시장을 동아시아 국가에 일방적으로 제공했다. 그 덕분에 동아시아 발전국가는 수출주도적 산업정책을 성공적으로 이행할 수 있었다. 브레턴우즈 체제는 환율의 안정이라는 환경하에서 무역자유화를 목표로 한 체제였다. 환율통제는 국가 간의 금융시장을 서로 분리·차단시키는 유용한 수단으로 간주되었다. 브레턴우즈 체제의 고정환율제와 자본이동제한으로 동아시아 국가는 정책금융(credit policy)을 산업정책의 중요한 수단으로 사용할 수 있었으며, 그럼으로써 빠른 산업전환과 경제성장을 지속할 수 있었다. 동아시아 발전국가는 외부의 환경을 자국의 자율적인 산업정책을 통해 적극적으로 활용함으로써 다른 제3세계 라틴아메리카 및 아프리카 지역과는 다른 역동적인 성장을 이루어 냈다.

이러한 외부적 환경은 1980년대 이후 세계화와 탈냉전, 그리고 2000년대 미중 패권경쟁이라는 새로운 요인에 의해 급변하였다. 미국과 중국의 패권경쟁이 시작됨에 따라 신냉전의 가능성이 증대했다. 그러나 여러 번 언급하였듯이 패권전이과정은 상당한 시간을 필요로 한다. 현재는 미중 간 협력과 갈등이 혼재하고 있어 소국은 힘의 이동방향을 파악하면서 동시에 자국의 힘을 기르는 데 집중할 필요가 있다. 탈냉전이 되면서 미국 통상정책은 공정무역 및 보호무역주의로 변화된다. 동아시아 발전국가들은 더 이상 우호적인 무역환경의 특권을 누리지 못하게 된 것이다. 일본 중심의 안행형 지역분업구조는 중국의 부상과 함께 중국 중심의 새로운 지역생산체제로 이행하였다. 안행형 모델에서 논의하듯이 산업 간 이전이 일어나기보다는, 생산세계화가 가속화됨에 따라 생산과정의 노동분업이 보다 증대되었다. 산업 간 구분이 아니라 가치사슬의 구분이 중요하게 된 것이다. 브레턴우즈 체제에서 자본이동의 통제는 쉽지 않았고, 1950년과 1960년대 지속적인 자본의 유동성과 투기성은 브레튼우즈 체제를 붕괴시키는 데 일조하였다. 브레턴우즈 체제가 깨지고 금융자유화가 심화됨에 따라 자본이동 자유화가 진행되었으며, 산업정책의 수단이었던 정책금융은 그 사용에 있어 제한을 받게 되었다.

동아시아 발전국가모델은 1980년대 이후 새로운 환경변화에 따라 재구성되어 왔다. 한국의 경우 1980년대는 기존에 공급된 정책금융의 문제점을 해소하고, 경제의 균형발전을 위해 정책금융을 기능별 체제로 전환하였다. 1990년대는 금융자율화의 흐름 속에서 정책금융 및 각종 여신규제가 축소·폐지되고, 정책금융의 주된 경로가 기존의 일반은행에서 정책금융기관으로 전환하였다. 1990년대에 이르러 국제적 금융거래의 증가는 보다 가속화되었다. 그러나 그러한 재구성의 방향이 1990년대 신자유주의 영향에 의해 급격히 전환되는 바람에 한국은 1997년 외환위기를 피해 가지 못했다. 위기 이후 IMF의 요구에 따라 시장중심적 경제개혁을 할 수밖에 없었고 한국 경제는 오늘날 소득 불평등과 양극화의 대가를 치르고 있다. 동아시아 발전국가모델은 위기 이후 성공적으로 재구성되지는 못했다. 그렇다고 폐기된 것은 더더욱 아니다.

21세기 대외환경변화는 생산세계화로 인한 글로벌 가치사슬의 경쟁심화, 미중 패권경쟁에 따른 보호무역주의 증대, 신브레턴우즈 체제와 환율전쟁 증가, 그리고 금융세계화와 금융위기 가능성의 증대로 요약된다. 발전국가모델의 관점에서 이러한 환경변화에 대한 대응을 다음과 같이 요약해 볼 수 있다.

첫째, 생산의 영역에서 생산세계화가 가속화되면서 산업 간 구분보다 가치사슬의 구분이 중요하게 되었다. 고부가가치 영역을 둘러싼 기업 간 경쟁이 보다 치열해졌다. 중국과의 무역관계가 증대할수록 중국의 보호무역은 중국으로의 투자를 유인하게 된다. 중국 정부의 자국 산업보호 및 해외기업 길들이기 전략은 중국 산업의 혁신적 발전을 가능하게 했다. 중국 정부의 이와 같은 혁신국가정책은 중국 기업이 고부가가치 영역으로 쉽게 편입될 수 있도록 돕는다. 중국의 경우에서 알 수 있듯이, 동아시아 발전국가는 글로벌 가치사슬에서 자국 기업이 우위를 점할 수 있도록 기업생산성 증가 및 R&D 지원을 위한 혁신정책을 중요하게 고려해야 한다. 과거 산업정책의 수단이었던 정책금융의 수단을 현재는 사용할 수 없다. 예컨대 한국은 1980년대 이후 특정 기업과 특정산업 영역을 육성하던 산업정책을 R&D 기준에 따른 기능적 산업정책으로 이행한 바 있다. 그러나 1990년대 이후 신자유주의 이념의 확산과 더불어 국가의 산업정책은 점차 그 설 자리를 잃게 되었다. 생산의 영역에서 기술개발을 위한 국가의 지원정책은 발전국가가 위기를 맞이한 이후에도 지속적으로 사용할 수 있다. 미국과 유럽이 과학기술과 관련된 기술정책을 적극적으로 펼쳐 온 것을 보더라도 신자유주의 이념은 무비판적으로 받아들여서는 안 될 것이다.

둘째, 트럼프 정권이 들어선 이후 미국 대외경제정책의 기조는 미국 우선주의에 기반한 보호무역주의로 변화되었다. 중국이 새로운 패권도전국으로 급부상하면서 미국 중심과 중국 중심의 다자적 FTA 네트워크가 대립하고 있다. 미중 패권의 경쟁과 갈등이 증가할수록 이들 국가와의 외교적 관계에 대한 선택 압력이 거세지고, 그에 따라 무역보복이 가해질 것이다. 중국 중심의 경제구도와 중국에 대한 경제의존도가 높아진 상황에서, 신냉전시기 중국의 보호무역은 중국 경제 의존적인 동아시아 발전국가에 또 다른 파고를 가져올 것으로 보인다. 보호무역주의에 대처하기 위해서는 다양한 자유무역 네트워크를 활용할 필요가 있다. 어느 한 국가와 한 지역에 의존하기보다는 다양한 지역과 다양한 국가와의 자유무역 네트워크를 형성해야 한다. 신냉전을 막기 위해서는 미국과 중국이 대결구도보다는 협력적 관계가 될 수 있도록 동아시아 국가들의 노력이 필요하다. 미중 패권경쟁이 심화되는 보호주의적 국제무역질서하에서 한국을 비롯한 동아시아 발전국가는 수출다변화정책과 보호규제에 대한 적극적 대응방식을 구상해야 한다. 특히 중국이 자국기업을 보호하는 대신 동아시아 발전국가의 기업들에 대해 차별적인 보호주의 조처를 일삼고 있는 상황을 WTO에 제소하는 등 보다 강도 높은 대응이 필요하다.

셋째, 1970년대 초 고정환율제도가 붕괴되었음에도 불구하고 미국 달러화가 여전히 핵심 기축통화의 지위를 유지하고 있어 현재의 국제통화질서를 신브레턴우즈 체제라고 부르기도 한다. 동아시아 국가들은 수출경쟁력 확보를 위해 자국의 통화 가치를 낮게 유지하려고 외환시장에 개입해 왔다. 자국 통화의 평가절상을 막기 위해 외환을 매입함으로써 동아시아 국가들은 대규모로 외환보유고를 축적할 수 있었다. 그러나 미국의 경상수지 적자가 누적되면서 신브레튼우즈 체제의 지속성에 의문이 제기되고 있다. 더욱이 미국의 무분별한 신용정책이 미국 내의 유동성을 증대시켜 부동산 거품을 일으켰고 결국은 글로벌 금융위기의 원인으로 작용했다고 인식되면서, 미국 달러화 중심의 국제통화질서에 대한 회의가 확산되었다. 글로벌 금융위기 이후 각국은 내수진작과 수출확대를 위한 환율전쟁 상황에 봉착하게 되었다. 보호주의 확산과 더불어 환율전쟁, 통화전쟁 가능성이 증대한다면 국제통화질서는 더욱 불안정해질 수 있다. 따라서 각국은 이러한 불안정한 환경에 취약할 수 있는 내부적 역량과 기초체력을 보완해야 한다. 이와 더불어 지역통화협력을 통해 환율안정도 도모해야 한다.

넷째, 1970년대 브레턴우즈 체제가 붕괴되고 변동환율제도로 전환함으로써 제한적 금융질서가 와해되고 국제금융시장이 급성장하게 되었다. 금융세계화와 더불어 IT 발전 및 금융혁신으로 전 세계 금융시장이 더욱 빠르게 확장되었다. 각국의 금융시장이 통합되고 새로운 금융기법이 도입됨에 따라 여러 편익이 제고되었지만 동시에 금융위기의 발생가능성도 높아졌다. 규제가 상대적으로 약한 지역으로 자본이 유입되면 자산시장에 거품이 발생하게 되는데, 이후 거품이 급속히 꺼져 버리면 금융위기에 직면하게 된다. 새로운 금융상품 거래가 확대되면 금융거래가 더욱 복잡해져 금융위기의 충격이 국가를 넘어 전 세계로 파급될 수 있다. 2008년 글로벌 금융위기는 이러한 문제점을 극명하게 보여 주었다. 향후 금융세계화 확산 및 금융혁신 가속에 따르는 위험에 대처하기 위해서는 국가 내부적인 제도역량강화와 외부적인 협력네트워크 건설이라는 이중노력이 병행될 필요가 있다. 금융시스템의 취약성을 줄이기 위해 정부의 금융관리감독 강화도 중요하나 다른 한편 금융산업의 경쟁력 강화를 위해서는 정부의 규제완화가 동시에 필요하다. 또한 미국 중심의 일원체제를 유지했던 국제금융질서가 상호경쟁, 상호보완하는 다원체제로 급속하게 전환될 전망이다. 동아시아 발전국가는 다양한 국제금융기구에 적극적으로 참여함으로써 국제금융질서의 재편과정을 주도할 수 있도록 노력해야 한다.

제7장

동아시아 발전국가모델의 적용가능성: 사례 연구

제6장까지는 동아시아 발전국가모델이 새로운 환경변화에 따라 각각의 생산, 무역, 통화, 금융 영역에서 어떻게 재구성 가능할지 논의해 보았다. 본래 동아시아 발전국가모델은 냉전시기라는 역사적 특수성의 상황에서 만들어진 개념이지만, 이는 그 이전의 독일과 일본처럼 후발개도국 발전모델의 공통적 특징에 기반하고 있음을 알 수 있다. 앞서 간 선발선진국을 추격하기 위해 정부가 국가 내부의 내생적 특성에 맞게 외부환경의 도전과 기회의 측면을 포착하여 최적의 산업전환과정을 추진해 온 것이다.

최근 후-후발개도국으로서 아프리카가 다른 지역에 비해 뒤늦었지만 그럼에도 지속적 성장의 가능성을 보여 주고 있어, 과연 동아시아 발전국가모델이 아프리카 지역에도 적용 가능한지에 대한 관심이 증대하고 있다. 동아시아 발전국가모델은 아프리카와 같은 후-후발개도국의 발전과정에 중요한 함의를 제공할 수 있다.

동아시아와 달리 아프리카 대륙은 오랫동안 빈곤의 악순환으로부터 빠져나오지 못했다. 전 세계 육지 면적의 20%를 차지하지만 인구밀도가 낮아 전 세계 인구의 11%에 불과하고, 총생산량은 전 세계의

* 이 장은 임혜란·유혜림(2015)의 내용을 수정보완한 것이다.

3%가 채 되지 않는다. 아프리카 전체 인구의 절반가량은 하루 2달러 이하의 돈으로 생활하고 있으며, 사하라 이남 아프리카의 영유아 사망률은 1천 명당 92명으로 선진국 평균의 15배에 달한다(UNICEF Child Mortality Report 2014). 경제적 인프라도 불충분하여 2008년 사하라 이남 아프리카의 평균 전력보급률은 28.5%에 불과하다(World Energy Outlook 2009). 이에 더해 아프리카, 특히 사하라 이남 아프리카는 정부의 부정부패, 취약한 경제기반, 국가와 유리된 사회, 그리고 종족 갈등으로 인해 정치적 안정과 경제발전을 함께 성취하기 어려울 것이라는 부정적 평가를 받아 왔다.

그러나 2000년대 들어 아프리카는 괄목할 만한 발전을 이루고 있다. IMF의 자료에 따르면 2000년대 사하라 이남 아프리카의 경제성장률은 5%에 달하고,[1] 또한 IMF가 전망한 경제성장률이 높은 10개국[2] 중 사하라 이남 아프리카 국가가 7개 포함되었다(World Economic Outlook 2015). 아프리카의 평균연령은 20.1세로 풍부한 생산력을 지니고 있으며, 실제로 2014년 노동생산력이 상승한 지역은 전 세계에서 인도와 아프리카뿐인 것으로 나타났다.

아프리카 경제의 이러한 성장은 당연히 커다란 관심을 유발했고, 이를 설명하기 위한 많은 연구들이 진행되었다. 그러나 아프리카 대륙은 54개 국가들로 구성되어 있으며 이들 국가 간 다양성이 매우 커 일괄적으로 설명하기가 어렵다. 이에 이 장에서는 아프리카 국가들 가운데 모잠비크의 사례에 초점을 맞추고 경제발전의 배경을 살펴보려고

1 전 세계 평균은 3.4%, 한국은 3.3%, 전 세계 개발도상국은 4.6%, 중국은 7.4%, 인도는 7.2%, 중국과 인도를 비롯한 동남아 개발도상국은 7.0%이다.

2 미얀마, 에티오피아, 콩고민주공화국, 모잠비크, 인도, 르완다, 코트디부아르, 캄보디아, 니제르, 탄자니아.

한다. 모잠비크에 주목하는 이유로 다음의 세 가지를 들 수 있다. 첫째, 1976년 독립 이후 최빈국이었던 모잠비크는 지난 1990년대 초 내전이 끝난 후 급속히 안정을 찾았고, 이후 민족 간 화합과 평화구축을 위한 노력을 지속해 왔다. 모잠비크는 2012년 세계평화지수(Global Peace Index) 조사에서 사하라 이남 아프리카 국가 가운데 모리셔스와 보츠와나에 이은 3위를, 그리고 세계 48위를 기록하고 있다.[3] 둘째, 모잠비크는 2000년대 들어 높은 수준의 경제성장을 지속해 오고 있다. 2000-2015년 경제성장률은 연평균 7.4%로 높게 유지되고 있으며, 이에 따라 1인당 소득도 2000년 225달러에서 2014년 630달러로 2.8배나 증가했다. 물론 아직까지 절대빈곤문제가 해소되지 않고 있다는 한계는 있지만, 그럼에도 불구하고 지속적인 경제성장이 분명하게 관찰되고 있다. 셋째, 모잠비크는 천연광물이 풍부한 나라임에도 불구하고 제조업을 육성하기 위한 정책을 지속함으로써 역동적인 산업전환(industrial transformation)을 시도해 왔다. 취약국가인 사하라 이남 아프리카에서 자원이 풍부한 국가인 나이지리아, 콩고는 자원개발을 통한 국부 창출을 추구하였다. 그러나 이러한 자원개발은 부정부패 수단이 되어 국가발전을 오히려 저해하는 현상이 나타나, 자원이 풍부할수록 경제난에서 빠져나오지 못하는 "자원의 저주"라 불리기도 한다. 나이지리아 공업의 대부분이 원유 및 가스 개발에 집중되어 있는 반면(박영호·허윤선 2008), 모잠비크는 제조업 육성을 통한 공업발전을 추진하였다(전혜린·장종문 2012). 이처럼 다른 아프리카 국가와 달리 모잠비크는 민주화 이후 안정적으로 제도적 발전을 지속한 국가라는 점, 그리고 산업전환을 통해 2000년 이후 지속적인 경제성장의 가능성을 보여 주고 있다는

3 한국이 42위라는 점에서 모잠비크의 정치적 안정이 비교적 높다고 할 수 있다(전혜린·장종문 2012, 17).

점에서 유용한 연구대상이다.

이 장의 보다 구체적인 목적은 아프리카 지역에서도 저조한 발전 양상을 보여 왔던 모잠비크가 2000년 이후 어떠한 정치경제적 요인에 의해 산업전환을 시도했는지 파악하는 것이다. 풍부한 지하자원 매장국으로서의 모잠비크가 시장의 신호와는 달리 제조업으로의 산업전환을 통해 역동적 비교우위를 창출해 냈는데 그러한 과정에서 보여 준 정부역할에 초점을 둘 것이다. 후발개도국이 정부의 주도적 역할에 의해 성장이 가능했다는 것이 동아시아 발전국가의 경험에서 알 수 있었던 현상이기 때문이다. 이를 통해 동아시아 발전국가모델의 아프리카 국가 적용가능성 여부도 살펴보고자 한다.

1. 아프리카의 발전에 대한 이론적 논의: 발전국가모델의 적용가능성

세계은행으로 대표되는 신자유주의자들은 몇몇 사하라 이남 아프리카 국가들이 경제성장을 이룩한 배경을 두고 해당 국가의 정치적·경제적 자유화에 공을 돌린다. 반면 이들은 아프리카의 전반적인 저발전을 두고 정부의 무능력함, 계획경제의 비합리성, 중앙정부로의 권력 집중, 민간부문 결핍 등에 원인이 있다고 지적한다(World Bank 1994; 1996; 1997). 세계은행에서 강조하는 바는 국가는 문제의 원천이며 시장은 성장의 원동력이라는 것이다. 경제적 자유화와 투명성 증대 같은 시장원리가 경제적 효율성의 근간이 될 수도 있다.

그러나 시장이 중요하냐 국가가 중요하냐라는 이분법적 시각은 역사성 속에서의 시장과 국가의 상호작용에 대한 이해를 불가능하게 한다. 제도주의 시각에 의하면, 역사적으로 국가는 시장에 늘 개입해 왔으며 국가와 시장은 상호작용하는 관계를 맺고 있다(Polanyi 1944; Gilpin 2001). 국가의 시장개입은 효율성을 가져왔을 수도, 또는 비효율성을 가져왔을 수도 있다. 국가의 경제성장을 가져온 경제정책은 단순히 시장신호에 반응하여 만들어지는 것이 아닌 정부를 비롯한 다양한 경제행위자들 간에 이루어진 상호작용의 산물에 가깝다. 정부와 시장의 관계는 관련 행위자들이 경쟁적이고 불안정한 맥락에서 협상·관리하는 과정에서 발생하는 정치적 결과이다(Feigenbaum and Henig 1994. Pitcher 2012, 5에서 재인용). 사유화나 여타 시장 관계가 구성되고 이후 이행 혹은 재구성되는 과정에는 국제 행위자뿐만 아니라 국내 행위자 역시 간여하게 된다(Pitcher 2012, 5). 특히 모잠비크와 같은 아프리카 국가는 식민지 이후 사회주의 실험을 시도하다 민영화과정을 통해 새로운 자본주의체제로 이행한 바 있다. 산업전환과정에서 모잠비크의 주요 정치 권력 행위자들의 이해관계가 중요한 요인으로 작용했을 수 있다.

발전국가모델의 핵심적 요소는 시장의 신호와는 다른 '역동적 비교우위'를 구성할 수 있었던 정치적·제도적 선택, 국가와 관료기구의 선도적 역할, 국가와 사회의 연계된 자율성, 상호협력의 네트워크 체제 발전에 있다(Öniş 1991; Weiss 2000; 임혜란 2008; Stubbs 2009). 발전국가모델의 가장 핵심적 요소로 강조되는 것이 '전략적 산업정책'이다(Amsden 1989; Wade 1990).

발전국가모델의 적용가능성과 관련해 고려해야 할 점은 거센크론의 주장에서부터 찾아볼 수 있다.[4] 후발개도국의 발전패턴이 선진국의 경우와는 다르다고 한 거센크론의 논의는 후-후발개도국의 개발과 성장을 설명하는 데 있어 상당한 함의를 제시해 준다. 거센크론은 발전

4 동아시아 발전국가모델의 적용가능성에 대해서는 임혜란(2013b) 참조.

을 위해서는 당시의 국제정치경제 환경에 대해 정확히 판단하고 그에 맞는 내부적 구조의 패턴을 잘 살리는 유연한 정책을 펴야 함을 강조한다. 발전과정은 국가 내부의 내생적 요인인 산업구조, 발전정향, 기업가 역할, 이데올로기 등에 따라 달라질 가능성이 더욱 높다.

거센크론의 논의가 주장하는 바는 다음과 같다. 어차피 후발국가는 선발국가의 길을 그대로 따라갈 수는 없다. 그러나 선발국가로부터 기술도입과 국가개입의 역할을 통하여 특정 산업을 집중적으로 육성(big push)할 수 있다. 또 한편 다른 국가의 과거 성공적인 산업전략패턴을 그대로 따라 할 수는 없다. 산업의 육성방식과 패턴은 그 사회의 내부적인 제도적 특징, 국가·기업 관계 등에 따라 달라진다. 후발국가들의 경제적 후진성의 독특성(peculiarities)을 잘 이해해야 선발국가들의 성공적 정책을 잘 적용해 볼 수 있다. 이러한 점이 바로 거센크론의 핵심적 주장이며 이는 발전국가모델의 적용가능성 논의에 적지 않은 함의를 제시해 준다. 개발의 핵심은 개별 국가가 처한 당시의 환경적 요인에 대한 정확한 판단과 내생적 요인에 대한 이해가 적절히 잘 조화되어야 한다는 데 있다. 모잠비크는 후-후발개도국으로서 뒤늦게 산업화를 시작한 경우인데, 정부가 제조업 가운데 중화학공업 육성정책을 시행함으로써 산업전환을 이루었다.

2. 모잠비크의 지정학적 특성과 역사적 궤적

1) 경제적 추이

모잠비크는 풍부한 지하자원 매장국임에도 불구하고 제조업 중심의 산업전환을 추진했다. 이를 설명하기 위해서는 지정학적 특성과 역사

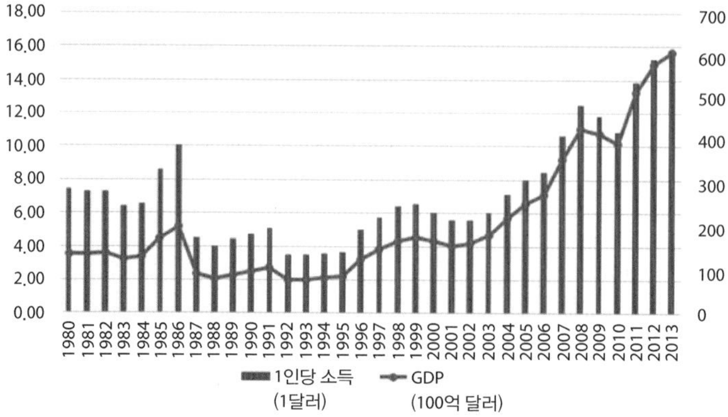

〈그림 8〉 모잠비크의 GDP 및 1인당 소득(1980-2013)

출처: World Bank, World Development Indicators.

적 유산, 정치적 궤적, 외부의 환경 등을 살펴볼 뿐만 아니라 모잠비크 정부정책 결정론자의 이해관계를 대내외적 주요 행위자와의 관계를 통해 분석해 볼 필요가 있다. "과거의 패턴은 현재에 배태되며", 일국의 지정학적 특성과 역사적 유산은 정책행위자들의 정책 선호를 구성하는 제도로 기능한다(Young 1994, 292; Evans 1995). 모잠비크의 지정학적 특성과 역사적 유산을 설명하기 전에 전체적인 경제발전 추이를 살펴보자.

1980년대부터 1990년대까지 모잠비크의 경제는 상당한 등락을 보인다. GDP의 절대 규모는 1980년 35억 달러에서 1986년 52억 달러까지 증가하지만, 이후 극심하게 침체되어 2000년대 가서야 겨우 다시 이전의 수준을 회복한다. 이에 따라 1인당 소득도 1980년 290달러에서 1986년 392달러로 확대되었으나 1993년 136달러로 급격히 축소되었다가 1990년대 후반에 가서야 다시 회복의 기미를 보인다. 그러나 2000년대 들어서면서부터는 전체적으로 빠른 성장세를 보인다. GDP 추세는 2008년 글로벌 금융위기 이후 일시적으로 위축되는 시기를 제

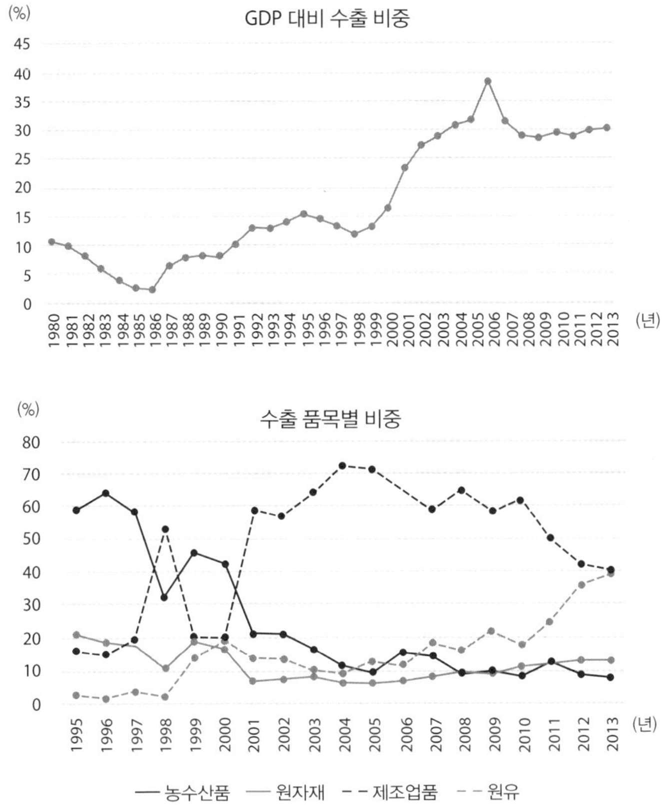

〈그림 9〉 모잠비크의 수출 규모 및 품목별 비중

출처: World Bank, World Development Indicators; UNCTAD, Statistics.

외하고는 계속 증가세를 보이며, 마찬가지로 1인당 소득도 2000년대 이후 빠른 증가세를 보여 주고 있다(그림 8).

전체적인 경제성장 추이와는 달리 수출은 1980년대 중반부터 꾸준히 증가하고 있다. 수출은 경제성장률보다도 더 빠른 속도로 증가해 GDP 대비 수출 비중이 1980년대 중반 2.5%에서 2006년 38.4%로 획기적으로 증가했다. 이는 2000년대 이후 모잠비크의 경제성장이 수출증대와 긴밀히 연계되어 있음을 시사해 준다. 또한 수출에서 개별 품목들이 차지하는 비중을 살펴보면, 1990년대 중반에는 농수산품이 65%를 차지할 정도로 절대적이었으나, 2000년대 이후에는 10% 내외에 머물러 있다. 반면 제조업 제품 수출은 1990년대 중반 20% 이하에서 2000년대는 60% 이상으로 급증하였으며, 글로벌 금융위기 이후에는 다소 감소하는 추세를 보인다. 원유 및 원자재 수출의 비중은 2000년대 중반까지 대체로 10% 내외를 상회했으나, 최근 원유 수출의 비중이 40%로 급등하였다. 수출부문의 추이는 2000년대 이후 모잠비크의 경제성장이 제조업 중심의 수출 신장에 힘입은 바가 크다는 것을 의미한다(그림 9).

2) 지정학적 특성과 역사적 궤적

모잠비크는 사하라 이남 아프리카에서 가장 발달한 국가인 남아프리카공화국(남아공)에 인접하여 있으며 인도양에 가깝다. 따라서 경제적으로는 남아공에 편입되었고 남아공을 비롯한 모든 주변국이 영국의 식민지였기 때문에 포르투갈의 지배를 받으면서도 정치적·경제적으로 영국과 긴밀한 관계를 유지했다. 또한 남북으로 길기 때문에 인접국과의 교류 및 균형적인 지방 통치에 유리한 중부 지역에 수도가 위치하였으나, 식민지 시절 남아공 및 인도양과의 인접성을 동시에 가진 최남단 마푸투(Maputo)로 이전되어 오늘에 이른다. 농업에 적절한 토지와 천연자원은 대부분 중북부에 위치함에 따라 중북부의 농경 지대를 중심으로 문명이 발달하였고, 동부 해안선을 따라 비교적 큰 도시들이 위치하였다. 수도인 마푸투는 제국주의 시기를 거치면서 남아공 및 인접국 보츠와나와 짐바브웨의 중동·아시아 무역의 요충지가 되었다.

자원의 분포와는 다르게 남부에 자본이 집중되면서 남부와 중북부 간의 경제적 격차가 두드러지기 시작하였고, 남부는 정치적·경제적 중심지가 되어 더 많은 자본과 인구 유입이 이루어졌다. 식민지 시기 남부와 중북부를 잇는 도로가 제대로 건설되지 않았고, 이러한 지역 간의 격차는 독립 이후에도 개선되지 못하였다. 최근에는 지역 간 빈곤지수가 평준화되기는 하였으나 생산량에서는 남부가 압도적인 우위를 보이며, 남부에서도 수도인 마푸투에 집중되는 양상을 보임으로써 불균형적 지역발달을 가져왔다(UNDP 2006).

모잠비크는 1976년 비교적 평화로운 독립을 이루었는데, 이는 포르투갈 식민정부가 포르투갈 본국에서 쿠데타가 발생하는 긴급 사태가 벌어지자 더 이상 식민통치가 어려워 철수하였기 때문이다. 그동안 핵심 독립세력이었던 모잠비크해방전선(FRELIMO)이 정권을 이양받았으며, FRELIMO는 사회주의를 표방한 일당 독재정권을 수립하였다. FRELIMO가 독립정부를 수립한 데 대하여 모잠비크 내 여타 독립세력들이 불만을 표하기는 하였지만 큰 영향을 미치지 못하였다.[5] 따라서 반군이라고 부를 만한 특정 세력은 없었다. 그러나 남아공에서 만델라(Nelson Mandela)가 점차 세력을 얻는 등 당시 인종차별에 대한 흑인의 불만이 팽배한 상황에서, 남아공에 바로 이웃한 모잠비크에 흑인 사회주의 정부가 들어선 것은 커다란 불안 요소로 작용하였다(왕선애 2007). 이에 남아공의 백인정부는 주변국 로데지아(Rhodesia, 현 짐

5 이는 모잠비크의 민족의식이 여타 아프리카 국가에 비하여 뒤늦게 나타났기 때문이기도 하다. 왕선애(2007, 64-66)는 포르투갈이 모잠비크 종족 간에 차별정책을 펴지 않았던 데서 그 이유를 찾고 있다. 아프리카 식민통치자들은 일부 종족에게 특혜를 주어 종족 혹은 지역 간 근대화 수준의 차이를 야기하여 종족 분리 및 집단 간 갈등을 일으켰다. 그러나 모잠비크에서는 전통적 지도자를 행정관료로 임명한 헤글루 외에는 집단 간 차별정책이 발견되지 않는다. 또한 포르투갈의 가난한 계층이 모잠비크에 대거 유입되면서 고급 행정직 외에도 단순 노동일까지 포르투갈인들이 차지하였기 때문에 모잠비크인의 직업을 통한 신분상승이나 쁘띠부르주아의 성장도 제한되었다.

바브웨)를 통하여 모잠비크의 또 다른 독립세력이었던 국민저항운동(RENAMO)을 반군세력으로 지원하기 시작하였다. RENAMO는 특히 독립 이후 소외된 헤글루(régulo),[6] 중북부 엘리트 집단 및 부호, 농촌세력을 흡수하면서 정부에게는 무시하기 어려운 정적이 되었다.

FRELIMO와 RENAMO 사이에 발발한 내전은 독립 직후부터 시작되어 평화협정을 맺은 1992년까지 17년간 지속됨으로써 모잠비크의 사회적·경제적 기반을 마비시켰다. 정부는 더 이상의 피해를 감당하기 어려웠으며 반군은 내전을 지속할지라도 정권을 전복시킬 수 없음을 깨달으면서 국제사회의 개입 아래 평화 협상이 진행되었고, 마침내 1992년 양측은 평화협정에 조인하였다. 평화협정을 준비하던 시기부터 민주화와 경제자유화가 예정되어 있었다. 1994년에는 일찌감치 준비 중에 있었던 첫 민주적 선거가 치러졌으며 대선과 총선에서 FRELIMO가 승리하였다.[7]

이 첫 번째 민주주의 선거에서 박빙의 승부에도 불구하고 야당의 승복이 평화적으로 이루어졌으며, 이후 안정적인 양당체제를 이어오고 있다(표 8 참조). 모잠비크는 2000년대 들어 5-8%대의 경제성장률을 꾸준히 기록하고 있다(표 9 참조). 모잠비크처럼 사회주의 정권의 계획경제를 추구하던 사하라 이남 국가가 1980년대 중반 계획경제의 실패와 소련 붕괴로 말미암아 사유화, 시장개방, 외자유치를 추진하여 경제성장을 이루는 것이 그리 낯선 모습은 아니다.[8] 그러나 모잠비크

6 모잠비크의 전통적 지도자로, 포르투갈 식민정부가 모잠비크 통치를 위해 행정관료로 기용하였다. 이와 관련한 더 자세한 제도적 측면에 대해서는 왕선애(2007) 참조.

7 내전 상황과 평화협정까지의 과정에 대해서는 Pitcher(2002, ch. 2-3, 특히 pp. 102-106)와 왕선애(2007) 참조.

8 대표적으로 앙골라, 콩고, 에티오피아, 마다가스카르, 베냉, 부르키나파소 등

〈표 8〉 모잠비크 역대 선거 결과

연도	대통령 선거		총선거(의식 수)		
	당선자	득표율 (%) [F:R]	F	R	기타
1994	Joaquim Chissano (F)	53.3 : 33.7	129	112	9
1999	Joaquim Chissano (F)	52.3 : 47.7	133	117	-
2004	Armando Guebuza (F)	63.7 : 31.7	160	90	-
2009	Armando Guebuza (F)	75.0 : 16.4	191	51	8
2014	Filipe Nyusi (F)	57.0 : 36.6	144	89	17

출처: (1994-2009년) EISA 홈페이지; (2014년) 모잠비크뉴스사(Mozambique News Agency 2014).
주: F는 'FRELIMO', R은 'RENAMO'를 가리킴.

에서는 민주화·자유화 직후 나이지리아, 르완다, 짐바브웨 등이 겪은 심각한 국내정치 갈등 상황은 발생하지 않았다. 즉, 비교적 높은 수준의 정치적 안정성을 유지하는 동시에 경제발전을 이룬 것으로 평가받는다. 2010년 들어 모잠비크 역시 경제적 외형성장과 더불어 빈부격차와 빈곤 등 내부문제가 갈등의 원인으로 자리하고 있어 정치안정을 위협하고는 있다. 그럼에도 모잠비크는 국제적인 선거감시기구로부터 선거의 공정성 등을 인정받는 등 민주주의적 성과를 보이는 것으로 평가되고 있다.[9] 이렇게 안정된 국내정치를 바탕으로 독립 이후 지속되

의 사례가 있다.

9 아프리카연합, 남아프리카개발공동체(Southern African Development Community), 남아프리카선거연구소(EISA) 등은 해당 선거가 전반적으로 공정하게 이루어졌다고 평가하였다.

〈표 9〉 모잠비크 거시경제지표

경제지표 / 연도	GDP	GDP 성장률	1인당 GDP	1인당 GDP 구매력 지수	물가 상승률	재정적자 / 경상GDP	경상수지	인구
	10억 달러	%	달러	달러	%	GDP %	GDP %	100만 명
1980*	5.15	4.22	412.06	186.10	2.00	-1.32	-7.39	12.50
1983*	3.67	-15.70	271.18	171.42	28.20	-14.14	-11.93	13.50
1985	5.04	1.00	360.15	166.86	30.79	-8.69	-6.63	13.99
1987	2.67	14.70	186.91	191.44	164.11	-6.49	-17.23	14.29
1990	3.94	1.00	269.32	242.93	43.72	-3.96	-10.76	14.62
1992*	2.15	-5.23	141.38	249.73	45.08	-2.31	-11.73	15.18
1994*	2.46	6.16	154.47	287.22	63.12	-4.81	-13.20	15.93
1996	3.62	14.78	215.70	332.87	48.50	-2.31	-7.76	16.77
1997*	4.25	11.09	247.37	367.06	7.36	-2.07	-4.44	17.18
1998	4.83	11.83	275.84	406.73	1.49	-1.24	-5.72	17.53
1999	5.10	8.37	285.10	438.87	2.87	-0.40	-12.08	17.87
2000*	4.68	1.53	255.35	445.63	12.71	-1.56	-16.02	18.28
2001	4.57	12.71	243.13	499.76	9.06	-5.49	-16.06	18.79
2002	4.98	9.23	257.60	538.94	16.77	-4.03	-19.53	19.32
2003	5.55	6.87	279.20	571.10	13.45	-3.13	-14.66	19.87
2004*	6.75	8.54	330.20	619.28	12.63	-3.73	-9.81	20.44
2005	7.60	7.74	361.49	669.93	6.43	-2.40	-14.91	21.01
2006	8.30	9.10	384.66	733.22	13.25	-3.53	-7.50	21.59
2007	9.30	7.44	419.04	787.45	8.16	-2.58	-9.55	22.17
2008*	11.08	5.78	486.95	827.21	10.33	-2.22	-11.59	22.76
2009	11.05	6.48	473.09	864.75	3.26	-4.97	-11.04	23.36
2010	10.47	7.12	436.78	913.90	12.70	-3.93	-10.64	23.97
2011	13.25	7.44	538.82	977.09	10.35	-4.79	-23.10	24.58
2012	14.87	7.08	589.89	1,038.94	2.09	-3.85	-42.27	25.20

2013	15.62	7.44	604.72	1,105.06	4.21	-2.69	-40.03	25.83
2014	16.68	7.37	629.80	1,173.97	2.29	-8.44	-34.75	26.49

출처: International Monetary Fund (2015).

주: 1980년 첫 측정; 1983년 민간부문 인정; 1992년 내전종식, 민주화·사유화; 1994년 첫 선거; 1997년 모잘 1기 투자협정; 2000년 모잘 1기 완공; 2004년 모잘 2기 완공; 2008년 세계금융위기.

는 여당(FRELIMO)의 장기집권을 통하여 경제정책은 일관되게 유지되어 왔다.

3. 모잠비크 산업전환의 정치경제

모잠비크는 전통적인 농업국가이며, 천연자원 매장량이 매우 풍부함에도 불구하고 1992년 경제자유화 시기부터 제조업, 특히 중화학공업을 신성장동력으로 추진해 왔다는 점을 주목할 필요가 있다. 모잠비크는 인도양을 따라 남북으로 긴 해안선을 가지고 있어 수산업의 여건이 좋고 남한의 9배에 달하는 광활한 영토를 가지고 있는데 남부 수도권을 제외한 중북부 지역 대부분이 농사에 적합하다. 더구나 중북부에 집중적으로 매장된 천연가스를 비롯한 지하자원이 풍부하다(표 10 참조). 즉 모잠비크의 지리적 환경은 농수산물 생산, 1차 식품 가공업, 지하자원개발에 유리하게 조성되어 있다.

그런데 농업은 전통적으로 모잠비크 경제발전에서 큰 비중을 차지한 반면, 지하자원개발은 더디게 진행된 편이다.[10] 또한 1980년대 중

10 1990년 개정된 헌법에 따르면, 모잠비크 국가발전의 기반은 농업이며 산업은 국가경제의 추동력이다(모잠비크 헌법 제39조, 40조. Pitcher 2002, 125에

〈표 10〉 모잠비크의 주요 지하자원 매장량과 생산량(2009)

광물	단위	매장량	생산량/세계 순위
알루미늄	톤	n/a	545/15
티타늄	천 톤	373,000	283/9
철광석	천 톤	49,110	29/8
석탄	백만 톤	13,000	26/62
천연가스	억 세제곱미터	1,274	33/51

출처: USGS(2011); 전혜린 · 장종문(2012).

후반 경제위기를 타개할 목적으로 실행한 일련의 경제정책은 자원개발이 아닌 제조업 중심의 수출주도전략을 추구하고 있다(Castel-Branco 2002; Pitcher 2002; 2012). 이후 정부의 투자 및 해외자본 유치는 중화학공업, 도로/항만 건설, 발전소 건립 등 메가프로젝트에 집중되었으며 천연자원개발은 천연가스를 발견한 이후에 본격적으로 시도된다. 이러한 모잠비크의 비자원개발 발전전략은 천연자원이 풍부한 여타 국가, 대표적으로 나이리지아, 콩고, 자이르 등과는 다른 방향성을 지닌다.[11]

1) 제조업 중심의 산업정책

모잠비크는 풍부한 지하자원 매장국임에도 불구하고 제조업 중심의 산업전환과정을 거쳐 갔다. 이러한 산업전환과정은 모잠비크의 정태

서 재인용).

11 예를 들어, 나이지리아는 1960년 독립 이후 원유수출을 발전전략으로 삼았다. 2002년 모잠비크의 자원개발은 2%인 데 비해 2010년 나이지리아 자원개발은 17%, 제조업 2.5%이다.

적 비교우위에 반하는 결정이며, 한국과 같은 동아시아 후발개도국이 정부주도로 중화학공업 육성의 산업전환과정을 이루어 낸 경우와 유사하다고 볼 수 있다. 정부의 주도적 역할을 통해 국가의 정태적 비교우위를 넘어서 새로운 역동적 비교우위를 만들어 낸 경우이다(Gilpin 2001).

앞서 논의했듯이 모잠비크는 1976년 포르투갈로부터 독립한 이후 사회주의 독재정부가 등장했으며, 17년 동안의 내전으로 경제가 피폐화되었다. 모잠비크의 산업정책은 독립 직후 국유화에서 경제위기 이후 사유화 도입과정을 통해 이해해 볼 수 있다.[12] 독립 이후 모잠비크 사회주의 정부는 기업을 매각하도록 강제하거나 기업 소유 및 운영권을 박탈하는 국유화과정을 시행했다. 포르투갈이 식민지 모잠비크를 포기하고 본국으로 갑자기 돌아가는 바람에 기업 국유화가 용이하게 이루어졌으나 기업 경영, 국가행정, 위기관리 등 여러 가지 점에서 독립적인 역량이 부족하였다. 1983년 만성적자와 경제난이 가중되는 가운데 남아공의 반군지원이 본격화되어 결국 국가경제 파탄의 위기가 닥쳤다. 모잠비크 정부는 위기 타개를 위해 해외자본의 합작기업을 유도하고 해외자본 유치를 위한 부단한 노력을 하였다(Pitcher 2002, ch. 3). 원활한 해외자본 유치를 위하여 계획경제부 내에 해외투자 유치 부서를 만들고 모잠비크 국제 무역 박람회(FACIM)를 개최하는 한편, 각종 제도를 정비하였다. 모잠비크의 제조업 중심 산업정책을 1992년 이전과 그 이후의 두 시기로 나누어 살펴보자.

12 독립 직후 FRELIMO 정부는 소매점에서 플랜테이션까지 산업 대부분의 영역을 국가 통제 아래 두었다. 거대 기업에서 플랜테이션은 국유화를 하고 중소기업은 국가 공무원으로 구성된 운영위원회를 두는 식이었다(Pitcher 2002, 41). 이 장에서 모잠비크 산업정책의 변천에 대한 내용은 피처(Pitcher 2002)와 왕선애(2007)를 참고하였다.

제1시기는 민주화와 사유화가 이루어지기 이전의 시기로서, 모잠비크는 경제위기에 직면하자 이를 극복할 수단으로 해외자본과의 합작 기업 유치 등 국가독점적 국내경제 구조에 민간부문을 투입하였다. 1980년에는 미래유도계획(prospective indicative plan: PIP)을 실시하는데, 이는 메가프로젝트를 통한 제조업 육성으로 사회주의 진일보를 추진하기 위함이었다. 모잠비크 정부는 중화학공업을 높은 수준의 근대성의 상징으로 인식하고 알루미늄 제련소, 철강산업, 제지공장, 시멘트공장, 섬유공장 설립을 추진했다(Pitcher 2002, 81). 그런데 PIP는 실시된 지 3년 만에 폐기되는데, 이는 외환 거래를 통한 외환 보유액과 공적 연금(public savings)이 소진된 데다 내전이 심화되었기 때문이다. 메가프로젝트 건설은 1986년에야 가능할 수 있었다(Castel-Branco 2002, 79).

이 시기 모잠비크 정부는 중화학공업을 비롯한 특정 산업에 대한 투자를 육성하기 위하여 투자 관련 정책 및 다양한 특혜정책을 시도한 바 있다. 1984년에는 국영기업에 해외자본이 유입될 수 있도록 산업·무역부가 중심이 되어 관련 법규를 수정하였다(Pitcher 2002, 108). 1984년 개정된 외국인투자법에 따라 수출 증대 혹은 수입 대체를 진작하는 분야 혹은 국내 인력을 고용하거나 경제발전에 기여하는 분야에 대한 해외자본 유입을 가능하게 하였다. 그밖에도 국내 투자자에게 주어지는 세금혜택이나 인센티브에 대한 가이드라인이 제시되었고, 투자제안서부터 이윤 관리까지 세부적인 법규가 제정되면서 민간부문 성장을 독려하는 정부의 의지를 드러냈다. 외국인투자법은 포르투갈, 남아공, 영국, 미국 등 다양한 국가의 정부 및 기업의 관심을 불러일으켰으며 모잠비크 내에서 엄격한 감시를 받아 왔던 민간투자자 및 기업의 공공부문 진출의 장을 마련하였다.

외국인투자법의 실시 이후 제조업부문 산업정책에서 두드러지는 것은 모잠비크 정부가 제조업, 특히 중화학공업을 중심으로 한 메가프로젝트에 높은 관심을 보였다는 것이다. FRELIMO 정부는 1980-1990년 10년간 거대한 프로젝트를 동한 산업발전을 꾀하고사 하였나. 이 시기 모잠비크 정부는 남아공, 미국, 포르투갈, 영국 등과 다양한 메가프로젝트 수주 협상을 진행하였다. 대표적으로 비료산업, 티타늄 가공업, 수송업, 철강산업 등을 들 수 있다.[13]

이 시기 모잠비크의 경제는 외국인투자법을 도입하였음에도 여전히 국가 통제의 대상이었다. 사적 투자가 어디에 투입되고 무엇을 생산할 것이며 무엇을 팔 것인가 하는 문제에 대해서는 모잠비크 정부가 높은 수준으로 간여하였다. 외국인 투자자들이 특정 원자재 구매를 원할 경우 국영기업의 협조가 필요하였으며 국영기업의 주된 채권기관 역시 국영은행이었다.[14] 1987년 헌법 개정 이전에는 외환거래가 엄격히 제한되어 수출입 과정에서 발생하는 대금이 자유롭게 오갈 수 없었다. 대형 기업이 아닌 경우 국가와의 연계성은 높지 않았고, 외환거래 자격을 인정받기 어려웠다. 따라서 중소기업은 해외 원자재 수입 및 생산품 수출 시 많은 제약에 놓였고, 이는 1987년 이전 중소 규모의 국내 제조업이 크게 성장하지 못하는 결과를 초래하였다.

메가프로젝트 위주의 성장전략을 수행하기 위하여 사회주의 모잠비크 정부는 각종 제도정비를 통한 사유화의 발판을 마련하고, 경제성장을 도모하고자 하였다. 그러나 메티칼화의 가치 하락으로 실질적인 수익 창출은 쉽게 이루어지지 않았다. 메가프로젝트가 협상에서 건설, 실질적인 작동에 들어가기까지 수년이 소요되었던 탓도 있다. 내

13 모잠비크는 인도양을 접하고 있으며 인접국 중 네 개 국가는 내륙국가인데다 아프리카 최대 경제규모를 자랑하는 남아공의 물자수송 요충지다. 따라서 국제적인 선박수송 중심지로서의 가치를 높이 평가받고 있다. 왕선애(2007); 시라토 게이치(2009).

14 *Financial Gazette* 1987. 10. 16; 1987. 10. 23. Pitcher 2002, 122에서 재인용.

전이 지속되고 여타 사회주의 계획경제 프로그램이 작동하지 않으면서 1987년 모잠비크는 350억 달러의 재정적자를 기록하였다. 1983년 외국인투자법을 제정하던 시기처럼 국가경제의 위기가 다시 한 번 닥친 것이다. 이에 모잠비크 정부는 1987년 헌법 개정에서 처음으로 마르크스-레닌주의에 대한 언급을 삭제하고 사회주의 노선을 벗어날 가능성을 시사한다(왕선애 2007). 이 시기 FRELIMO는 당 회의에서 처음으로 경제정책이 실패하였음을 자인하고 여러 가지 탈규제화 개혁을 단행한다. 그러나 그 실효성은 높지 않았으며 설상가상 동구권에 자유화 물결이 번지면서 사회주의 일당독재의 정당성은 더욱 위협받게 되었다. 더 이상 버틸 수 없게 된 FRELIMO 정부는 RENAMO 반군과 평화협정을 진행하고 마침내 1992년 내전 종식과 함께 사회주의 노선 포기, 경제자유화, 일당 독재 포기, 다당제 도입을 천명하게 된다. 모잠비크에 완전한 경제 사유화가 시작된 것이다. 이 시기 산업전환 노력은 사회주의체제와의 부조화로 사실상 그 실효성이 높지 않았으나 정치경제위기는 새로운 체제로의 이행을 가능하게 했다.

제2시기 모잠비크 산업정책의 가장 큰 특징은 사유화와 함께 추진되었다는 것이다. 즉, 워싱턴 컨센서스에 따라 신자유주의적 개혁이 단행되었다. 모잠비크는 1992년 경제자유화를 단행하였으며, 거의 모든 부문에 걸쳐 국영기업의 민영화가 이루어졌다. 제2시기에도 장기집권에 성공한 FRELIMO 정부의 제조업부문 메가프로젝트 유치 노력은 지속됐다. 이를 위하여 모잠비크 정부는 은행 등 채권기관을 민영화하는 등 시장경제에 부합하도록 관련 제도를 정비하였다. 하지만 국내 투자자들은 까다로운 대출 자격, 높은 이자, 불공정경쟁, 복잡한 세금 및 면허제도, 숙련공 부족 등으로 외국 투자자 및 기업에 비하여 시장에 참여하는 데 어려움이 있었으며 국가와 파트너십을 맺는 것은 요원하였다(Pitcher 2012, 154-155).

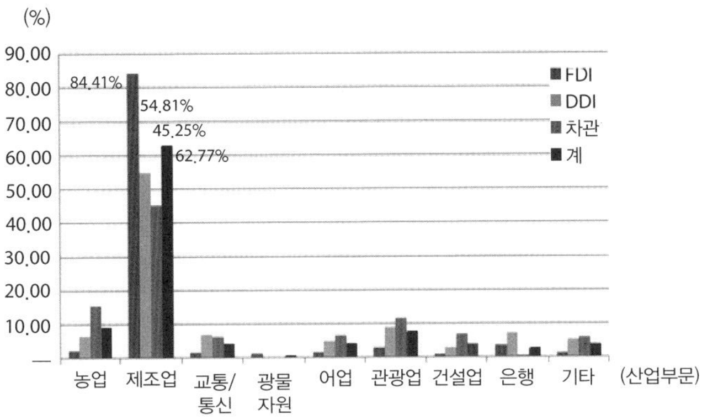

〈그림 10〉 모잠비크 산업부문별 투자금 조달 현황(1990-1999)

출처: Castel-Branco(2002).

게다가 모잠비크 민간부문은 역량 부족으로 국가의 시장 지배력에 제대로 대응할 수 없었다(Castel-Branco 2002, 190). 계획경제 아래 민간부문의 성장은 근본적으로 제한되어 있었다. 민간부문을 국가부문에 유입한 이후에도 모잠비크 정부는 사회주의 정권 시기처럼 중소기업이 아닌 해외투자자와의 합작을 통한 메가프로젝트 유치에 집중하는 등 산업정책에서 국내 기업 육성은 배제되었다.

이 시기 모잠비크에 유입된 해외직접투자액 및 차관은 대부분 제조업으로 집중되었고(그림 10 참조), 그중에서도 모잘사의 제련소 및 이곳에 전기를 공급할 모트라코 발전소 건설 투자액이 63%에 이른다.[15] 모잘 제련소 건설은 해외 투자자들의 제안으로 시작된 것이지만, 투자 및 유치 타당성이 판단된 이후 모잠비크 정부는 적극적으로 알루

15 모트라코는 모잠비크 북쪽에 위치한 카호라 바사(Cahora Bassa) 수력발전소의 전기를 모잘사까지 공급하는 고압 송전 시스템(high voltage transmission system)을 운영하는 업체이다. 모잠비크, 남아공, 스와질랜드 전력회사가 지분을 가지고 있다(Castel-Branco 2002, 100).

미늄 제련소를 건설하려는 행보를 보였다. 먼저, 제련소가 들어서는 곳을 자유산업지역(free industrial zone)으로 지정하여 세금, 관세, 외환과 관련한 각종 혜택을 주었다(Castel-Branco 2002, 169). 그 결과, 2000년대 중반부터 2011년 사이 모잘사의 수익 중 모잠비크 정부에 지불하는 세금은 1%가 채 되지 않는다(Justica Ambiental et al. 2012, 8).[16] 또한 전기료를 일반 가정의 1/5 수준으로 공급하였다. 알루미늄 제련에는 많은 양의 전기가 필요한데, 모잘사는 모잠비크에서 생산되는 전기의 45%를 사용하며 이는 모잠비크 전체 전기소비량의 65%를 차지한다(Justica Ambiental et al. 2012, 9).[17] 모잘사에 적용된 전기료는 2006년까지 1킬로와트당 1.1센트, 이후 2012년까지는 1.6센트였다. 이는 모잠비크 내 일반적인 전기료가 1킬로와트당 산업용은 4.5-6센트, 가정용은 9센트, 상업용은 12센트라는 점에서 매우 큰 혜택이라 할 수 있다(Justica Ambiental et al. 2012, 9).

모잘사가 생산하는 알루미늄은 모잠비크 전체 수출의 45%를 차지할 만큼 모잠비크 경제에서 중요한 역할을 담당하고 있으며, 〈표 11〉과 같이 모잘사 근로자 1명당 창출하는 부가가치는 모잠비크 제조업 평균의 18배에 달하며 수출액 창출은 159배에 달한다. 또한 1천여 명의 모잠비크인을 직접 고용하였고 9천여 명을 간접 고용하였다(전혜린·장종문 2012, 39). 하지만 모잘사가 모잠비크 경제에 얼마나 긍정적인 영향을 미치는가에 대해서는 의견이 분분하다. 한 국제 NGO의 보고서에 따르면 모잘사로부터 해외의 투자자나 정부가 21달러를 벌어들일 때 모잠비크 정부의 수익은 1달러에 불과하다(Justica Ambiental et al.

16 2012년 모잠비크 법인세율은 32%, 삼성전자 법인세 실효세율은 15.56%이다.

17 2012년 모잠비크 인구의 12%만이 전기사용이 가능하였다.

〈표 11〉 모잠비크 제조업과 모잘사 생산성 비교(1990-1999)

(단위: 천 달러)

구분	일자리창출 직접소요비용	근로자 1명당 부가가치 산출액	근로자 1명당 수출액
모잘사[a]	1,490	175	478
모잠비크 제조업 평균[b]	73	10	3
비율 ([a]/[b])	20	18	159

출처: Castel-Branco(2002, 189).

2012, 3). 또한 알루미늄 관련 다운스트림 산업이 발달하지 않아 모잘사가 생산한 알루미늄 원료는 전량 수출하고 창틀, 음료수캔 등 알루미늄 공산품은 전량 수입에 의존하는 등 국내 산업과의 연계성이 적은 편이다(Castel-Branco 2002; Pitcher 2002).[18] 이는 해외자본에 대한 의존도가 높고 숙련기술산업이 저발달한 모잠비크 산업구조의 한계를 보여준다(Castel-Branco 2002).

2) 중화학공업 중심 산업전환의 정치경제

모잠비크는 풍부한 지하자원 매장국임에도 불구하고 제조업 중심, 특히 중화학공업 육성의 산업전환을 시행했다. 정태적 비교우위에 따른 자원개발 산업전환의 패턴 대신 제조업 중심으로 나아갔던 이유는 대외적·대내적 요인으로 나누어 살펴볼 수 있다.

18 2013년 초에야 모잘사의 알루미늄 원료를 가공하여 알루미늄 케이블을 만들 수 있도록 바레인 소재 알루미늄 케이블 제조업체인 마이달(Midal)의 모잠비크 공장 설립이 결정되었다(allAfrica.com, 2013. 2. 15). 이 공장은 2015년 6월 초 첫 가동되었다.

동아시아 국가의 성장은 냉전시기 미국의 원조와 우호적 통상환경이라는 외부환경의 도움을 받아 이루어진 측면도 있었다. 아프리카 지역 역시 냉전이라는 대외환경의 영향을 받았다. 냉전시기 많은 아프리카 국가들이 독립하였고, 미국과 소련은 이들 국가의 정치적 공백을 메우고 각자의 이념을 주입하기 위하여 경쟁적으로 원조를 제공하였다. 선진 자본주의국가들은 아프리카 사회주의 정권을 경계하기 위하여 비민주적인 권위주의체제를 옹호하고 이것이 유지되도록 경제적·정치적·군사적 원조를 지속했다. 모잠비크는 경쟁적인 냉전 구도 자체로부터 경제성장의 특혜를 받았다기보다는 계획경제 붕괴에 따른 자구책으로 서구사회에 경제적 지원을 요청하고 시장경제 프로그램을 도입한 경우이다(Plank 1993; Pitcher 2002; Dunning 2005). 신생독립국 모잠비크는 이미 사회주의 진영으로 분류되어 미국에게는 소련과의 경쟁 대상 지역이 아니었다. 소련에게도 모잠비크는 전략적 중요성이 떨어졌다. 모잠비크는 사회주의국가였고 동구권과의 긴밀한 관계를 통한 발전을 도모하고 있었기 때문이다. 심지어 소련은 1981년 경제난에 부딪친 모잠비크의 경제지원 요청을 거절하였다(Arndt et al. 2006, 11).[19] 모잠비크의 내전은 사회주의-자유주의의 대결 구도라기보다는 정부와 정부정책에서 소외된 계층(포르투갈 식민지 시기 백인엘리트, 전통지도자, 가난한 농민 등) 간의 대결 양상을 보이는 등, 모잠비크에는 냉전 구도의 전략적 이해관계가 형성되지 않았다(왕선애 2007).

모잠비크가 1983년 이후 친서방정책을 펼친 것은 계획경제가 실

19 소련은 중유를 저가에 제공하는 것으로 모잠비크를 지원하였으며, 동구권 국가에서는 재정지원 외에도 기술자와 행정전문가 등을 파견하여 계획경제 실행을 위한 정책적·기술적 지원을 제공하였다(Pitcher 2002, 69; Arndt et al. 2006). 1983년 외국인투자법이 제정된 이후에는 모잠비크 정부와 합작회사를 설립하기도 하였다(Pitcher 2002).

패하고 소련으로부터 경제지원 요청을 거절당한 뒤, 최빈국의 지위를 활용하여 서방의 지원을 이끌어 내기 위한 것이었다. 모잠비크는 1983년 이후 일련의 사유화 조치를 통하여 시장경제를 받아들이기 시작하였으며, 서구 중심의 국제회의 및 국제기구에 적극적으로 참석하여 이들의 원조를 받고자 노력하였다. 예컨대 1983년 모잠비크의 치사노(Joaquim Chissano) 대통령은 미국 정부 관료와 대화를 나누기 위하여 워싱턴 D.C.를 방문하거나 포르투갈 및 여타 서구국가와의 유대를 강화하였다(Pitcher 2002, 106). 1984년에는 파리채권국 클럽에서 다수의 채무조정을 얻어냈고, 1986년에는 브레턴우즈체제에 가입하였으며, 1987년에는 IMF의 구조조정 정책을 도입하였다(Arndt et al. 2006, 12).

독립 직후부터 지금까지 모잠비크는 국제사회 공적개발원조(ODA)의 최대 수혜국이었다. 경제성장을 경험한 2011년에도 정부 재정지출의 40%는 ODA에서 충당되고 있다(전혜린·장종문 2012, 25). 모잠비크는 만성적인 재정적자와 최빈국의 지위에 따라 냉전시기에도 서구의 원조 및 자본에 대한 의존도가 높았는데, 소련이 붕괴하면서 이러한 경향이 더욱 강화되었다. 1987년 모잠비크는 IMF의 구조조정을 시작으로 대규모 원조를 받고 있으며, 1987년 이후 원조 규모는 정부 지출액의 평균 110%가량으로 사하라 이남 아프리카에서 원조의존도가 매우 높은 국가에 속한다(Ardnt et al. 2006).[20] 모잠비크는 냉전시기 구소련보다는 친서방정책을 통해 해외원조 및 투자의 혜택을 받을 수 있었으며 중화학공업 중심의 산업전환과정을 해외 다국적기업과의 합

20 독립 이후부터 1986년까지 모잠비크의 ODA 유입액은 GNP의 11%였다(사하라 이남 아프리카 평균은 13.1%). 1987년부터 1997년은 ODA 유입액이 GNP의 77.5%로 폭발적으로 증가하였다(사하라 이남 아프리카 평균은 19.8%)(Dunning 2005, 416).

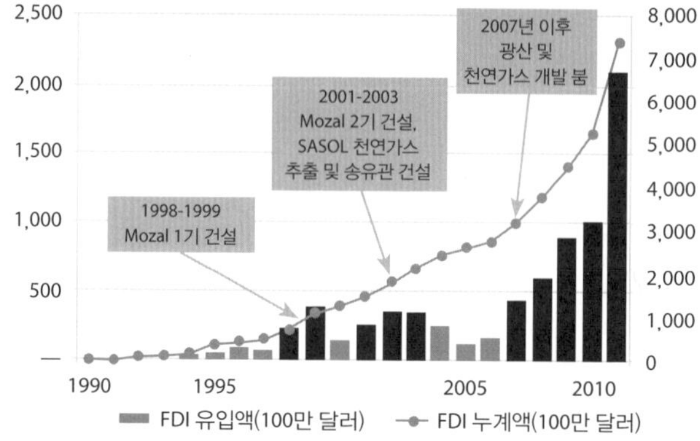

〈그림 11〉 모잠비크 FDI 유입액 및 누계액 추이(1990-2010)

출처: UNCTAD, Statistics; 전혜린 · 장종문(2012, 38).
주: 검은색 막대그래프는 주요 사건에 따른 FDI 유입액을 강조한 것임.

작 중심으로 진행하였다.

FDI 유입은 1980년대 중반부터 이루어졌는데, 1992년 내전종식과 더불어 사유화가 전면 허용된 이후 더욱 촉진되었다(그림 11참조). 특히 1997년 시작된 모잘 1기 공사 및 2000년 시작된 모잘 2기 공사는 2000년대 경제성장의 발판이자 해외 투자자들에게 모잠비크의 시장 가치를 확인받는 계기가 되었다. 1990년대 후반 모잘사에 대한 투자액은 당시 모잠비크 GDP를 상회하였으며, 단 한 건의 투자로 경제구조를 농업 중심에서 제조업 중심으로 급변시키고 최대 수출품목을 새우에서 알루미늄으로 변화시켰다.[21] 중화학공업 투자계획에 남아공 자본의 역할은 매우 중요했다. 앞서 언급하였듯이 모잠비크는 남아공

21 한편, 수출의 대부분을 차지하는 농수산물, 알루미늄, 지하자원은 국제물가에 민감하고 내수시장이 저발전 상태인 가운데 알루미늄의 원료를 전량 수입하며 공산품 역시 수입에 의존하는 등 구조적으로 대외 경제환경에 취약한 구조를 가지고 있다(전혜린·장종문 2012, 39).

과 지리적으로 인접할 뿐 아니라 정치적·경제적으로 긴밀한 관계를 맺어 왔다. 식민시기부터 인도양에 위치한 항구와 철도를 통하여 남아공 및 주변 내륙국의 물류 운송 거점지로 이용되어 왔다. 마푸투 항구는 남아공의 요하네스버그와 불과 585km 떨어져 있기 때문에 일찍이 남아공 지역경제에 편입되었다(왕선애 2007, 32). 모잠비크 남부는 남아공에 비하여 임금과 지대가 낮았기 때문에 식민지 시기부터 남아공의 아웃소싱 지역으로 발달해 왔고 제조업 발달이 남부의 도시화 및 산업화에 기여하였다(Pitcher 2002, ch. 2).

남아공 정부가 모잘사 설립에 투자하였던 배경은 외교적 측면과 경제적 측면으로 나누어 살펴볼 수 있다. 먼저 외교정책의 일환으로서 남아공은 남부 아프리카 경제를 통합하고 이 지역에 대한 영향력을 강화하려 하였는데, 모잘사 투자 및 건설은 이러한 남아공의 이해관계에 부합하였다. 이는 모잠비크 정부의 중화학공업 육성 의지 및 선호와도 맞아떨어졌다. 남아공은 모잘사에 투자함으로써 모잠비크 경제와의 연계성을 높여 모잠비크 경제에 대한 패권을 강화하고자 하였다(Pretorius 2005). 실제로 모잘사가 모잠비크 경제에서 중요한 역할을 차지하면서 모잠비크 경제의 남아공 자본 및 금융 의존이 높아졌다(Castel-Branco 2002). 경제적 측면으로는, 이 시기 남아공 정부는 국부창출을 위한 새로운 수단으로 해외투자를 적극적으로 추진하였으며, 모잘사는 여러 면에서 남아공에 긍정적인 경제적 파급 효과를 가져올 것으로 기대되었다. 모잘사 부지는 수도인 마푸투시 근교에 위치하여 남아공과 인접하였기 때문에 접경지역이 모잘사로 인한 경제적 파급 효과를 누릴 수 있었다. 또한 모잘사는 공장 가동에 필요한 전기 상당량을 남아공 국영전력회사(ESKOM)로부터 수입하기 때문에 남아공 정부는 투자금 외의 수익을 얻을 수 있었다. 나아가 모잠비크의 에너지 부문에 대한 남아공의 영향력을 강화할 것으로 기대되었다(Castel-

Branco and Godin 2003).

이러한 대외적 요인 외에도, 모잠비크 정부는 산업 재조직 및 합리화의 일환으로 국영기업 운영체계를 탈집중화하기 시작하였다. 일례로 기업의 관리 및 책임을 중앙정부 담당 부처가 아닌 기업 소재 지방정부로 이양하였다. 이에 따라 국영기업의 생산목표, 생산방식 등을 지역 실정에 맞게 지방정부와 협의함으로써 국영기업과 지방정부는 이전보다 자율성을 확보할 수 있었다. 정부가 지방으로 권한을 부분 이양한 것은 한편으로 중앙정부 권력의 약화로 볼 수 있지만, 장기집권해 온 FRELIMO는 국영기관을 사유화하는 과정에서 매수자와 결탁함으로써 오히려 그 권력을 강화하였다.

국영기업의 민영화와 워싱턴 컨센서스의 준수를 통해 모잠비크 정부는 국가권력을 다음과 같이 강화했다. 첫째, 모잠비크 정부는 국영기업을 매각하거나 양도하는 과정에서 FRELIMO 정당과 친화적인 정치인과 기업인에게 특혜를 제시해 정부와 민간 간의 연계성을 제고하고 국가권력을 공고히 하였다. 정부가 국영기업 매수자를 FRELIMO 정당에 친화적인 인사 및 기업 중에서 선정하였던 것이다. FRELIMO 정당 인사였다가 기업인이 되거나 기업인이었다가 FRELIMO 당원이 된 경우가 대부분이며, 가장 대표적인 예로는 모잠비크의 전·현직 대통령들이다. 시장경제에서 자신들의 영향권을 유지 혹은 강화하기 위하여 정치적 네트워크를 이용하는 것이다. 정치권과 친밀한 기업가, 전 수상, 군의 요직 인물, 국영기업 간부, 내전 참전용사들 역시 이러한 매수자로 자주 등장한다(Pitcher 2012, 150).

둘째, 국영기업을 사유화한다고 하더라도 완전히 정부의 지분을 포기하는 경우는 드물어서 기존 국영기업에 계속해서 영향력을 발휘하였다. 즉, 국가가 어느 정도의 지분을 민간부문에 넘기는가에 따라 사유화의 정도가 달라지는 것뿐 완전한 민영화는 드물게 나타났다. 해

〈표 12〉 모잠비크 상위 25개 기업의 정부 지분

순위	기업명	부문	정부 지분(%)
1	Mozal	공업	3.9
2	MCEL	통신	26.0
3	Petromoc	에너지	100.0
4	Histroelelctrica de Cahora Bassa	에너지	85.0
6	Eletricidade de Moçambique	에너지	100.0
7	Cervejas de Moçambique	식음료	1.8
8	Mozambique Tramnsmission Company	에너지	33.3
9	Banco Internatioal De Moç	은행/임대차	26.4
10	Sasol Petroleum Temane	에너지	25.0
12	Telecommunicações de Moçambique	통신	100.0
13	Linhas Aereas de Moçambique	운수송	91.2
14	Cimentos de Moçambique	공업	11.9
16	CFM	운수송	100.0
17	Coca-Cola SABCO	식음료	28.8
23	Co. Moç. de Hidrocarbonetos	에너지	20.0
24	Petromoc e Sasol	에너지	51.0

출처: Pitcher(2012, 151).

외자본과 국영기업을 합작하여 기업을 추진·설립하는 것 역시 발견되는데, 이들 기업은 시장원리에 입각하여 운영되는 공공기업으로 탈바꿈한다. 동시에 이들 공공기업의 경쟁력을 강화한다는 명목 아래 다른 공공기업에 투자하거나 전략적 동맹을 맺기도 한다(Pitcher 2002; 2012, 150).

셋째, 사유화과정에서 기존 국영기업을 어떻게 재편하는가의 문제는 어떤 산업을 육성하고 어떤 산업을 사양산업으로 둘 것인가 하는 문제와 긴밀한 연관성을 지녔는데, 이 역시 정부 주도적으로 진행되었다. 1994년 이러한 업무를 담당하기 위하여 산업·무역부는 산업·무역·관광부로 재편되었으며, 산업부문의 사유화과정을 연구·관리하는 중심기관으로 산업·상업·관광 재건국(GREICT)이 설립되었다. GREICT는 세계은행의 지원을 받아 설립되었으나 모잠비크 정부 관계자 및 자문위원으로 구성되었다. GREICT는 어떤 기업을 통합하고 매각할지 의견을 제시하는 역할을 하였고, 각 부처 인사로 구성된 특별 위원회에서 비용과 위치를 고려하여 매각 혹은 양도 여부를 결정하였다(표 12 참조)(Pitcher 2002, 132).

이렇게 사유화 이후에도 정부의 시장 지배력이 유지될 수 있었던 데에는 내전 종식 이후 모잠비크가 양당제를 바탕으로 정치적으로 안정되어 있었던 것을 들 수 있다. 야당인 RENAMO는 선거에서 승리를 거둔 적이 없지만, 사유화가 한창 진행되던 2000년대 초반까지 접전 끝에 패배하는 등 유의미한 견제 세력으로 자리매김하였다. 양당제가 안정적으로 유지되면서 당파성이 심화하였는데, 여당은 오히려 이를 이용하여 사유화과정에서 지지세력과 연대해 지대를 향유하였다. 또한 시장경제 도입에 필요한 각종 규제를 정비하는 과정에서 집권 여당은 정당하게 자신들의 이해관계에 맞는 제도를 마련할 수 있었다(Pitcher 2012, ch. 5).

모잠비크 정부가 인식한 중화학공업의 중요성은 독립 직후 FRELIMO 정부가 제3차 전당대회에서 채택한 "경제적·사회적 조치(Economic and Social Directives)"에서 잘 드러난다(FRELIMO 1977; Torp 1979). 이 조치를 통해 처음으로 모잠비크 독립정부의 산업부문 발전계획에 대한 일관된 정책이 마련되는데, 이에 따르면 모잠비크는 사회주의 혁명에 이를 수 있는 발판을 구축하기 위하여 인민민주주의를 건설하는 단계에 있다. 이 과정에서 농업은 국가발전의 기반이며 공업은 국가경제의 추동력이라고 밝혔다.[22]

"경제적·사회적 조치"에 따르면, 모잠비크는 섬유화학, 농산물 1차 가공업 등 경공업 육성에 온 힘을 기울여 중화학공업 건설 여건을 조성해야 한다고 강조한다(FRELIMO 1977; Torp 1979, 29). 중화학공업은 첫째, 제조업부문의 산업발전 연계성을 높이고, 둘째, 국제수지를 개선하며, 셋째, 지역 균형 발전을 이루고, 넷째, 사회주의 발전을 이끌어 낼 것으로 기대되었다. 구체적으로 당시 모잠비크 제조업의 대부분이었던 경공업을 발전시키고 이를 바탕으로 중화학공업 성장동력을 얻고자 하였다. 다음의 두 가지 점에서 중화학공업 육성이 중요시되었다.

첫째, 중화학공업을 경제적 독립을 이룰 수 있도록 하는 사회주의적 경제발전의 근간(principal factor)이라고 보았다. 제조업이 발전하기 위해서는 필요한 원자재를 충분히 그리고 원활하게 공급할 중화학공업의 발달이 필요하였다. 식민지 시기 제조업은 남아공 영향권 내에 편입되어 있었기 때문에 남아공 경제권 수요에 따라 국내 수요 충족보다는 수출이 우선시되었다. 또한 제조업에 소모되는 원자재는 대부분 수입되었으며, 수입한 원자재를 간단한 공정을 통하여 가공해 공산품을 생산하였기 때문에 산업 전반의 발전에 미치는 영향은 미미하였다. 따라서 생산수단을 자국화하고 국제무역수지를 개선하며 자국 내 산업 간 연계성을 높이기 위하여 중화학공업을 중요시하였다(Torp 1979, 33, 35). 둘째, 식민경제를 거치면서 제조업은 남아공 경제권과 긴밀한 남부 수도권을 중심으로 발달하였다. 모잠비크 정부는 지역 균형 발전을 위하여 중북부에 경공업을 중심으로 한 제조업 육성을 추진하였고, 이러한 경공업의 발전을 뒷받침하기 위하여 중화학공업은 필수적이었다(Torp 1979, 34).

22 이는 다당제와 경제자유화를 골자로 하는 1990년 개정 헌법에서도 재언급된다(1990년 모잠비크 개정 헌법 제39조, 40조. Pitcher 2002, 125에서 재인용).

정책실행과정에서 정부가 협력자로 손을 잡은 주요 행위자는 국내기업보다는 다국적기업이었다. 모잠비크 내 기업 대부분은 대규모 국영기업에 뿌리를 둔 일부 국내기업을 제외하고는 사회주의 계획경제를 거치면서 저발전 상태에 머물러 주요 경제행위자로 발전하지 못했다. 1983년 민간부문의 투자 허용, 외국인투자법 제정 등 처음으로 사유화 조치가 나타나게 되는데, 농업부문을 제외하고는 모잠비크 국내기업이 아닌 해외기업의 투자 및 합작이 두드러졌다. 남부 도시에 밀집한 제조업기업의 국유화는 비교적 쉽게 이루어졌다. 대규모 공장보다는 중소 규모 공장이 많았고, 대부분 포르투갈 백인 이민자로 구성된 기업가들은 국유화가 본격적으로 이루어지자 대부분 본국으로 돌아갔다. 정부는 버려진 기업의 운영 및 관리 주체가 되었다(Pitcher 2002, ch. 1). 제조업부문에서 정부의 통제력이 컸기 때문에 국내기업의 발달이 어려웠다(Castel-Branco 2002; Pitcher 2002). 게다가 계획경제 아래에서 제조업의 생산성이 하락하여 국영기업을 민영화하더라도 자체적인 매출로는 유지가 어려웠다. 국내 농수산업 기업은 축적된 자본을 통하여 자생력이 있었던 반면, 제조업은 국가통제 아래 저발전하여 중화학공업을 육성하기 위해서는 외부적 자금투입이 필요하였다. 그런데 당시 재정난을 겪고 있던 모잠비크 정부는 이러한 자금을 투입할 역량이 부족하였기에 해외자본 유치를 추진하였다. 모잠비크 정부는 해외자본과 합작한 메가프로젝트 유치를 통한 중화학공업 육성 전략을 폈는데, 이는 국내 제조업과의 연계성이 적어 결과적으로 국내 제조업 발달을 저해하는 결과를 가져왔다.[23]

23 보크사이트 전량 수입, 제련된 알루미늄 덩어리 전량 수출, 알루미늄 케이블, 음료수캔 등 알루미늄 공산품은 전량 수입 등을 예로 들 수 있다.

4. 동아시아 발전국가모델과의 연계성

주지하듯이 본 사례연구의 목적은 2000년대 이후부터 성장의 가능성을 보여 주고 있는 아프리카 국가 가운데 모잠비크 사례에 초점을 두고 후-후발개도국의 산업전환과정이 동아시아 발전국가모델을 통해 이해될 수 있는지 살펴보는 것이다. 모잠비크 사례는 2000년 이후 지금까지 15년 동안 7% 이상의 경제성장률을 보여 주고 있다는 점, 1992년 내전종식 이후 진행된 정치적 민주화가 경제성장의 기반이 되고 있다는 점, 그리고 풍부한 지하자원 매장국의 비교우위와는 달리 제조업과 중화학공업 중심의 산업전환 패턴을 보인다는 점에서 주목할 만하다. 이 장에서는 첫째, 모잠비크가 어떠한 정치경제적 과정을 통해 제조업 중심의 산업전환을 추진했는지 그 대내외적 요인을 분석하고, 둘째, 이 사례가 국가의 주도적 역할을 통한 산업전환 사례를 설명하는 동아시아 발전국가모델에 부합하는지 살펴보고자 했다.

모잠비크는 냉전시기 미국과 구소련의 경쟁적 원조를 받아낼 만큼의 전략적 요충지로서 기능하지는 못했다. 그러나 사회주의 계획경제의 실패와 경제난 이후 모잠비크 정부는 해외투자 유도를 위한 대내외적 정책변화를 시도한다. 그러나 17년간 지속된 내전으로 이러한 산업전환을 위한 여러 시도는 성공하지 못했고, 결국 1992년 내전 종식 이후 민주화·사유화를 통해 새로운 체제로 이행하였다. 모잠비크 정부는 국유화·민영화과정을 통해 국내의 기득권 계층과의 정치경제적 연합을 형성함으로써 정부 권력을 강화하였다. 사회주의 정권일 때에도 모잠비크 정부는 서구사회로부터의 경제원조 및 투자기회를 얻기 위해 친서방정책을 병행했다. 모잠비크 정부는 남부 지역의 정치적 지지를 얻기 위해, 그리고 지리적 특성의 한계로 인해 제조업 중심 정책으로 나아갔으며 중화학공업 육성은 남아공의 자본과 해외 다국적 기업의 기술투자 도움으로 진행할 수 있었다. 제조업 중심의 산업전환을 추진하는 과정에서 무엇보다 중요한 것은 모잠비크 정부의 정책 결정론자들의 중화학공업 육성에 대한 일관적인 선호와 이해가 기저에 자리하고 있었다는 점이다. 이는 모잠비크의 정태적 비교우위에 반하는 결정이며 역동적 비교우위를 창출하기 위한 정치적 선택의 결과였다. 그러나 중화학공업 육성은 국내기업과 정부가 협력하기보다 해외의 다국적기업과 협력함으로써 국내기업 및 산업발전으로 이어지지 못했다.

모잠비크의 산업전환과정은 동아시아 발전국가모델을 적용하여 이해할 수 있는가? 거센크론의 핵심적 주장은 후발국가들의 경제적 후진성의 독특성을 잘 이해해야 선발주자들의 성공적 정책을 잘 적용해 볼 수 있다는 것이었다. 개발의 핵심은 개별 국가가 처한 당시의 환경적 요인에 대한 정확한 판단과 내생적 요인에 대한 이해가 적절히 잘 조화되어야 한다. 동아시아 발전국가모델은 거센크론이 강조한 후진성의 이점을 적극적으로 이용한 것이다. 뒤늦게 산업화과정에 뛰어든 동아시아 국가는 빠른 추격을 위해 정부가 주도적으로 개입함으로써 성공적 산업전환을 이루어 냈다.

모잠비크의 경우, 냉전과 탈냉전시기 선진 자본주의국가의 원조와 기술이전의 혜택을 받았다. 정부가 산업정책을 통해 산업전환과정에서 주도적 역할을 하는 모습도 찾아볼 수 있었다. 정부는 국영화와 민영화과정을 통해 기득권 계층과의 정치연합을 이루어 냄으로써 정부의 시장지배력을 지속했고 이를 통해 국가권력을 키워 냈다. 그러나 모잠비크의 경우에서 발전국가모델에서 논의하는 배태된 자율성(embedded autonomy)의 요인을 찾아보기는 쉽지 않다. 국가 자율성은 국가·사회 협력과 병행되어야 하는데, 모잠비크는 국가·사회 협력 네트워크가 기득권세력에 포획된 상황이거나 국가·사회 협력이 존재하지 않는 경우였다. 무엇보다 중화학공업 육성 프로젝트는 해외자본 다국적기업과의 협력하에 진행된 경우로, 자생력과 경쟁력이 있는 국내기업 및 산업을 발전시키는 데는 한계를 가져왔다. 따라서 앞으로 모잠비크가 지속적 경제성장을 가능하게 하기 위해서는 국내기업의 육성 및 국가 관료 자율성을 위한 정치개혁 등이 선행되어야 할 것이다.

동아시아 발전국가는 냉전이 부여한 우호적인 통상환경의 혜택을 받았다. 또한 산업화 전환을 위한 중화학공업 육성정책은 정부의 주도적인 역할과 국내기업의 협력, 그리고 선진국의 자본과 기술이전이 중요한 역할을 한 바 있다. 무엇보다 중요했던 것은 국내기업이 이러한 투자계획에 안심하고 뛰어들 수 있도록 금융지원을 비롯한 다양한 인센티브 그리고 수출성과 유지를 위한 당근과 채찍을 적절히 제공함으로써 성공적인 산업정책의 근간으로 작용했다는 점이다. 모잠비크의 경우는 정부가 이러한 인센티브 수단을 제시하고는 있지만, 국내기업보다는 다국적기업 중심의 합작이 선호되었고 따라서 국내의 연계산업발전을 가져오지는 못했다.

모잠비크 정부가 국유화와 민영화과정을 통해 기득권 계층과의 연합을 돈독히 함으로써 정부 영향력을 유지하였고, 산업구조 전환을 위한 산업정책이 시행되었으며, 특히 기존 자원분포와는 다른 역동적 비교우위를 창출하는 가능성을 보여 주는 등 모잠비크에서도 동아시아 발전국가모델에서 강조한 특징들이 일부 관측되고 있다. 그러나 지속적인 성과를 거두더라도 아직 하위에 머무르고 있는 1인당 국민소득을 높이기 위해서는 이러한 산업전환이 모잠비크의 전반적인 산업구조 발전에 연계되어야 한다.

제8장

결론:
요약 및 시사점

1. 국제정치경제의 변화와 발전국가모델

동아시아 발전국가모델은 1997년 동아시아 외환위기를 맞이한 후 심각한 비판에 직면했다. 대표적인 발전국가였던 한국도 외환위기 이후 IMF가 제시한 신자유주의 구조조정의 개혁과정을 거쳤다. 사실상 발전국가모델은 1980년대 이후부터 대내적으로 쇠퇴하기 시작했다고 볼 수도 있다. 이는 국가 주도적 성장방식의 쇠퇴, 즉 국가개입의 정당성과 효율성이 하락하고 경제 운용의 중심이 시장 및 민간기업으로 이전되는 것을 의미한다. 발전국가모델은 내부적 요인뿐만 아니라 대외적 요인에 의해서도 도전을 받았다. 냉전시기 미국의 우호적 통상환경은 동아시아 발전국가가 성장할 수 있게 한 대외적 조건이었지만 탈냉전에 들어서면서 상당히 비우호적으로 변화되었다. 동아시아 발전국가모델은 그런 점에서 '역사적 특수성(historical specificity)'의 관점에서 이해해야 한다고 한다. 탈냉전과 세계화시기에 들어서면 더 이상 동아시아 발전국가모델의 개념은 적용 가능하지 않다는 것이다.

1980년대 말과 1990년대 초반에 이르러 미국은 국내의 무역적자 문제로 동아시아 국가에 무역개방의 압력을 가했다. 더 나아가 환율의 평가절상과 서비스 시장의 개방 등으로 그 범위를 확대하였다. 이는 발전국가의 핵심적 정책 기제인 금융부문으로까지 확대되어 외환 자유화, 금융자유화의 압력을 가져왔다.[1] 경제자유화와 시장개방을 주된 내용으로 하는 미국 헤게모니의 경제적 압박은 발전국가의 핵심적인 정책수단이었던 산업정책, 금융정책, 무역정책의 수단들을 약화·해체시킴으로써 국가의 포괄적인 경제개입을 어렵게 만들고 결국 한국경제를 점차 자유시장모델로 전환시키는 역할을 했다.

일반적으로 세계화가 되면서 발전국가의 정책적 수단은 축소되며, 탈냉전시기에 접어들면서 냉전시기에 작동했던 우호적 통상환경이 사라지기 때문에 발전국가는 더 이상 생존하기 힘들다. 그러나 환경변화로 인해 기존 발전국가의 핵심적인 정책수단 사용이 약화되었다 하여 발전국가모델이 해체되었다고 볼 수는 없다. 발전국가의 정책적 수단은 다양한데, 꼭 보호주의적 수단, 예컨대 정책금융만 있다고 볼 수는 없다(Hayashi 2010). 이 책에서는 탈냉전 및 신냉전, 세계화시대에도 동아시아 발전국가모델은 재구성될 수 있다고 강조한다. 세계화가 발전국가정책 자체를 처벌(punish)할 가능성이 많다는데 그렇지 않을 수도 있다(Hayashi 2010). 발전국가는 세계화, 국제경제체제에 적극적이고 자율적으로 선택·참여해 왔다. 따라서 세계화시대에 발전국가가 필연적으로 와해된다고 하는 것은 잘못된 주장이다. 변화된 환경에서도 동아시아 발전국가모델의 개념은 그 유용성을 제시할 수 있다. 동아시아 발전국가는 새로운 환경의 도전과 기회를 정확히 판단하고 그에 따른 국가의 역할을 재조정해 왔다.

1 1992년 3월 10일 워싱턴 D.C.에서 개최된 한미금융정책협의에서 논의되었던 이 내용은 1992년 '3단계 금융 자율화 및 개방계획'으로 발표되었으며 김영삼 정권에서 추진된 '신경제5개년계획'의 금융개혁안과 연결되었다(윤상우 2006).

동아시아 발전국가모델의 핵심적 요인은 '후진성의 이점'을 활용한 국가의 주도적 역할에 있다. 다시 말해 대외적 환경의 도전과 기회에 적절히 적응했던 내부적 역량이 그것이다. 후발개도국들이 '후진성의 이점'을 십분 활용하기 위해서는 대내외적 환경에 대한 이해가 우선되어야 한다. 동아시아 발전국가는 성장시기 세계경제구조가 부여하는 기회와 도전의 측면을 잘 포착했다. 동아시아 국가는 다국적기업의 침투와 외국인 직접투자를 적절히 통제하고 상대적으로 국가가 자금을 통제·관리할 수 있는 차관도입에 주력함으로써 산업화과정에서 나름의 정책적 자율성을 확보했다(윤상우 2006). 동아시아 발전국가모델의 핵심은 환경에 대한 국가의 유연한 대응에 있다. 유연한 대응이란 환경이 부여하는 기회를 포착하고 위기를 피해 가는 것이다. 물론 1997년 동아시아 외환위기는 이러한 대응역량에 문제가 있었음을 여실히 드러내는 것이기도 했다. 그러나 동아시아 발전국가모델은 위기 이전과 이후 성장을 지속하기 위해 국제환경의 기회를 포착하고 위기의 가능성을 줄이기 위해 적극적으로 국제정치경제 질서에 참여해 왔다.

국제정치경제 환경의 변화를 생산, 무역, 통화, 그리고 금융질서의 영역으로 나누어 각각의 영역에서 어떤 변화가 일어났는지 살펴보자. 동아시아 발전국가는 냉전시기 생산, 무역, 통화, 그리고 금융질서와의 상호작용을 통해 성장했다. 탈냉전과 세계화 이후 이러한 질서는 변화했다. 국민국가의 국경선 안에서 이루어지던 기존의 생산과정은 생산세계화를 통해 대부분의 과정을 세계적으로 분산시켜 진행하게 되었다. 또한 글로벌 가치사슬은 자원의 개발과 가공, 원료의 운송, 부품과 소재의 생산, 완제품 제조, 연구개발, 디자인과 브랜드, 유통 등 생산의 절차가 세계적 차원에서 이루어지게 하며, 고부가가치의 분업을 장악하려는 경쟁으로 변화되었다. 중국이 기존의 낮은 부가가치 분업 구도에서 고부가가치 분업 구도로 넘어오면서 한국, 대만과 같은 동북아 국가들의 생산역량과 비교우위가 중국으로부터 추월당하는 상황이 진행되고 있다. 변화된 글로벌 생산실서에서는 핵심적 가치사슬에 대한 분업을 어느 국가의 어느 기업이 담당하느냐의 경쟁이 중요하게 되었다. 다른 국가 기업들과의 치열한 경쟁에서 자국 기업이 더 우월한 기술력을 갖출 수 있도록 정부의 지원이 증가하고 있다.

미국과 중국은 21세기 무역구조의 새판짜기 과정에서 더욱 선도적 역할을 하기 위해 경쟁하고 있다. WTO를 중심으로 한 다자주의가 주춤하면서 미국과 중국은 FTA 경쟁을 시도해 왔으며, 이는 TPP와 RCEP의 경쟁으로 집약되었다. 최근 트럼프 대통령의 TPP 철회 이후 미국은 양자적 무역질서에 더 초점을 두고 있다. 미국과 중국은 서로의 보호무역주의 행태에 대해 비판한다. 오바마 행정부 시기 제이컵 루(Jacob Lew) 미국 재무장관은 중국이 세계무역질서를 어지럽히는 철강 과잉생산을 더 줄여야 한다고 주장함으로써 사실상 중국의 무역행태를 비판하고 나섰다. 그는 중국의 과잉생산으로 인한 저가공세가 미국의 일자리를 빼앗아 가고 있다고 비판했다.[2]

트럼프 행정부 시기의 미국은 무역전쟁을 치르는 중국과 물밑 협상을 진행하면서도 보복관세의 강화를 고려하는 투트랙 전략을 가동하고 있다. 스티브 므누신(Steven Mnuchin) 미국 재무장관과 류허 중국 부총리는 무협협상을 진행해 왔으나 합의점에 도달하지 못해 무역전쟁이 본격화되었다. 2018년 9월 양국은 교역물품 거의 전부에 관세를 부과하는 보복적 무역전쟁으로 치닫고 있다. 무역전쟁의 확산으로 미중 모두 큰 상처를 입고서야 협상이 이루어질 수 있다는 암울한 전망도 나온다. 광범위한 고율관세로 양국 기업과 소비자에 부담이 전개되

2 「미국 재무 "중국 과잉생산, 세계경제 좀먹는다"」, 『한국경제』 2016. 6. 6.

고 세계경제가 타격을 받으면서 취약한 신흥국 경제가 위기를 맞을 수 있다는 우려가 제기된다.

미국과 중국이 서로 보호주의 행태를 비난하고 있는 데서 알 수 있듯이, 최근 세계는 대체로 신보호무역주의의 경향을 보이고 있다. 보호무역주의란 정부가 자국 산업 보호와 고용 증진 등을 위해 외국과의 무역에 각종 규제를 가하는 것을 뜻한다. 수입 상품에 반덤핑 관세나 상계관세를 부과하고, 특정 수입품을 규제하는 세이프가드 발동 등이 이에 해당한다. 기술표준을 까다롭게 하거나 통관 조건을 강화하는 등의 비관세 장벽도 있다. 중국이 각종 인증과 보조금정책 등을 통해 수입 상품을 규제하는 것이 대표적인 예이다. 미국의 보호무역주의는 이미 상당히 진행되었다.[3] 트럼프가 미국의 대통령이 된 후 보호무역주의는 한층 더 노골화되었다. 대통령 취임 즉시 TPP의 폐기, 기존 NAFTA와 한미 FTA의 재협상 등 보호무역주의가 광풍을 몰아오고 있다. 선진국에서 보호무역주의가 득세하면 한국을 비롯해 중국, 일본 등 동아시아 수출국들은 직격탄을 맞게 된다. 한국 정부가 FTA를 통해 관세 장벽을 낮추기 위해 노력해 왔는데 보호무역주의 색채가 강화되면 관세 장벽이 부활하고 통상 마찰이 늘어날 가능성이 높다. 미국은 중국 철강제품에 대한 담합 조사를 벌인 데 이어 막대한 반덤핑 관세까지 부과하기로 하면서 미중 무역 분쟁이 점점 확산되는 상황이다. 하지만 이러한 보복관세의 화살은 언제든지 한국으로 방향을 틀 수 있다. 한국과 중국의 수출 품목이 유사한 데다 산업 연관성도 높기 때문이다. 실제 미국이 부과하는 반덤핑 관세나 상계 관세의 경우 한국의 주요 수출 대상인 철강과 금속 관련 제품에 집중되어 있다. 최근 증가

3 「강화되는 보호무역주의」, 〈전자신문〉 2016. 10. 8.

한 선진국들의 메가 FTA 정책이 미국의 양자무역 틀 중심과 중국의 다자무역 틀 선점 등으로 복잡해져 갈 것이며, 통상환경의 변화에 대해 보다 실질적 대응전략의 모색이 절실한 상황이다.

미국 중심의 브레턴우즈 체제가 붕괴하고 변동환율제로 변화되었으나, 여전히 달러 본위제인 신브레턴우즈 체제가 유지되고 있다. 1997년 외환위기 이후 동아시아 발전국가들은 위기가능성에 대비하기 위하여 과감한 금융기관의 구조조정과 외환보유고 증대 등 다양한 개혁과정을 추진한 바 있다. 과거 냉전시기에는 환율안정과 거시경제의 정책적 자율성을 유지하기 위해 자본이동을 규제한 것과 달리, 변동환율 시기에는 자본이동을 자유화하게 되었으며, 따라서 정책적 자율성의 한계를 받아들일 수밖에 없다. 동아시아 발전국가는 이러한 불안정한 환경에서의 취약성을 줄이기 위해 내부적 역량과 기초체력을 기를 필요가 있다. 미국은 2016년 4월 발표한 「주요 교역대상국의 환율정책 보고서」에서 한국과 중국, 일본, 대만, 독일을 '환율조작 관찰대상국'으로 지정하기도 했다. 환율전쟁과 같은 대외환경의 도전에 대처할 신중한 정부의 역할이 요구된다.

국제금융 영역에서는 미국과 중국 주도의 양대 경쟁 구도인 주요 2개국(G2) 혹은 차이메리카(Chimerica) 시대가 전개될 것으로 예상된다. 제2차 세계대전 이후 국제금융질서는 미국 중심의 'IMF, 세계은행, ADB'를 축으로 하는 팍스 아메리카나 시대가 지속되어 왔다. 하지만 위안화가 SDR의 구성통화로 편입되면서 중국 주도의 '긴급외환보유기금(CRA), 신개발은행(NDB), AIIB' 설립을 통해 팍스 시니카 시대를 전개하고자 하는 중국 정부의 움직임이 더욱 빨라지고 있다. SDR 통화바스켓 편입은 위안화가 세계 5대 중심 통화로 거듭나게 된다는 의미다. 앞으로 미국과 중국이 함께 주도하는 세계경제 구도가 펼쳐져 2020년 국제 외환보유액 중 현재 60%를 초과하는 미국 달러의 비중은

27.4%까지 감소하고 현재 1% 수준인 위안화의 비중은 21.5%까지 오르게 될 것으로 보는 견해도 있다.[4] SDR 통화바스켓으로 위안화가 앞으로 무역과 자본거래 결제에 사용될 뿐만 아니라 국제적인 영향력과 신뢰성을 확보해 나간다면 위안화 가치는 장기적으로 절상될 것으로 예상된다. 이 경우 한국은 긍정적인 수출 효과를 기대해 볼 수 있다.

국제금융질서 구축에 선도적 역할을 수행하기 위해 기존의 일원적 금융질서에 중국이 도전을 가하고 있다. 팍스 아메리카나와 팍스 시니카가 당분간 병행될 가능성이 크기 때문에 한국은 다양한 국제금융기구에 적극적으로 참여해야 한다. 금융세계화시대에는 정부가 감독관리를 강화해야 하는 영역과 규제를 완화해야 하는 영역이 있어 이를 잘 구분해야 한다. 금융세계화시대 금융위기 가능성이 증대함에 따라 정부의 금융관리·감독은 보다 강화되어야 하며, 다국적 IT기업과 금융의 융합에 대한 정부의 규제완화는 강조될 필요가 있다. 중국 기업의 성공 이면에는 중국 정부의 규제완화와 같은 지원이 중요한 요인이었다. 예를 들어 중국 알리바바와 샤오미의 성공은 중국 정부의 금융규제 완화정책이 존재했다. 알리바바는 신규사업으로 추진한 소액대출이 금융당국의 규제 없이도 가능했기 때문에 빠르게 성공할 수 있었다. 샤오미는 소량생산을 통해 소비자들의 다양한 요구를 반영하고, 인터넷 소액대출을 통한 편리함을 제공하며, 배송시스템과 중간 유통이윤을 없애고 직접 소비자가 구매하게 함으로써 성능에 비해 저렴한 가격을 유지한다는 점 등에 성공의 원인이 있다. 이는 중국 정부의 적극적 지지정책이 성공의 중요한 요인임을 보여 준다. 최근 기업이 금융과의 융합을 시도함으로써 사업영역을 확장하고 있다. 기존 금융부

4 「위안화 IMF 특별인출권(SDR) 통화바스켓 발효」, 『기업&미디어』 2017. 2.

문의 기득권 구조는 새로운 금융패러다임을 받아들이기 위한 혁신을 방해할 수 있으며 정부의 규제완화 정책을 어렵게 할 수 있다. 따라서 금융부문에서의 정부의 관리·감독 강화와 규제완화는 탄력적으로 운용되어야 한다.

2. 발전국가모델의 재구성과 후발개도국에 대한 시사점

과거 동아시아 발전국가모델의 외부환경은 다음과 같은 특징을 보인다. 냉전시대의 우호적 통상환경, 일본 중심의 안행형 지역생산네트워크 체제, 브레턴우즈 체제의 자본이동규제가 그것이다. 동아시아 발전국가는 이러한 외부환경을 활용하기 위해 보조금정책을 통한 수출주도 산업화전략을 성공적으로 수행했다.

이러한 외부환경은 탈냉전과 세계화라는 새로운 메가트렌드에 의해 변화된다. 새로운 대외환경변화는 생산세계화로 인한 글로벌 가치사슬의 경쟁 심화, 미중 패권경쟁에 따른 보호무역주의 증대, 신브레턴우즈 체제와 환율전쟁 증대, 그리고 금융세계화와 금융위기의 증대로 요약된다.

새로운 대외환경변화에 따라 동아시아 발전국가모델은 다음과 같이 재구성해 볼 수 있다. 첫째, 생산세계화가 가속화되면서 산업 간 구분보다 가치사슬의 구분이 더 중요해졌고 고부가가치 영역을 둘러싼 기업 간 경쟁이 보다 치열해졌다. 동아시아 발전국가는 글로벌 가치사슬에서 자국 기업이 경쟁력을 확보할 수 있도록 기업생산성 증가를 위한 혁신정책을 중요하게 고려해야 한다. 지금은 과거와 같이 특정 기업과 특정 산업 영역을 육성하는 산업정책을 사용할 수 없다. 1990년대 이후 신자유주의 이념의 확산과 더불어 국가의 산업정책은 점차 그

설 자리를 잃게 되었다. 그러나 장기 국가발전전략 차원에서 볼 때 생산의 영역에서 기술개발을 위한 국가의 지원정책은 지속해서 사용될 필요가 있다. 신자유주의와 시장근본주의적 이념에 휘둘리기보다는 신성장산업의 발전을 위한 연구개발 지원을 국가가 적극적으로 선도해야 한다.

둘째, 트럼프 행정부의 미국뿐만 아니라 세계 각국의 대외경제정책 기조는 보호무역주의로 변화되었다. 동시에 미국 중심과 중국 중심의 다자적 FTA 네트워크가 대립하면서 새로운 국제무역질서 형성에 선도적 역할을 하기 위해 두 국가가 경쟁하고 있다. 신냉전의 가능성이 증대하면서 중국 경제에 의존도를 높여 왔던 국가들, 특히 동아시아 지역생산네트워크에 참여해 왔던 동아시아 발전국가는 미국과 중국의 경쟁과정에서 미중 간의 선택에 따른 보복 조치를 받을 가능성이 커졌다. 이러한 국제무역질서 변화에 대처하기 위해 한국을 비롯한 동아시아 발전국가는 수출다변화정책과 보호규제에 대한 적극적 대응 방식을 구상해야 한다. 미중에 의존적인 수출 구도에서 탈피하여 보다 다원적인 무역네트워크를 구축할 필요가 있다. 또한 자국 기업들에 대해 차별적인 보호주의 조치를 일삼는 경우 WTO에 제소하는 등 보다 강도 높은 대응이 필요하다.

셋째, 미국 달러화가 여전히 핵심 기축통화의 지위를 유지하고 있어 현재의 국제통화질서를 신브레턴우즈 체제라고 부르기도 한다. 신브레턴우즈 체제하에서 미국의 경상수지 적자는 더욱 확대되고 동아시아 국가들의 외환보유고는 과다 축적되는 등 글로벌 불균형은 해소될 기미를 보이지 않고 있다. 글로벌 불균형이 2008년 글로벌 금융위기의 원인으로 지목되기도 하는데 그런 점에서 신브레턴우즈 체제는 대단히 불안정하며 위기의 씨앗일 수 있다. 글로벌 금융위기 이후 각국은 내수진작과 수출확대를 위한 환율전쟁을 벌이고 있다. 또한 중국의 부상 등과 더불어 미국 달러화 중심의 국제통화패권이 위협을 받고 있다. 환율진쟁, 통화전쟁 가능성이 증대함에 따라 동아시아 발전국가는 이러한 불안정한 환경에 대비해야 한다. 한편으로는 환율변동에 대한 취약성을 줄이기 위해 수출경쟁력 강화 및 수출다변화를 추구해야 한다. 다른 한편으로는 지역통화협력을 통해 환율이 안정될 수 있도록 노력해야 한다.

넷째, 금융세계화 및 금융혁신과 더불어 글로벌 금융시장이 발전하고 팽창함에 따라 금융위기의 발생가능성 역시 커졌다. 자본이동이 급증함에 따라 자산거품이 형성된 후 급속히 붕괴되면서 금융위기가 발생하는 것이다. 금융세계화시대에는 국가 내부의 취약성을 줄이기 위한 제도적 역량 및 외부와의 협력네트워크를 강화하는 노력을 함께 할 필요가 있다. 정부의 금융관리감독 강화도 중요하나 최근의 IT기업과 금융의 융합추세를 반영하여 정부의 규제완화가 동시에 필요하다. 그동안 일원체제를 유지했던 국제금융질서가 다원체제로 급속하게 전환될 전망이다. 동아시아 발전국가는 다양한 국제금융기구에 적극적으로 참가함으로써 세계금융시장의 불안정과 위기가능성에 보다 유연하게 대처해야 한다.

동아시아 발전국가모델은 새로운 환경변화에 맞게 탄력적인 국가역할을 제시함으로써 재구성될 수 있다. 1997년 아시아 국가들이 외환위기를 피하지 못한 것은 환경변화에 적절히 대응하지 못했기 때문이다. 동아시아 발전국가모델은 그런 점에서 폐기대상이라기보다는 지속적인 개혁대상이다. 동아시아 발전국가모델은 역사적 특수성의 측면에서 벗어나 다른 후-후발개도국의 발전과정에 중요한 함의를 제시할 수 있다. 아프리카와 같은 저개발국들은 이미 한국을 비롯한 동아시아 발전국가를 성장을 위한 학습과 모방의 표본으로 삼기도 했다.

후발개도국의 발전모델로서 동아시아 발전국가모델은 성공 요인으로 다음과 같은 세 가지를 제시하고 있다. 첫째, 정부와 기업 모두가 끊임없이 변화하는 외부환경의 도전과 기회의 측면에 대해 정확히 인식할 필요가 있다. 이러한 인식을 바탕으로 산업화를 추진할 때 '경쟁적 산업'이 무엇이며 글로벌 생산네트워크에서 어떤 영역에 참여가 가능한지 파악해야 한다. 또한 국제정치의 패권경쟁 구도는 저개발국의 성장과 위기에 다양한 방식으로 영향을 미치므로 국제정치적 관점에서 어떤 패권적 국가와의 협력이 국가이익을 위해 필요한지의 총체적 문제도 고심해야 한다.

둘째, 정부는 안정적이며 효율적인 관료체제를 건설함으로써 관료체제의 효율성을 통해 다양한 산업영역과 기업에 대한 중복투자를 막을 수 있는 '조정역량(coordinative capacity)'을 길러야 한다. 일부에서는 경제발전에 있어 굿거버넌스(good governance)의 중요성을 강조하기도 한다. 그러나 경제성장의 추격을 이루어 낸 후발개도국과 그렇지 못한 개도국을 비교해 보면 굿거버넌스의 존재 여하가 추격의 핵심적 요인이 아님을 알 수 있다. 경제성장의 추격을 이루어 낸 국가들은 많은 경우 낮은 정도의 굿거버넌스 발전을 보였다. 성공적 추격이 가능했던 국가들과 그렇지 못한 국가들을 가르는 제도적 특성은 국가의 조정역량의 여하에 있다(Wade 2010, 157). 핵심적 경제 행위자들 간의 조정역량을 높이는 것이 제도의 공식화 및 강화보다 더 중요한 일이기도 하다.[5]

셋째, 후발개도국이 어느 정도의 추격을 이루었다 해도 산업전환

5 이는 암스덴도 강조했던 '보조금과 성과기준'의 병행과도 연관된다. 이러한 제도적 조정기제는 일본의 MITI, 대만의 IDB, EPC, 한국의 EPB, 싱가포르의 EDB(경제개발청) 등이 실행했다. 이는 필리핀의 대지주집단이 산업전환을 반대하고 정치적 보호 및 지대를 지속적으로 획득한 사례와 비교된다(Wade 2010).

과 기술혁신을 위한 국가의 역할은 강화되어야 한다. 신자유주의와 워싱턴 컨센서스에 기초한 글로벌 스탠더드는 국가 역할의 축소를 강조할 것이다. 그러나 선진국가의 경우에도 발전국가적 정책을 사용해 온 경우가 많기 때문에 산업화 중반 이후 시기에 접어든 후발개도국은 정부 역할의 제한을 무조건 받아들여서는 안 된다. 환경변화에 대한 도전과 기회를 잘 파악한 후 새로운 정부 역할을 재규정해야 한다.

3. 세계화와 국가의 역할

세계화가 가속화됨에 따라 시장이 팽창하고 국가는 쇠퇴할 것으로 예견되었으나 이는 적절한 예측이었다고 할 수 없다. 다국적기업의 국적(nationality) 역시 그 중요성이 줄어들 것이라는 점도 현실을 반영하지 않는 주장이었다. 다국적기업들은 연구개발, 해외직접투자, 기업 내 무역전략 등에 있어서 체계적으로 분화하고 있다. 다국적기업들의 정책은 서로 수렴하지 않는다는 것이다(백창재 외 2012). 특정 국가의 역사, 제도, 이념적 유산은 기업전략에 지속적으로 큰 영향을 미치고 있기 때문이다(Pauly and Reich 1997). 세계화가 가속화됨에 따라 자본주의 생산체제는 영미식으로 수렴될 것이라는 주장도 있다. 이와 달리 홀과 소스키스는 LMEs와 CMEs의 제도적 비교분석을 통해 '자본주의의 다양성' 논의를 제시한 바 있다(Hall and Soskice 2001). 세계화가 되어도 개별 국가의 정체성과 제도는 지속적으로 유지된다는 논의가 보다 설득력이 있다.

21세기 새로운 국제정치경제 질서의 변화와 더불어 나타난 새로운 행위자들로 다국적기업과 글로벌 금융자본을 들 수 있다. 한때 세계화가 가속화되고 이들 행위자의 영향력이 커지면서 '바닥으로의 경주(race to the bottom)' 현상에 대한 우려도 제기된 바 있다. 국가는 다국적기업의 해외직접투자를 유인하기 위해 국가 내 환경, 인권, 노동의 기준을 낮추는 정책을 경쟁적으로 지속한다는 것이다. 세계화와 정보화가 가속화되면서 국가보다 다국적기업과 글로벌 금융자본의 힘이 더 커지게 되었다. 국제정치경제 영역에서 제기된 중요한 이슈 가운데 하나는 이들 글로벌 행위자들의 국적이 과연 아직도 중요한가, 또한 세계화시대에 있어 국가와 시장의 관계는 어떻게 재조정되고 있는가 하는 점일 것이다.

세계화시대 다국적기업을 필두로 한 시장의 팽창은 가속화되고 있으나, 이에 맞서는 국가의 규제 역시 지속되고 있다. 특히 글로벌 금융위기 이후 다국적기업과 글로벌 금융자본을 규제하려는 국가의 시도가 강화되고 있다. 구글, 아마존, 페이스북, 애플 등 IT기업들이 지역, 영역을 넘어 팽창하자, 다국적 IT기업에 대한 정부규제도 확대되었다. 또한 2008년 글로벌 금융위기 이후 미국을 비롯한 선진국 그리고 신흥국들은 토빈세 또는 금융거래세 도입을 통한 글로벌 자본규제를 논의해 왔다. 동시에 국내 금융기관에 대한 금융관리·감독의 강화라는 개혁과제를 실행하기도 했다. 다국적기업과 글로벌 금융자본을 규제하려는 국가들 간의 노력과 협력이 원할하지 않지만 지속되고는 있다. 무엇보다 세계화시대에도 다국적기업의 국적은 아직 매우 중요함을 알 수 있다. 특히 미중 간의 경쟁은 기업 간 경쟁, 또는 자국 기업을 보호하고자 하는 국가의 정책에 잘 나타나 있다.

다국적기업 규제의 대표적인 사례로 구글을 들 수 있다. 지난 2011년에 미국 연방무역위원회는 구글의 반독점 현안을 두고 고심을 거듭한 결과, 2013년 별다른 반독점법을 위반했다고 볼 수 없다며 5 대 0으로 소송하지 않기로 결정한 바 있다. 이런 상황에서 업계는 구글이 유럽 지역에서 강력한 비난에 직면한 지점에 주목하며 미국의 '팔이 안으로 굽는' 행위라고 인식했다. 구글의 반독점 문제는 모바일 운영체제가 검색엔진, 지도 등 구글 제품과 함께 묶여 번들로 제공되기 때문에 제기되었다. 2016년 구글의 안드로이드 운영체제는 미국 스마트폰 시장에서 65.5%의 비중을 차지하고 있다. 독과점의 문제가 너무 심하게 지속되면 다양한 성장동력을 품어 갈 수 없기 때문에 미국 정부가 어떤 방식으로든 행동에 나설 것이라는 말도 나오는 상황이다.

2015년 9월 구글은 미국뿐 아니라 유럽에서도 반독점법 혐의로 조사를 받은 바 있다. 구글이 자사의 서비스를 홍보하기 위해 검색엔진에서 지배적인 시장 지위를 남용했다는 이유로 유럽연합 집행위원회(EC)가 5년간에 걸친 조사 끝에 구글을 기소했다. 미국 연방무역위원회는 구글이 안드로이드 플랫폼를 통해 자체 서비스를 제공하기 위해 다른 기업들의 접근을 제한했다는 진술을 확보한 것으로 알려졌다. 이에 앞서 EU는 마이크로소프트(MS), 익스피디아, 노키아 등이 구글의 안드로이드 플랫폼에 대해 불만을 제기하자 조사를 시작했다.

한국에서도 구글의 약진 및 독점이 우려되고 있다. 구글은 네이버와 다음에 밀려 지지부진했던 국내 모바일 검색시장에서 최근 빠르게 약진하고 있다. 안드로이드 운영체제(OS)를 채택한 스마트폰에 구글 검색이 기본 탑재되면서 이용자가 꾸준히 늘고 있다. 동영상(유튜브), 지도(구글 지도) 등 안드로이드 스마트폰에 기본으로 설치된 구글 제품들도 마찬가지다. 이 때문에 안드로이드를 내세운 구글이 모바일 시장 지배력을 남용하지 못하도록 하는 대책 마련이 시급하다는 지적이 나온다. 구글 검색, 유튜브 등의 기본 탑재가 불공정하다는 논란도 있다. 네이버나 다음 검색을 이용하려면 안드로이드마켓에서 어플리케이션(응용프로그램)을 다운로드 받아 설치해야 하지만 구글 검색은 곧바로 이용할 수 있어 경쟁사를 차별한다는 것이다. 최근 유럽 등 각국 정부가 구글의 시장 독점을 규제하려는 움직임을 보이고 있듯이 한국 정부도 공정한 시장 경쟁이 이루어질 수 있는 여건 마련을 고민해야 할 때이다. 중국에서는 구글이 중국 정부의 규제로 인해 홍콩으로 옮겨 갔지만, 중국 본토 재진입을 정부와 논의 중이다. 구글 플레이 앱스토어의 중국 버전 시장진출을 희망하고 있다는 의미이며, 이 과정에서 중국 정부정책의 역할을 간과하기 힘들다.

최근 유럽에 대한 차이나 머니의 투자가 증가하면서 유럽 내 각국에서 우려의 목소리가 커지고 있다. 2003년까지 연간 1억 달러(약 1,110억 원)도 안 되었던 중국의 대(對)유럽 투자는 2015년 230억 달러(약 25조 5,300억 원)까지 치솟았다.[6] 프랑스 내에서는 '기간산업을 중국에 파는 것은 문제'라는 비판이 제기됐다. 유럽의 견제가 커지는 다른 이유는 중국이 전략적으로 취약 분야에 집중 투자하면서 기술을 빼 가고 있다는 우려 때문이다. 독일에서는 중국 최대 가전업체 메이디의 독일 산업로봇 제조회사 쿠카 인수가 최대 논란거리였다. 100년 넘는 역사를 가진 쿠카는 독일의 히든 챔피언(세계시장점유율이 높은 중소기업)으로 자동차를 포함한 미래산업의 전략적 노하우를 갖고 있다. 그런 쿠카를 메이디가 인수하려 하자 지그마이어 가브리엘 독일 부총리까지 반대하고 나섰다. 그는 "유럽은 사실상 국가가 운영하는 중국 기업들과의 불공정한 투자 경쟁을 바로잡는 데 힘을 합쳐야 한다"며 중국의 무분별한 유럽 투자에 대한 유럽의 공동 대응을 촉구했다. 『월스트리트저널』은 "중국은 자국의 주요 산업에 외국인은 접근도 못 하게 하고 있어 유럽의 불만이 크다"고 보도했다.[7] 여기서 '큰손' 중국의 투자를 완전히 뿌리칠 수 없는 것이 유럽의 딜레마다. 독일 정계의 반대에도 불구하고 중국 메이디는 2016년 쿠카 지분 76%를 인수했다.

6 「달콤한 유혹 속에 숨은 독, 유럽 차이나 머니 딜레마」, 『동아일보』 2016. 8. 9.
7 「달콤한 유혹 속에 숨은 독, 유럽 차이나 머니 딜레마」, 『동아일보』 2016. 8. 9.

구글에 대한 각국의 규제 그리고 중국 기업의 팽창과 이에 대한 유럽 국가의 비판은 다국적기업의 '국적'의 중요성을 반영하는 사례이다. 자국 기업을 보호하려는 국가 간 경쟁이 지속되고 있는 것이다. 세계화시대 국가는 신중하면서도 적극적으로 역할을 강화하거나 기업경쟁을 촉진하고 지원하기 위해 규제를 완화하는 등 탄력적 역할을 수행해야 한다. 동아시아 발전국가는 빠르게 변화되고 있는 환경적 도전의 본질을 인식함으로써 자국 기업의 생산과 무역의 경쟁력 강화를 위한 지원정책을 모색해야 한다. 뿐만 아니라 미중 간의 세계통화 및 세계금융질서 경쟁구도에서 자국의 이익을 위한 적극적 역할을 수행해야 한다. 세계화가 진행되어도 발전국가는 여전히 재구성되어야 하는 것이다.

동아시아 발전국가모델을 후발개도국의 경우에 적용하는 데는 그다지 많은 이의가 없을 것이다. 그러나 세계화시대 다양한 영역에서의 도전이 변화하고 급증함에 따라 국가의 역할은 새롭게 재구성될 필요성이 있다. 다시 말해 세계화시대 국가의 역할은 후발개도국의 경우에만 적용되기보다는 다양한 발전 단계에 있는 모든 국가의 경우에도 적용 가능할 것이다. 이러한 논의의 대표적 경우는 웨이드의 논의(Wade 2010)와 블록의 논의(Block 2008)를 들 수 있다. 블록은 유럽과 미국이 정부가 새로운 기술발전에 중요한 역할을 해 왔다는 점이 공통적이라고 지적한다. 미국은 발전국가적 정책을 숨겨(hidden) 왔는데, 이는 미국의 시장근본주의 이념에 반하는 것이기 때문이었다. 유럽의 발전국가적 정책은 사실 사회민주적·기독교 민주주의적 정책의 유산과 잘 맞아 떨어졌다. 워싱턴 컨센서스는 정부가 적극적인 경제개입을 하지 못하도록 했다. 그러나 실질적으로 미국 행정부는 기술정책을 통해 자국의 비즈니스경제에 깊이 개입해 왔다.[8] 기업의 입장에서는 원치 않

8 미국 국방부 고등연구계획국(Advanced Research Projects Agency: ARPA)은

는 규제를 피하고자 시장이념의 중요성을 강조한다. 그러나 기업 역시 다른 한편으로 보조금, 우호적인 규제환경, 연구지원, 지적재산권 보호를 포함하는 정부정책을 필요로 한다. 블록은 산업정책의 중요성을 너무 드러내 놓고 강조하다가는 비판을 받는 경우가 많았기 때문에 미국의 사례를 '숨겨진 발전국가(hidden developmental state)'라고 명명하였다.[9]

블록은 가장 시장근본주의적 믿음에 기반을 두고 있는 미국 경제 역시 기술발전을 위해서는 정부의 주도적 역할이 매우 중요함을 잘 지적하고 있다(Block 2008). 2012년 오바마 행정부는 '미국 제조업 재활성화 계획'을 통해 11개의 제조기술 중점육성분야를 선정했다. 2013년 '국가 제조업 혁신 네트워크'를 발표하여 산·관·학 협력을 통한 4차 산업혁명에 필요한 첨단 제조기술을 개발하고, 이를 상업화하도록 지원하였다. 그 결과 미국은 세계경제포럼(WEF)이 평가한 글로벌 경쟁력(2016-2017) 순위에서 138개국 중 3위, 국가의 혁신역량은 6위에 올랐다. 4차 산업혁명에 대비해 온 독일 역시 2000년 전후부터 연구개발 강화에 노력해 왔다. 후발주자인 한국은 4차 산업혁명을 대비한 개방형 민관협력 체제를 구축하는 등 혁신정책을 시도할 필요가 있다.[10]

발전네트워크국가의 선구자(pioneer)라고 할 수 있다. 스푸트니크 쇼크 이후 창설된, 기술발전을 위한 기구로 이해 가능하다. 이 기구는 미국의 기술정책 방향을 설정하는 데 프로액티브(proactive)한 역할을 수행했다. 1970년대 이전 컴퓨터 및 인터넷 기술발전을 위해, 그리고 1970년대 이후 생명공학 발전 등 연방정부가 미래기술발전을 위해 중요한 역할을 할 수 있음을 잘 보여 주었다(Block 2008).

9 클린턴 정부 시기 미국은 발전국가적 정책 지원을 확대하게 된다. 그러나 공화당은 이와 같은 시도를 비판했다. 민주당이 'big government'의 옹호자임을 비판한 공화당이 1994년 중간선거에서 승리한 이후 많은 예산이 삭감되었다. 공화당과 민주당 간의 갈등으로 인해 발전국가의 '숨겨진' 속성은 지속되었다(Block 2008).

10 「선진국들의 혁신성장 정책 조명」, 『한국일보』 2018. 9. 20.

동아시아 발전국가모델은 후발개도국의 발전모델로 기능할 수 있으며, 성공적인 추격을 위해서는 국가의 자율성, 관료체제의 발전, 국가와 기업 간 균형, 그리고 외부환경의 도전과 기회에 대한 포착 등 필요한 요인들을 제시할 수 있다. 더 나아가 이 책에서의 논의는 세계화 같은 새로운 상황 변화에 대응하여 발전국가모델이 어떻게 단계별·분야별로 재구성되어야 하는지를 제시하고 있어 발전국가모델의 진화 및 일반화를 위한 기반이 될 수 있을 것이다.

참고문헌

공적자금관리위원회. 2009.「공적자금관리백서 2009」.

구종서. 1996.「동아시아 발전모델과 한국」.『한국정치학회보』 30(2).

권형기. 2010.「생산 세계화의 다양성: 독일의 독특성」.『한국정치연구』 19(1).

기획재정부. 2011.「21세기 세계경제영토 확대 전략」. 보도참고자료. 대외경제총괄과.

김균태·오현정. 2011.「EU의 금융거래세 도입 논의 및 평가」.『KIEP 지역경제포커스』 5(470). 대외경제정책연구원.

김기석. 2011.「동아시아 협력체제의 비전」.『국가전략』 17(4).

김성한. 2011. 11. 21.「미 아시아 '올인' 외교의 의미」.『문화일보』 포럼.

김용기 외. 2010. 10. 27.「미중갈등 관계의 청산과 세계경제의 발전」. CEO Information. 삼성경제연구소.

김욱. 2000.「공공재이론의 관점에서 본 패권안정이론: 한계와 대안을 중심으로」.『국제정치논총』 40(4).

김인수·박동철. 2005.「한국의 산업금융정책이 경제성장에 미친 영향 분석」.『산업경제연구』 18(5).

김재철. 2012.「중국의 공세적 외교정책」.『한국과 국제정치』 19(1).

김정렴. 1990.『한국경제정책 30년사: 김정렴 회고록』. 중앙일보사.

김정해. 2005.「IMF 위기 이후 대기업 규제개혁과 국가역할의 변화」.『행정논총』 43(4).

김종길. 2011. 11. 25.「동남아에서의 미·중 경제관계의 변화」. 서울대학교 아시아연구소 학술대회(세계의 중심이동과 한반도) 발표논문.

김준기. 2007.「정부기능 변화: 정책수단을 중심으로」. 한국행정학회 추계학술발표논문집.

김진영. 2003.「동아시아 모델 논쟁의 극복: 새로운 발전론을 위하여」.『한국과 국제정치』 19(1).

김형주. 2011. 11. 23.「일본의 TPP 참가 선언 동아시아 FTA 환경의 새 변수」.『LG Business Insight』. LG경제연구원.

남궁영. 2002.「국제정치경제학의 개념적 틀을 위한 시론: 자유주의와 국가주의」.『국제지역연구』 6(3).

류상영. 1996.「박정희 정권의 산업화전략 선택과 국제정치경제적 맥락」.『한국정치학회보』 30(1).
류상영·이승주. 2003.「탈냉전기 한일경제관계와 플라잉 기즈 모델」.『국제정치논총』 43(2).
류석춘·왕혜숙. 2007.「외환위기는 발전국가를 변화시켰는가」.『한국사회학』 41(5).
매일경제 세계지식포럼 사무국. 2007.『다보스 리포트: 힘의 이동』. 매경출판.
문돈. 2007.「국제무역질서의 변화와 한국: 다자주의, 지역주의, 양자주의, 그리고 한국」.『한국정치연구』 16(2).
문돈. 2011.「글로벌 금융위기와 동아시아 무역체제」.『세계정치』 32(1).
문돈·정진영. 2014.「발전국가모델에서 신자유주의모델로: 한국발전모델논쟁에 대한 비판적 평가」.『아태연구』 21(2).
문우식. 2009.「글로벌 금융위기 이후의 국제통화질서: 동아시아 통화통합에 대한 시사점」.『경상논총』 27(4).
박번순. 2005. 11. 17.「중국의 부상과 동아시아 지역발전모델의 변화」. Issue Paper. 삼성경제연구소.
박번순 외. 2008.『한국과 대만의 대중국 투자』. 삼성경제연구소.
박병광. 2010.「중국의 동아시아 전략: 인식, 내용, 전망을 중심으로」.『국가전략』 16(2).
박성훈. 2011.「글로벌 금융위기와 국제무역질서: 현황 및 전망」.『경상논총』 29(2).
박영호·허윤선. 2008. 7.「나이지리아의 주요 산업: 원유-가스, 통신, 건설, 전력」,『KIEP-KOTRA 유망국가 산업연구』.
박현수 외. 2011. 3. 31.「위기 이후 세계 경제질서의 변화와 대응」. 삼성경제연구소 연구보고서.
배병인. 2011. 11. 25.「유로존 출범과 위기의 정치경제: 국제적 요인을 중심으로」. 서울대학교 아시아연구소 학술대회(세계의 중심이동과 한반도) 발표논문.
배영자. 2005.「동북아 지역혁신체제: 동북아 반도체 생산네트워크를 중심으로」.『세계정치』 26(2).
백종국. 1998a.「『동아시아 모델 위기론』에 대한 비판적 고찰: 한국의 외환위기를 중심으로」.『한국정치학회보』 32(3).
백종국. 1998b.「한국 외환위기의 원인과 구조」.『국제정치논총』 37(3).
백종국. 2011.「'한국발전모델' 논의에 대한 비판적 고찰」.『한국정치학회보』 45(1).
백창재. 2000.「미국의 패권과 제한적 자유주의」. 국제정치경제연구회 편.『20세기로부터의 유산: 세계경제와 국제정치』. 사회평론.
백창재. 2012.「세계화, 힘의 이동, 세계정치경제질서의 변동」. 국제정치경제연구회 편.『20세기의 유산, 21세기의 진로: 세계정치경제질서의 위기와 변동』. 사회평론.
백창재·조형진. 2012.「신브레턴우즈 체제와 미중관계의 경제적 구조」.『한국정치연구』

21(2).
백창재 외. 2012.「생산세계화의 다양성 II: 미국, 독일, 일본 자동차산업의 비교분석」.『한국정치연구』21(1).
복득규 외. 2008.「글로벌 네트워크형 산업모델의 부상과 시사점」. 삼성경제연구소 연구보고서.
서익진. 2002.「발전양식으로서의 한국의 개발독재: 작동방식과 논리의 규명을 중심으로」.『경제학연구』50(1).
손상호. 2013.「한국 정책금융의 평가와 분석 및 미래비전」.『KIF 정책보고서』6호. 한국금융연구원.
손열. 2011. 2.「위기 이후 세계 무역질서의 변화」.『EAI 국가안보패널 보고서: 경제위기 이후 세계질서』.
시라토 게이치(白戸圭一) 저. 이정은 역. 2009.『오늘의 아프리카』. 현암사.
신윤환. 2011. 12. 1.「강대국 끌어들여 지역이익 극대화하는 아세안」.『조선일보』.
신종호. 2009.「중국의 소프트파워 외교의 전개와 국제 정치적 함의」.『국가전략』15(1).
심지홍. 2011.「외환위기와 한국경제 패러다임 변화」.『경상논총』29(1).
아산정책연구원. 2015. 2. 24.『팍스 아메리카나 3.0 보고서』.
연태훈. 2006.「외국자본 진입 확대의 경제적 영향」. KDI 정책토론회 자료.
옥동석. 2006.「우리나라 재정총량규율의 현황과 문제점」. 국회예산결산특별위원회 최종보고서.
왕선애. 2007.『모잠비크의 민주화와 지방자치』. 한국학술정보.
유진석. 2001.「중국의 WTO 가입에 따른 영향과 대응」. Issue Paper. 삼성경제연구소.
윤대엽. 2015. 8. 6.「냉전과 탈냉전기 동아시아의 자본주의 수용과 전환: 한국과 대만의 비교」. 한국정치학회 역사박물관 공동학술회의.
윤상우. 2002.「기로에 선 동아시아 발전모델: 한국과 대만 비교연구」.『한국과 국제정치』18(3).
윤상우. 2006.「한국 발전국가의 형성, 변동과 세계체제적 조건, 1960-1990」.『경제와 사회』72.
윤영관. 1999.「동아시아 모델과 세계 자본주의: 시장, 제도, 국가의 관점에서」. 백광일·윤영관 편.『동아시아: 위기의 정치경제』. 서울대학교출판부.
이동원. 2007.「재정지출과 규제」. 한국정책지식 포럼 발표문.
이병천. 1999.「박정희 정권과 발전국가 모형의 형성: 1960년대 초중엽의 정책전환을 중심으로」.『경제발전연구』5(2).
이봉걸. 2015. 5.「AIIB, 57개국 참여 '중국의 꿈' 실현 본격화되나?」.『통일한국』.
이승주. 2010.「FTA의 확산과 동아시아 지역주의의 중층화」.『한국정치외교사논총』32(1).

이연호 외. 2002.「한국에서 규제국가의 등장과 정부-기업 관계」.『한국정치학회보』 36(3).
이영섭. 2015.「금융개방 정책수립 및 집행과정에 대한 연구」. 박명호·전홍택 편.『정책 집행체계의 변화와 경제주체별 역량강화』. KDI.
이영섭·이종욱. 1998.「한국의 외환위기: 예측가능했는가?」. 국제금융연구회 발표논문.
이제민. 2016.「한국 외환위기의 성격과 결과-그 논점 및 의미」.『한국경제포럼』9(2).
이항영·이준구. 2012.「WTO 가입 이후 중국의 대미수출과 아시아 생산 네트워크의 재편: 글로벌 가치사슬 이론적 접근」.『한국사회』13(1).
이호철. 1999.「중국과 동아시아 위기」. 백광일·윤영관 편.『동아시아: 위기의 정치경제』. 서울대학교출판부.
임상균. 2011. 12. 6.「미국-중국, 아시아서 경제블럭 각축」.『매일경제』.
임혜란. 2000.「동아시아위기: 동아시아모델과 지역경제협력」.『국제정치논총』40(2).
임혜란. 2003.「금융세계화와 대만의 대응: 금융자유화와 금융개혁 과정을 중심으로」. 『한국정치학회보』37(5).
임혜란. 2006.「동아시아 발전국가와 거버넌스: 정보화시대 한국과 대만의 산업정책을 중심으로」.『신아세아』13(1).
임혜란. 2008.「한국 산업정책의 변화와 거버넌스」.『한국정치연구』17(2).
임혜란. 2012.「대변환기의 국제정치경제질서: 패권과 신자유주의 질서의 변환」.『한국과 국제정치』28(1).
임혜란. 2013a.「생산세계화와 동아시아 지역생산네트워크의 재편」.『평화연구』21(1).
임혜란. 2013b.「동아시아 발전국가모델의 적용가능성과 한계」. 임현진·임혜란 편.『동아시아 협력과 공동체: 국가주의적 갈등을 넘어서』. 나남.
임혜란·이하나. 2009.「한국 금융감독체계 개혁의 정치경제」.『한국정치연구』18(1).
임혜란·조한나. 2014.「생산세계화와 생산네트워크의 변화: EU기업과 한국기업의 사례비교」.『EU학연구』19(2).
임혜란·유혜림. 2015.「아프리카 모잠비크의 산업전환과 동아시아 발전국가모델의 적용가능성」.『한국정치연구』24(2).
임호열·문진영·이민영·이성희. 2015.「AIIB 추진 현황과 한국의 대응방향」. KIEP.
전성인. 2004.「방황하는 금융감독체계 개편 작업」. 참여연대 경제프리즘.
전재성. 2012.「2008년 경제위기와 미중관계의 변화, 한국의 선택」.『한국과 국제정치』 28(1).
전재성·주재우. 2012.『미중관계의 변화와 한국의 미래외교과제』. 동아시아 연구원.
전혜린·장종문. 2012.「모잠비크의 주요 산업: 전력산업, 농업을 중심으로」.『전략지역 심층연구』. 대외경제정책연구원.
정병기. 2014.「국제금융질서와 G20」.『경제와 사회』104.

정상화. 2010. 10.「G2체제와 달러 위안 통화 갈등」.『정세와 정책』.

정진영. 2010.「동아시아의 복수, 경제체제 간 마찰, 그리고 세계경제의 불균형」.『한국정치학회보』44(1).

조영남. 2013a.「시진핑 시대의 중국 외교전망: 중국 공산당 제18차 당대회의 정치보고를 중심으로」.『한국과 국제정치』29(2).

조영남. 2013b.『중국의 꿈』. 민음사.

조윤제. 2010.「국제통화제도의 개혁과 G20」.『한국개발연구』32(4).

조홍식. 2000.「고전적 자유주의 질서의 붕괴」. 국제정치경제연구회 편.『20세기로부터의 유산: 세계경제와 국제정치』. 사회평론.

최두열. 1998.『아시아 외환위기의 발생과정과 원인』. 한국경제연구원.

최영종. 2008.「국제금융질서의 변화와 새로운 국제금융체제의 형성」.『서석사회과학논총』1(1).

한승주. 2011. 12. 1.「미국의 해는 지고 있는가」.『조선일보』칼럼.

한인택. 2009.「아시아와 새로운 국제통화질서의 가능성」. 12th ASEM 포럼.

홍진영·이준엽. 2012.「글로벌 생산네트워크에서의 중국의 위상에 관한 연구: 휴대폰 및 자동차산업을 중심으로」.『현대중국연구』14(1).

Ali-Yrkko, Jyrki et al. 2011. "Who Captures Values in Global Supply Chains? Case Nokia N95 Smartphone." Working Papers No. 1240. BRIE (Berkeley Roundtable on International Economy).

allAfrica.com. 2013. 2. 15. "Mozal Aluminum to Be Used in Mozambican Industry." http://allafrica.com/stories/201302160027.html (검색일: 2014년 11월 2일).

Amsden, Alice. 1989. *Asia's Next Giant: South Korea and Late Industrialization*. Oxford University Press. Part I and Part III.

Arndt, Channing, Sam Jones, and Finn Tarp. 2006. "Aid and Development: The Mozambican Case." National Directorate of Studies and Policy Analysis Discussion Papers No. 27E. Mozambican Ministry of Planning and Development.

Barnett, Michael and Raymond Duvall. 2005. "Power in International Politics." *International Organization* 59(1).

Bates, Robert ed. 1988. "Governments and Agricultural Markets in Africa." *Toward a Political Economy of Development: A Rational Choice Perspective*. University of California Press.

Beeson, Mark. 2001. "Globalization, Governance, and the Political-Economy of Public Policy Reform in East Asian." *Governance* 14(4).

Bernard, Mitchell. 1997. "Globalisation, the State and Financial Reform in the East Asian NICs: The Case of Korea and Taiwan." In *The New World Order in International Finance*. Edited by Geoffrey R. D. Underhill. Macmillan Press.

Bernard, Mitchell and John Ravenhill. 1995. "Beyond Product Cycles and Flying Geese: Regionalization, Hierarchy, and the Industrialization of East Asia." *World Politics* 47(2).

Birol, Fatih. 2009. "World Energy Outlook 2009." International Energy Agency.

BIS. 2016. "Triennial Central Bank Survey of Foreign Exchange and OTC Derivatives Markets in 2016."

Blackwill, Robert D. and Ashley J. Tellis. 2015. 3. "Revisiting U.S. Grand Strategy toward China." *Council Special Report* 72.

Block, Fred. 2008. "Swimming against the Current: The Rise of a Hidden Developmental State in the United States." *Politics & Society* 36(2).

Brooks, Stephen G. and William C. Wohlforth. 2008. *International Relations and the Challenge of American Primacy*. Princeton University Press.

Bunce, V. 2001. "Democratization and Economic Reform." *Annual Review of Political Science* 4(1).

Castel-Branco, Carlos Nuno. 2002. "An Investigation into the Political Economy of Industrial Policy." University of London, SOAS. Ph.D. Dissertation.

Castel-Branco, Carlos Nuno and Nicole Godin. 2003. "Impacts of the Mozal Aluminum Smelter on the Mozambican Economy." Report submitted to Mozal Operations Team.

Chang, Ha-Joon. 1998. "South Korea: The Misunderstood Crisis." *World Development* 26(8).

Chang, Ha-Joon. 2003. *Globalization, Economic Development and the Role of the State*. Zed Books Ltd.

Chiu, Stephen W. K. and Tai-lok Lui. 1998. "The Role of the State in Economic Development." In *Economic Dynamism in the Asia-Pacific*. Edited by Grahame Thompson. Routledge.

Chu, Yun-han. 2002. "Re-engineering the Developmental State in an Age of Globalization: Taiwan in Defiance of Neoliberalism." In *Redefining Korean Politics: Lost Paradigm and New Vision*. Edited by Young Rae Kim, Hochul Lee and In-Sub Mah. Korean Political Science Association.

Chu, Yun-han. 2005. "Challenges and Change in East Asia: Taiwan's Year of Stress." *Journal of Democracy* 16(2).

Crotty, James and Kang-Kook Lee. 2006. "The Effects of Neoliberal 'Reforms' on the Post-Crisis Korean Economy." *Review of Radical Political Economics* 38(4).

Cumings, Bruce. 1987. "The Origins and Development of the Northeast Asia Political Economy: Industrial Sectors, Product Cycle, and Political Consequences." In *The Political Economy of the New Asian Industrialism*. Edited by Frederic C. Deyo. Cornell University Press.

Cyr, Arthur. 1997. "Introduction: Asia and American Foreign Policy." In *Asia's New World Order*. Edited by George T. Yu. Macmillan Press.

Deyo, Frederic C. ed. 1987. *The Political Economy of the New East Asian Industrialism*. Cornell University Press.

Dittmer, Lowell. 2007. "The Asian Financial Crisis and the Asian Developmental States: Ten Years after." *Asian Survey* 47(6).

Doner, Richard F., Bryan K. Ritchie, and Dan Slater. 2005. "Systemic Vulnerability and the Origins of Developmental States: Northeast and Southeast Asia in Comparative Perspective." *International Organization* 59(2).

Dunning, Thad. 2005. "Conditioning the Effects of Aid: Cold War Politics, Donor Credibility, and Democracy in Africa." *International Organizations* 58. Issue 2.

The Economist. 2008. 1. 21. "The Rise of State Capitalism."

Eichengreen, Barry. 2004. 12. "The Dollar and the New Bretton Woods System." UC Berkeley.

Electoral Institute for Sustainable Democracy in Africa (EISA). "Mozambique: Election Archive." http://www.content.eisa.org.za/sites/eisa.org.za/files/imports/import-data/WEP/mozelectarchive.htm (검색일: 2015년 4월 1일).

Ernst, Dieter. 2002. "Global Production Networks, Knowledge Diffusion, and Local Capability Formation." *Research Policy* 31(8-9).

Evans, Peter. 1995. *Embedded Autonomy: States and Industrial Transformation*. Princeton University Press.

Evans, Peter. 1997. "The Eclipse of the State? Reflections on Stateness in an Era of Globalization." *World Politics* 50(1).

Feenstra, Robert C. and Gary. G. Hamilton. 2014. *Emergent Economies, Divergent Paths: Economic Organization and International Trade in South Korea and Taiwan*. Cambridge University Press.

Feigenbaum, Harvey B. and Jeffrey R. Henig. 1994. "The Political Underpinnings of Privatization." *World Politics* 46(2).

Financial Gazette. 1987. 10. 16. "Foreign Investment in Mozambique: Legal Basis, and

Company Law."

Financial Gazette. 1987. 10. 23. "Investment in Mozambique: Finance and Trade, Investment, Land, Taxes."

Fisher, Stanley. 1998. "In Defense of the IMF." *Foreign Affairs* 97(4).

FRELIMO Central Party. CEDIMO tr. 1977. "Economic and Social Directives." 3rd Confress of FRELIMO (January 3-7). Documento Informative No. 6.

Fukuyama, Francis. 1995. *Trust: The Social Virtues and the Creation of Prosperity*. Free Press Paperbacks.

Geddes, Barbara. 1995. "Challenging the Conventional Wisdom." In *Economic Reform and Democracy*. Edited by Larry Diamond and Marc and F. Plattner. Johns Hopkins University Press.

Gereffi, Gary. 1998. "Commodity Chains and Regional Divisions of Labor in East Asia." In *The Four Asian Tigers: Economic Development and Global Political Economy*. Edited by Kim Eunmi. 1998.

Gerschenkron, Alexander. 1962. *Economic Backwardness in Historical Perspective*. Belknap.

Gills, Barry K. 1996. "Economic Liberalization and Reform in South Korea in the 1990s: A 'Coming Age or a Case' or 'Graduation Blues'." *Third World Quarterly* 17(4).

Gilpin, Robert. 1987. *The Political Economy of International Relations*. Princeton University Press.

Gilpin, Robert. 2000. *The Challenge of Global Capitalism*. Princeton University Press.

Gilpin, Robert. 2001. *Global Political Economy: Understanding the International Economic Order*. Princeton University Press.

Greene, J. Megan. 2008. *The Origins of the Developmental State in Taiwan*. Harvard University Press.

Ha, Yong-Chool and Wang Hwi Lee. 2007. "The Politics of Economic Reform in South Korea: Crony Capitalism after Ten Years." *Asian Survey* 47(6).

Haggard, Stephan. 1990. *Pathways from the Periphery: The Politics of Growth in the Newly Industrializing Countries*. Cornell University Press.

Haggard, Stephan and Robert R. Kaufman. 1995. "The Challenges of Consolidation." In *Economic Reform and Democracy*. Edited by Larry Diamond and Marc and F. Plattner. Johns Hopkins University Press.

Hall, Peter and David Soskice eds. 2001. *Varieties of Capitalism: The Institutional Foundations of Comparative Advantage*. Oxford University Press.

Hayashi, Shigeko. 2010. "The Developmental State in the Era of Globalization: Beyond the Northeast Asian Model of Political Economy." *Pacific Review* 23(1).

Hollingsworth, J. Rogers and Robert Boyer. 1997. "Coordination of Economic Actors and Social System of Production." *Contemporary Capitalism: The Embeddedness of Institutions*. Cambridge University Press.

Ikenberry, John. 2011. "The Future of the Liberal World Order." *Foreign Affairs* 90(3).

International Energy Agency. 2009. "Energy Outlook."

International Monetary Fund (IMF). 2011. "World Economic Outlook." http://www.imf.org/external/pubs/ft/weo/2011/02/weodata/index.aspx (검색일: 2014년 7월 6일).

International Monetary Fund (IMF). 2015. "World Economic Outlook." https://www.imf.org/external/pubs/ft/weo/2015/01/weodata/download.aspx (검색일: 2015년 4월 29일).

Jayasuriya, Kanishka. 2001. "Globalization and the Changing Architecture of the State: the Regulatory State and the Politics of Negative Co-ordination." *Journal of European Public Policy* 8(1).

Johnson, Charlmers. 1982. *MITI and the Japanese Miracle*. Stanford University Press.

Johnson, Charlmers. 1987. "Political Institutions and Economic Performance: The Government-Business Relationship in Japan, South Korea, and Taiwan." In *The Political Economy of the New Asian Industrialism*. Edited by Frederic C. Deyo. Cornell University Press.

Justica Ambiental, Jubilee Debt Campaign UK, and Tax Justice Network. 2012. Whose Development Is It?: Investigating the Mozal Aluminum Smelter in Mozambique. Jubilee Debt Campaign.

Kaletsky, Anatole. 2010. *Capitalism 4.0*. Public Affairs.

Kalinowski, Thomas. 2007. "Democracy, Economic Crisis and Market Oriented Reforms." *Comparative Sociology* 6.

Kang, David C. 1995. "South Korean and Taiwanese Development and the New Institutional Economics." *International Organization* 47(3).

Kang, David C. 2002. "Bad Loans to Good Friends: Money Politics and the Developmental State in South Korea." *International Organization* 56(1).

Kang, David C. 2003. "Transaction Costs and Crony Capitalism in East Asia." *Comparative Politics* 35(4).

Kim, In June and Yeongseop Rhee. 2013. *Overcoming Financial Crises*. Seoul National University Press.

Kimura, Fukunari and Ayako Obashi. 2011. "Production Networks in East Asia: What We Know so far." ADBI Working Papers 320.

Kindleberger, Charles. 1973. *The World in Depression, 1929-1939*. University of California Press.

Kindleberger, Charles. 1981. "Dominance and Leadership in the International Economy: Exploitation, Public Goods and Free Rides." *International Studies Quarterly* 25(2).

Klepinevich, Andrew F. Jr. 2015. "How to Deter China." *Foreign Affairs* 94(2).

Koo, Hagen. 1984. "The Political Economy of Income Distribution in South Korea: The Impact of the State's Industrialization Policies." *World Development* 12(10).

Koopman, Robert, Zhi Wang, and Shang-Jin Wei. 2008. "How much Chinese Exports Is Really Made in China?" NBER Working Paper 14109.

Krueger, Anne. 1990. "Government Failure in Development." *Journal of Economic Perspectives* 4(3).

Krugman, Paul. 1994. "The Myth of Asia's Miracle." *Foreign Affairs* 73(6).

Krugman, Paul. 1998. 3. "Will Asia Bounce Back?" Speech for Credit Suisse First Boston. Hong Kong.

Krugman, Paul. 2000. "Crises: The Price of Globalization?" Speech for Global Economic Integration: Opportunities and Challenges. Federal Reserve Bank of Kansas City.

Kurth, James. 1979. "The Political Consequences of the Product Cycle: Industrial History and Political Outcomes." *International Organization* 33(1).

Layne, C. 2011. "The Unipolar Exit: Beyond the Pax Americana." *Cambridge Review of International Affairs* 24(2).

Lim, Haeran. 1998. *Korea's Growth and Industrial Transformation*. Macmillan Press.

Lim, Haeran. 2009. "Democratization and the Transformation Process in East Asian Developmental States: With a Focus on Financial Reform in Korea and Taiwan." *Asian Perspective* 33(1).

Lim, Haeran. 2010. "Transformation of Developmental States and Economic Reform in Korea." *Journal of Contemporary Asia* 40(2).

Linden, G., K. L. Kraemer, and J. Dedrick. 2009. "Who Captures Value in a Global Innovation Network?" *Communications of the ACM* 52(3).

Maravall, Jose Maria. 1995. "The Myth of the Authoritarian Advantage." In *Economic Reform and Democracy*. Edited by Larry Diamond and Marc and F. Plattner. Johns Hopkins University Press.

Mastanduno, Michael. 1998. "Economics and Security in Statecraft and Scholarship." *International Organization* 52(4).

Minns, John. 2001. "Of Miracles and Models: The Rise and Decline of the Developmental State in South Korea." *Third World Quarterly* 22(6).

Moon, Chung-In and Sang-Young Rhyu. 2002. "Dismantling the Developmental State." In *Redefining Korean Politics*. Edited by Yeong Rae Kim et al. KPSA.

Mozambique News Agency. 2014. 10. 31. "AIM Reports." No. 493. http://www.poptel.org.uk/mozambique-news/newsletter/aim494.html (검색일: 2015년 4월 1일).

Nelson, Joan M. 1995. "Linkages between Politics and Economics." In *Economic Reform and Democracy*. Edited by Larry Diamond and Marc and F. Plattner. Johns Hopkins University Press.

Nye, Joseph. 2010. "The Future of American Power." *Foreign Affairs* 89(6).

OECD. "Economic Surveys: Korea." Various Issues.

Öniş, Ziya. 1991. "The Logic of the Developmental State." *Comparative Politics* 24(1).

Öniş, Ziya and Fikret Senses. 2005. "Rethinking the Emerging Post-Washington Consensus." *Development and Change* 36(2).

Park, Bae-Gyoon et al. eds. 2012. *Locating Neoliberalism in East Asia*. Wiley-Blackwell.

Park, Jehoon and T. J. Pempel eds. 2012. *Asian Responses to the Global Financial Crises*. Edward Elgar Publishing Inc.

Park, Yong Soo. 2011. "Revisiting the South Korean Developmental State after the 1997 Financial Crisis." *Australian Journal of International Affairs* 65(5).

Pauly, L. and S. Reich. 1997. "National Structures and Multinational Corporate Behavior: Enduring Differences in the Age of Globalization." *International Organization* 51.

Pei, Minxin. 1995. "The Puzzle of East Asian Exceptionalism." In *Economic Reform and Democracy*. Edited by Larry Diamond and Marc and F. Plattner. Johns Hopkins University Press.

Pempel, T. J. 2002. "Revisiting the East Asian Economic Model." In *Redefining Korean Politics*. Edited by Yeong Rae Kim et al. KPSA.

Pempel, T. J. and Keiichi Tsunekawa eds. 2015. *Two Crises, Different Outcomes*. Cornell University Press.

Petri, Peter A. 1988. "Korea's Export Niche: Origins and Prospects." *World Development* 16.

Piore, Michael and Charles Sabel. 1984. *The Second Industrial Divide: Possibilities for Prosperity*. Basic Books.

Pitcher, M. Anne. 2002. *Transforming Mozambique: The Politics of Privatization, 1975-2000*. Cambridge University Press.

Pitcher, M. Anne. 2012. *Party Politics and Economic Reform in Africa's Democracies*. Cambridge University Press.

Plank, David N. 1993. "Aid, Debt, and the End of Sovereignty: Mozambique and Its Donors." *The Journal of Modern African Studies* 31. No. 3.

Polanyi, Karl. 1944. *The Great Transformation: The Political and Economic Origins of Our Time*. Farrar and Rinehart.

Pretorius, Leon Gilbert. 2005. "The Political Economy of South African Foreign Direct Investment in Mozambique: A Case Study of Mozal and Its Implications for Development in Mozambique and Southern Africa." University of the West Cape, South Africa. Ph.D. Dissertation.

Przeworski, Adam. 1991. *Democracy and the Market*. Cambridge University Press.

Przeworski, Adam and Fernando Limongi. 1997. "Modernization: Theories and Facts." *World Politics* 49(2).

Przeworski, Adam et al. 2000. *Democracy and Development*. Cambridge University Press.

Radelet, Steven and Jeffrey Sachs. 1998. "The Onset of the East Asian Financial Crisis." Working Papers No. 6680. National Bureau of Economic Research.

Rosecrance, R. 1986. *The Rise of the Trading State*. Basic Books.

Ruggie, John G. 1982. "International Regimes, Transactions, and Change: Embedded Liberalism in the Postwar Economic Order." *International Organization* 36(3).

Sachs, Jeffrey. D. 1998. 2. "Fixing the IMF Remedy." *The Banker*.

Saraswati, Jyoti and Ben Fine. 2013. *Beyond the Developmental State: Industrial Policy into the Twenty-First Century*. Pluto Press.

Sato, Yukihito. 2002. "Democratization and Financial Reform in Taiwan: The Political Economy of Bad-Loan Creation." *The Developing Economies* 40(3).

Shea, Jia-Dong and Ya-Hwei Yang. 1994. "Taiwan's Financial System and the Allocation of Investment Funds." In *The Role of the State in Taiwan's Development*. Edited by Joel D. Aberbach, David Dollar, and Kenneth L. Sokoloff. M. E. Sharpe.

Stiglitz, Joseph. 1998. "The Role of International Financial Institutions in the Current Global Economy." World Bank Group.

Strange, S. 1986. *Casino Capitalism*. Blackwell.

Stubbs, Richard. 2009. "What ever Happened to the East Asian Developmental State? The Unfolding Debate." *Pacific Review* 22(1).

Thelen, Kathleen. 2003. "How Institutions Evolve." In *Comparative Historical Analysis in Social Sciences*. Edited by James Mahoney and Dietrich Rueschemeyer. Cambridge University Press.

Thelen, Kathleen and Sven Steinmo. 1992. "Historical Institutionalism in Comparative Politics." In *Structuring Politics: Historical Institutionalism in Comparative Analysis*.

Edited by Sven Steinmo, Kathleen Tehlen, and Frank Longstreth. Cambridge University Press.

Thompson, Grahame ed. 1998. *Economic Dynamism in the Asia-Pacific*. Routledge.

Torp, Jens Erik. 1979. "Industrial Planning and Development in Mozambique: Some Preliminary Considerations." The Scandinavian Institute of African Studies. Research Report. No. 50.

United Nations Children's Fund (UNICEF). 2014. "Child Mortality Report."

United Nations Conference on Trade and Development (UNCTAD). "UNCTAD Database." http://unctadstat.unctad.org/ (검색일: 2015년 4월 25일).

United Nations Development Programme (UNDP). 2006. "National Human Development Report 2005 Mozambique." National Human Development Report. United Nations Development Programme.

United States Geological Survey (USGS). 2011. "Mineral Commodity Summaries." http://minerals.usgs.gov/minerals/pubs/mcs/2011/mcs2011.pdf (검색일: 2015년 4월 25일).

Vernon, Raymond. 1971. *Sovereignty at Bay: The Multinational Spread of U.S. Enterprises*. Longman.

Wade, Robert. 1990. *Governing the Market: Economic Theory and the Role of Government in East Asian Industrialization*. Princeton University Press.

Wade, Robert. 2010. 5. "After the Crisis: Industrial Policy and the Developmental State in Low-Income Countries." *Global Policy* 1(2).

Wade, Robert and Frank Veneroso. 1998. "The Asian Financial Crisis: The High Debt Model versus the Wall Street Treasury-IMF Complex." *New Left Review* 228.

Waltz, N. Kenneth. 1979. *Theory of International Politics*. McGraw Hill Inc.

Wan, Ming. 2008. *The Political Economy of East Asia: Striving for Wealth and Power*. CQ Press.

Weiss, Linda. 1997. "The Myth of the Powerless State." In *The Myth of the Powerless State*. Cornell University Press.

Weiss, Linda. 2000. "Developmental States in Transition: Adapting, Dismantling, Innovating, not 'Normalizing'." *The Pacific Review* 13(1).

Weiss, Linda. 2003. "Guiding Globalisation in East Asia: New Roles for Old Developmental State." In *States in the Global Economy: Bringing Domestic Institutions Back in*. Cambridge University Press.

Weiss, Linda and John M. Hobson. 2000. "State Power and Economic Strength Revisited: What's so Special about the Asian Crisis." In *Politics and Markets in the Wake of the Asian Crisis*. Edited by Richard Robinson et al. Routledge.

Williams, Michelle ed. 2014. *The End of the Developmental State?* Routledge.

Woo-Cumings, M. ed. 1999. *The Developmental State*. Cornell University Press.

World Bank. 1993. *The East Asian Miracle: Economic Growth and Public Policy*. Oxford University Press.

World Bank. 1994. *Adjustment in Africa: Reforms, Results and the Road Ahead*. Oxford University Press.

World Bank. 1996. *World Development Report 1996: From Plan to Market*. Oxford University Press.

World Bank. 1997. *World Development Report 1997: The State in a Changing World*. Oxford University Press.

World Bank. 2014. "World Development Indicators." http://databank.worldbank.org/data/ (검색일: 2015년 4월 25일).

WTO and IDE-JETRO. 2011. "Trade Patterns and Global Value Chain in East Asia."

Wu, Yu-Shan. 2007. "Taiwan's Developmental State: After the Economic and Political Turmoil." *Asian Survey* 47(6).

Yamazawa, Ippei. 1990. *Economic Development and International Trade*. East-West Center.

Young, Crawford. 1994. *The African Colonial State in Comparative Perspective*. Yale University Press.

찾아보기

ㄴ

ㄷ

ㄹ

ㅁ

ㅂ

ㅇ

ㅈ

발간사

다가오는 미래가 아시아의 시대가 될 것이라는 인식은 이제 우리에게 그리 새롭지는 않습니다. 그렇다면 우리에게 주어진 과제는 한국인과 한국사회는 어떤 존재로서 아시아의 시대를 살아가고자 하는가 하는 질문을 통해 우리와 남의 모습을 상상하고, 우리와 남의 관계에 대한 그림을 그리고, 그것들을 실천하는 일일 것입니다.

그러나 아시아의 시대가 온다고 해서 아시아 사람들이 저절로 잘 살게 되는 것도, 아시아가 저절로 평화롭고 정이 넘치는 공동체가 되는 것도 아닐 것입니다. 그러므로 우리는 아시아 지역을 살아가는 사람들이 어떤 공동체를 만들어 가고 싶은가, 아시아 공동체가 잘 되면 인류에게 무슨 도움이 되는 것인가 하는 질문을 해야 하지 않을까 싶습니다. 오히려 아시아의 시대가 왔다고 생각하기 시작한 지난 20여 년 간 아시아 내부의 갈등과 적대, 민족주의와 인종차별 등은 더 심해지고 있다는 착각이 듭니다. 그것을 착각이라고 생각하는 까닭은 외양으로 보면 그렇게 보이지만, 실제 내부에서 일어나는 현상을 찬찬히 살펴보면, 아시아 내부의 상호이해와 교류가 느리지만 거대한 규모로 일어나고 있다고 믿기 때문입니다. 지표면에서 보면 날씨 변화도 심하고 지진도 자주 일어나지만, 땅속 깊은 곳에서 아시아의 시대를 만들어 가는 지하수의 물줄기가 형성되고 있는 것 아닌가 싶습니다.

20세기 유럽과 미국이 축적한 자연과학과 인문·사회과학 등 근대의 학문적 시식은 인류 문명의 새로운 길을 열었고, 인류의 행복과 안정에 커다란 기여를 했습니다. 물론 제국주의 지배와 전쟁, 차별과 빈곤을 동시에 가져다주기도 했습니다. 아시아의 세기는 서양의 근대를 넘어서서 새로운 '근대 이후'를 만들어 나가는 일이어야 합니다.

지식의 생산과 공유, 인재 양성을 책임지고 있는 대학이라는 공간에서 아시아에 대한 어떤 지식을 생산하고, 아시아에 대해 무엇을 어떻게 가르칠 것인가 하는 문제의식이야말로 서울대학교 아시아연구소에 주어진 책무일 것입니다. 서울대학교 아시아연구소는 2009년 9월 출범한 이래 지역과 주제의 결합에 기초한 아시아 연구의 세계적 허브 구축을 목표로 아시아 연구 기반 구축과 우수 연구활동 지원 등의 다양한 학술 활동을 진행해 왔습니다. 특별히 아시아에 대한 지식 생산의 기반을 다지는 작업으로서, 우수한 기초 연구 활성화를 위해 노력해 왔습니다.

서울대학교 아시아연구소총서는 바로 이러한 학문적 노력의 결실입니다. 앞으로도 서울대학교 아시아연구소는 국내외 연구자들의 우수한 연구를 지원하여 그 결과물을 지속적으로 발간해 나갈 것입니다. 이러한 아시아연구소총서가 아시아의 시대를 열어 가는 데 필요한 기반을 만드는 중요한 지적 자산이 되기를 기대합니다. 이를 바탕으로 아시아 시대를 만들어 가는 지하수를 실증적으로 드러내고, 아시아 내부의 상호 이해와 교류를 넓혀 갈 수 있길 바랍니다.

서울대학교 아시아연구소

저자 소개

임혜란

현재 서울대학교 정치외교학부 교수로 재직 중이며, 브루킹스 연구소 초빙연구원, 외교통상부 정책자문위원, 국가안전보장회의 정책전문위원, 대통령직인수위원회 외교통일 자문위원, 한국정치학회 부회장 등을 역임하였다. 이화여자대학교에서 정치학 학사와 석사학위, 미국 University of California, Davis에서 정치학 박사학위를 받았다. 비교정치, 동아시아 정치경제 등을 주로 연구하고 있으며, 주요 논저로 *Korea's Growth and Industrial Transformation*, 『동아시아 협력과 공동체: 국가주의적 갈등을 넘어서』(공편), 『자유기업 경제하에서의 한국사회의 통합』(공저), "Transformation of Developmental States and Economic Reform in Korea",「한국의 민주주의 위기와 경제개혁」,「대변환기의 국제정치경제질서: 패권과 신자유주의 질서의 변환」 등이 있다.